U0110454

謝　誌

　　撰寫「謝誌」的時刻，意味著論文已接近尾聲，內心五味雜陳、百感交集。時間一到，論文必須收尾，然而，研究與學習卻是無止盡的⋯⋯。在研究所的生涯中，與多位老師學習，得以慢慢壯大和深化自己的學識，研二那一年，更幸運地獲得交換留學的機會，前往姊妹校日本大東文化大學鑽研書道，眼界因此大開獲益良多。在此，由衷地感謝每一位老師的教導與恩惠。

　　本論文得以順利發表，首先感謝我的指導教授林進忠老師，感謝老師當時願意接收我這名資質駑鈍又陌生的學生，謝謝您總是不厭其煩地回應與「治療」我提出的大大小小疑難雜症，在學術領域裡為我指點迷津，並盡所能地提供豐沛的研究資料補充我在論述上的疏漏；儘管校務繁忙，但對於學生的問題仍有求必應，看著老師紅色或藍色的批閱字跡，用心、仔細、嚴謹的精神讓人為之動容，除了感動之外，更提醒著自己，未來不管是繼續研究、創作或有幸為人師表，一定要向您的為學態度與教育精神看齊！同時感謝審查委員熊宜中教授以及阮常耀教授，給予學生論文上的指教和鼓勵，每一字句都是寶貴的意見。

　　特別感謝信良學長大方提供多年收集的資料，還有學術研究的經驗分享，讓我信心大增；感謝重亨學長協助釐清混沌之處，還有借出珍愛的書籍；感謝香取學長於撰寫博士論文之際，遇有相關資料仍不忘幫我保留；感謝在日本留學的嘉哲毅然決然買下「那本書」；感謝克明大哥於百忙之中為我校正邊款釋義；感謝陳宏勉老師及篆刻班的師兄師姊們每週的貼心關懷，讓我倍感溫暖；感謝「教程&論文三人組」的夥伴毓珍和家琪，還好有你們所以可以撐到現在；感謝室友瑜翎聽我說很多話，在你身上讓我看見一位研究生應有

的認真負責態度；好愛我們這一班的所有同學，讓我感受到原來研究所也可以這麼溫馨、歡樂！

最後無盡地感謝親愛的家人和傑伊，給我無限的支持與包容，讓我無後顧之憂以專心研究和創作。謹以此論文獻給我親愛的爸爸&媽媽！

顏瑛慧謹誌 2011.7.11

第一章 緒 論

第一節 研究動機與目的

一、研究動機

明代至清中葉，篆刻藝術可謂百家爭鳴的局面，有文何派、泗水派、婁東派、如皋派、林派、皖派、揚州派、雲間派、莆田派、歙派、浙派、鄧派⋯⋯等不勝枚舉。其中影響清代後期篆刻發展最劇的當屬「浙派」與「鄧派」。「浙派」為丁敬開創，所作師法秦漢，兼取眾長，善用切刀為法，不主一體；「鄧派」為鄧石如所創，主張「以書入印，印從書出」的創作要詣，不以秦漢古璽為滿足，而自求於書法的融入，更為篆刻藝術推向另一高峰。

丁、鄧的推陳出新，為晚清時期的文人篆刻發展，開出了一條光明的康莊大道。一般認為，晚清時期的篆刻藝術已進入了全盛時代。此時期的標誌為「銳意變法、表現個性」的自覺追求，印人在線條筆法、刀法形式以至於格調方面的探索，亦愈趨於多元化，已無法用以往的區域、師承等名派標準來歸類印人，由此反映出一個強烈的時代意識，即印壇不蹈故常的求異思維。

徐三庚（1826～1890）的印風，正是與這樣的時代背景相繫相生的。綜觀徐三庚的篆刻作品，其面貌多元，個人風格極為強烈，十分引人注目；而在書法上，其尚碑但不拘泥，以「中宮緊束，上密下疏」的結體舒展其勢，亦以其書入其印，印風突破平方正直的規範，其用筆起伏跌宕多姿的意趣和篆隸相參的筆情，在其創作後期的印文中表現得尤為充分。

　　儘管徐三庚的創作風格獨具個人特色，在當時也頗負盛名，但鋒芒卻不若吳熙載、趙之謙乃至吳昌碩那樣發光發熱。歷來的論者，對於徐三庚的評價褒貶不一：一種認爲「吳帶當風，姍姍盡致」乃其最大的優點與特色；一種認爲「縮頭伸腳，妖冶嫵媚」過分強調自我書風的特質在篆刻作品中的表現，忽略印面朱白關係的整體協調性，不免有些牽強、纖巧和矯揉造作。

　　雖然世人對於徐三庚的作品評價有褒有貶，但都僅用三言兩語便蓋棺論定，較失客觀性。加上關於徐三庚的研究論著和專文寥寥可數，刊載於書籍上的論述更是少之又少，亦無具體的研究成果出現。不論徐三庚在篆刻書法史上的地位如何，其「解放思想，勇於創造」的精神，實爲從事篆刻與書法藝術的後進，打了一劑強心針，其成就與貢獻應不容小覷。

　　因此，本研究試圖從徐三庚存世的篆刻與書法作品中，統整並歸納出其藝術創作的歷程和軌跡，希冀透過所蒐集的文獻與圖版資料，於前人所作的研究基礎上，再作進一步的延伸探討和補述。

二、研究目的

　　任何一位藝術家，必生於時空的交匯點，存在於歷史傳統與時代潮流的交叉座標中，如何面對傳統與潮流，確立自我的信念，是身爲一個藝術家必須面臨的課題。相對而言，每一位藝術家的創作歷程，承載著多位前輩藝術家的智慧結晶與資產，借鑑、融匯、自我體悟與貫通是必經之路，也是成爲一位藝術家的必備條件。

　　沒有丁敬、鄧石如，或許無法造就徐三庚；沒有傳統文化的積累，以及那些觀念、典範、經驗、技巧等等的學習憑藉，亦無法成爲獨當一面的藝術家。本研究的目的在於針對徐三庚的傳世作品，透徹剖析其創作生涯的歷程與思維，從師承、門派、模仿與創造等學習過程中，作一系統性的分析研究。希冀將篆刻史與書法相關書籍對於徐三庚未論及的部分，加以補述與說明，使關於徐三庚的研究能有更進一步的闡述。

　　研究目的歸納如下：

1. 了解徐三庚篆刻書法的創藝歷程
2. 探討徐三庚的篆刻創作觀與表現特質
3. 析探徐三庚的書法創作觀與表現特質
4. 整合分析徐三庚篆刻與書法作品風格之聯繫

5. 徐三庚的成就、影響、啟示

6. 篆刻與書法作品的匯整

篆刻方面：依據有紀年、未紀年作品內容之字號別署、鈐印用例的時期、署名類型以及邊跋等統整並歸納以列出作品年表清單，以利研究的進行。

書法方面：有紀年作品依年代排序；未紀年作品依書體、形式分類。

第二節　研究內容與範圍

一、研究重點

（一）時代背景

本研究的重點除了以當前的角度來分析之外，尚將徐三庚還原至其當時所生處的時代背景和藝壇環境，任何藝術家與其藝術風格，皆難以抽離其寄身的歷史情境與文化脈絡而單獨存在，如馬蒂斯（Henri Matisse，1869～1954）所言：「無論我們是否情願，我們總歸是屬於我們自己的時代，同時也分享著時代的意見〔註1〕。」徐三庚（1826～1890）生於清宣宗道光六年至清德宗光緒十六年，此前正是金石考據之學鼎盛的乾隆、嘉慶時期，其時代氛圍瀰漫著金石考證之風，對於印壇與書壇的發展有直接性的影響。

（二）生平遊歷

從前人的研究中再去尋找有關徐三庚的生平事蹟，以了解其身世背景、個性特質、處世態度等，以及考察其字號別署的由來，以期更加了解徐三庚的外在條件與內在思維；另外關於徐三庚一生的遊蹤亦攸關著其創作的養成，如作品完成的年代、地點、事蹟等。

（三）藝壇交友

徐三庚以鬻印為生，除了著名書畫家之外，尚還包括生平友人與其他文人雅士，索印者眾，門庭若市；另外與金石學家和收藏家的往來亦是研究對象，對於徐三庚視野的拓展與創作思維的轉變，都有直接或間接的影響。

（四）師承與借鑒

此為本研究最重點的章節，以往有關徐三庚的研究論述大都以片面性的

〔註1〕引自 劉文潭：《現代美學》，第342頁，1967年，臺灣商務。

說詞或僅取階段性的作品來作評述，有失客觀性，例如在篆刻方面：目前於學界未見將徐三庚傳世的篆刻作品從有紀年最早開始排序以至最晚期的作品再輔以未紀年之作進行分析的，故本研究將針對徐三庚的存世作品，比照以上方式進行分析與探索以求風格溯源，並作一系統性的歸納，以期了解徐三庚取法、師承、借鑒的轉化過程和演進、蛻變；書法方面則將所蒐集而來較可靠的圖檔（因徐三庚的書作常刊錄在真偽相參的拍賣圖錄中）以及經典之作，進行取法對象與自我書風、書印合參的探討與析賞。

（五）成就、影響、啟示

經過分析、研究、統整、歸納出關於徐三庚從大時代的歷史背景與當時的藝壇環境氛圍下，他的篆刻與書法的創藝演變過程以及自我印風和書風的養成思維，其帶給後人的影響以及啟示為何，都將是研究的重點。

二、研究範圍與限制

本研究的範圍在於針對徐三庚流傳於世的篆刻、書法作品作風格特質的分析研究，篆刻方面：以出版的圖版清晰者為主；書法方面：由於目前所蒐集的圖版資料散見於各出版書籍和真偽不明的拍賣圖錄當中，所知篆隸作品其有紀年之作約三十件，未紀年約二十八件，而有紀年之作目前所見最早為四十一歲，對於徐三庚前期書風的探索資料仍顯不足，是故本研究關於徐三庚書法作品的討論，以存世的且較可靠與經典的為主。另外，礙於筆者識見短淺，關於作品真偽的問題，尚待日後資料較備全之時，再進行深入研究與探討。

關於研究的限制即目前尚未發現有關徐三庚的傳記或其本身的著撰或論著問世，而學界針對徐三庚個人的相關研究與論述幾乎僅以隻字片語便輕描淡寫帶過，亦無較完善、具體的專書著作出現，又，蒐集資料的過程當中，意外發現不同的書籍編者對於徐三庚的敘述每每是大同小異、相差甚微，文獻資料十分有限。研究徐三庚的藝術創作生涯和成就，與其時代背景、處世思想與生平際遇等，有著彼此影響相互資用的密切關係，故有關徐三庚的創作思維和理念，需藉由作品中的跋文記載與其它相關文獻資料去推敲、探索。如何以客觀的佐證和思考進行旁敲側擊，提出新的看法和見解，是本論文欲努力的目標。

第三節　研究方法與流程

一、研究方法

（一）文獻分析法

依據本論文欲將研究的重點，將收集而來的歷史文獻、圖版資料，以及前人研究的相關文章，進行思考分析與判讀，包括藝術史、篆刻史、書法史、印論、書論、美學思想等相關書籍、期刊、論文等，逐一分類、分析、歸納和應用。

（二）圖版建檔法

將篆刻作品的印文、印式、邊款、創作年代、署款、用例、用期、出處等表格化；書法紀年之作依年代排序，未紀年則依形式分類，將書體、形式、款文錄要、創作年代、刊載處等表格化。

（三）圖像比較法

依所收集的圖表資料除了徐三庚的作品之外，尚包括其擬仿、取法的對象資料，從中去旁證與探索分析徐三庚篆刻、書法作品階段性的轉變，以及其在研習過程中如何取捨與借鑒，需透過圖例來相互對照佐證。

（四）綜合觀察法

藝術創作的思維是漸進的、過渡性的，從其書篆作品的表現中，依其創作年代、背景、取法途徑、創作想法和理念、創作內容與形式等進行綜合觀察與分析。

二、研究流程圖

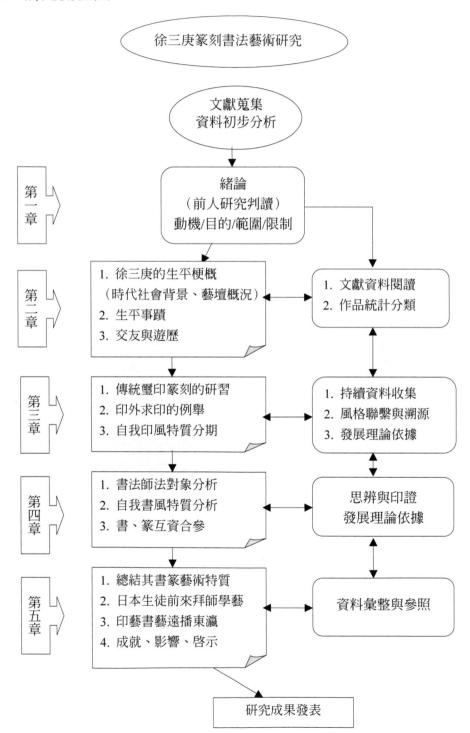

第四節 主要研究引用資料

一、徐三庚印譜集冊

1. 松丸東魚：《徐三庚印譜》，1958 年，東京，白紅社。

2. 小林斗盦：《徐三庚一 中國篆刻叢刊 第二八卷 清 22》，1984 年 4 月
   30 日，東京，二玄社。

3. 小林斗盦：《徐三庚二 中國篆刻叢刊 第二九卷 清 23》，1984 年 5 月
   30 日，東京，二玄社。

4. 小林斗盦：《篆刻全集 7 趙之謙・徐三庚》，頁 126～189，2001 年 5
   月，東京，二玄社。

5. 童辰翊・孫慰祖：《徐三庚印譜》，1993 年 3 月，上海，上海書店。

6. 劉永明：《增補徐三庚印譜》，1990 年 11 月，揚州，揚州古籍書店。

7. 張郁明：《中國歷代印風系列 清代徽宗印風（下）》，頁 147～196，1999
   年 12 月，重慶，重慶出版社。

8. 余正：《西泠印社藏徐三庚印選》上下冊，1990 年，杭州，西泠印社。

9. 朱艷萍・張姣：《中國歷代篆刻集粹⑧ 趙之謙・徐三庚》，頁 124～193，
   2007 年 6 月，杭州，浙江古籍出版社。

10. 未著撰人：《徐三庚印存》，1978 年 12 月，香港，廣雅社。

11. 未著撰人：《徐三庚印譜》，1988 年，台北，東方文化複印。

以上印譜集冊中，以小林斗盦所編《徐三庚一 中國篆刻叢刊 第二八卷
清 22》和《徐三庚二 中國篆刻叢刊 第二九卷 清 23》兩冊以及童辰翊・孫
慰祖編著的《徐三庚印譜》收錄最為齊全，其它印譜集冊所收的亦會納進來
研究。

二、莊新興：《戰國鈢印分域編》，2001 年 10 月，上海，上海書畫 出版社。

此書所收之鈢印皆為戰國之物，所錄者有其它諸譜所載的，亦有近世出
土的，部分尚屬首次發表，其依燕系、齊系、楚系、三晉系及秦系按地域關
係分類編排，分域較它版本來的清楚，是本書優點；惟印文過於殘破致使不
可辨識者不收稍為可惜。

三、羅福頤：《古璽文編》，1981 年 10 月，北京，文物出版社。

收錄北京故宮博物院所藏古璽字集，與傳世印譜著錄之古璽印字集，此

書爲羅氏另一本《古璽彙編》的文字校注。

四、孫慰祖‧徐谷甫：《秦漢金文匯編》，1997 年 4 月，上海，上海
書店出版社。

全書分爲上下編，上編爲秦漢金文匯編圖版，下編爲秦漢金文字匯，共
有十五卷，並附檢字表與器名索引，是繼容庚《秦漢金文錄》和《金文續編》
二書之後，又一部專門收錄秦漢銅器銘文與文字的專書，書首有孫慰祖先生
撰寫的〈秦漢金文概述〉。

五、王人聰‧葉其峯：《秦漢魏晉南北朝官印研究》，1990 年 1 月，
香港，香港中文大學文物館。

錄有「秦官印考述」、「論西漢田字格官印及其年代下限」、「西漢郡國特
設官署官印略考」、「兩漢王國、侯國、郡縣官印滙考」、「新莽官印滙考」、「漢
魏南北朝官印殉葬制度與殉葬印」、「兩漢時期的匈奴官印」、「古代越族與蠻
族的官印」、「魏晉南北朝時期的將軍及有關武職官印」、「魏晉十六國時期的
護軍、中護軍及護軍印」、「秦漢南北朝官印鑑別方法初論」等。

六、張謇等會輯：《金石大字典》增訂本，2006 年 10 月 10 日再版，
台北，宏業書局。

爲近人汪仁壽編纂，成書於 1926 年，其收錄的金石文字頗豐，但相對的
文字種類太多，難免良莠不齊，但仍不失爲一部文字檢索的工具書。

七、韓天衡：《歷代印學論文選》，上、下冊，1999 年 8 月，杭州，
西泠印社。

上下冊共分四編，第一編爲「印學論著」，第二編爲「印譜序記」，第三
編爲「印章款識」，第四編爲「論印詩詞」，其所匯輯的印學、印論與其它相
關的資料，實爲對研究或引用歷代印人或學者治印觀點的主要參考來源。

八、孫慰祖：《可齋論印新稿》，2003 年 3 月，上海，上海辭書出版
社。

此爲孫慰祖先生研究與發表的相關古璽印論述，尚包含古璽印、陶文、
封泥以至唐宋花押印的來源和文字、形制的演變，亦有不少印人方面的資料
補充，可幫助釐清歷代古璽印章的斷代和演變。

九、黃惇：《中國古代印論史》，1994 年，上海，上海書畫出版社。

為黃惇先生研究中國古代印論史的專著，包含元、明、清三代的印論學說，對整個古代重要的印論歷史及其相關資料作了精闢的解析，亦對了解古代印論發展狀況提供了清晰的線索。

十、天津市藝術博物館：《天津市藝術博物館藏古璽印選》，1997
　　年 8 月，北京，文物出版社。

天津市藝術博物館文物收藏閎富，尤以璽印精美珍奇，此書所錄者為該館特選藏品五百鈕，全書所選璽印按時期編排並附釋文，由李東琬先生總其成，並擔任主編。其圖版清晰，係幫助本研究或圖例佐證時的重要參考資源。

十一、方去疾：《明清篆刻流派印譜》，1980 年 10 月，上海，上海
　　　書畫出版社。

該書書首有方去疾撰寫的〈明清篆刻流派簡述〉，自明代中葉起至清末，所收流派印人多位，並附上代表作品以相照，可幫助研究和分析各流派間的風格差異，和作品識別的部分。

十二、林文彥 輯：《宋元明清篆刻發展研究資料》印林雜誌社印論
　　　會討論專集之③，出版時間不詳。

本書匯集了多位學者的研究論文和期刊論文，並附有明清篆刻流派相關地圖以及宋、明、清三代之印人表，另有浙派、皖派、鄧派系譜等，其關於流派印人的研究論述資料豐富，可供參考與引用。

十三、劉正成 主編：《中國書法鑑賞大辭典》㊤㊦，1989 年，台北，
　　　旺文出版社。

共上下二冊，為一部綜合性的書學集錦，上自商周下迄近代，包含甲骨文、金文、簡牘帛書、碑版石刻、造像、題名、磚瓦文、刻帖、墨跡、篆刻等類收錄豐富，由多位學者合力著述，包括書家概述、書作印作的圖錄、簡介、賞析與歷代集評，亦附後人（學者）評語，值得參考借鑒。

十四、方小壯：《漢印》，2003 年 8 月，上海，上海書畫出版社。

此書將漢印作一精簡的概述（包括：漢印的分期、分類、製作方法及其特徵），並談述漢印審美觀的確立、發展和深化，以及分析漢印的藝術風格，另外還有漢印的臨摹和創作，可說是從印學的角度切入，再從作品實例進行析賞印證。

十五、余正：《浙派篆刻》，2003 年 8 月，上海，上海書畫出版社。

該書將浙派西泠八家之生平及藝術成就、篆刻藝術觀並輔以代表作品加以析賞論述，尚包括八家後續清代主要浙派印人、清末民國時期浙派主要印人以及源自浙派的近現代名家等的生平和印作介紹，對於了解浙派的形成緣起以及成就和影響有深入淺出的說明。

十六、朱劍心：《金石學》，1995 年 7 月，台北，臺灣商務印書館。

將金石學的名義、價值、肇始及演進、極盛及中衰、復興創獲及整理的整個發展脈絡作了相當詳盡的闡述。

十七、真田但馬・宇野雪村：《中國書法史》上下二冊，1998 年 9 月，北京，人民美術出版社。

對於從古至今書法史所涉及的時代背景、分期、脈絡演進與發展，還有書家作者等作一通盤的論述，內容詳實、豐富。

十八、陳方既・雷志雄《書法美學思想史》，1994 年 3 月，鄭州，河南美術出版社。

為當代書法理論家所研究的成果，有組織地把有關史論，諸如技法史，美學史，碑帖史以及風格演變史等綜合論述，是一部書法史也是一部書法美學思想發展史的書籍。

十九、青山杉雨：《明清書道圖說》，1986 年 2 月 10 日初版，東京，二玄社。

此書錄有明清書家生卒年表、明清書道流傳一覽、明清書道關聯地圖，並匯集二百六十四件明清書法（篆）家之書法作品，所收作品豐富精美，其圖版清晰可供鑑賞研究和參考引用。

二十、華正人：《歷代書法論文選》上下二冊，1997 年 4 月，台北，華正書局。

此書按作者生卒年代的前後次序編成，從漢趙壹開始至清康有為止，使易了解歷代主要書學的發展過程。但礙於篇幅，僅錄專論書法技巧與書法歷史的部分，偶錄價值較高的題跋、書啟等片斷。為書論引用的參考資料來源。

第二章　徐三庚的時代背景與生平梗概

第一節　印壇與書壇概況

聖祖康熙帝在位期間實行科舉制度，並積極選用漢人，但對於抱有反清思想的知識份子屢興文字獄〔註1〕，以圖控制言論，促使許多文人學者轉而埋頭於經書訓詁和注疏。由於政治環境所予機緣，考據學遂應運而生，並鼎盛於乾隆、嘉慶年間（1736～1820），故又名「乾嘉考據學」、「乾嘉學派」。

在考據學興起的過程中，清代學者不僅從金石〔註2〕文字考證經史，更深入研究歷代金石遺跡的名義、形式、沿革以及風格演變等，使得碑學、樸學與金石考據相生相融，亦對書法和篆刻藝術產生了本質與形式上的改變，因在金石訓詁的同時，發現許多器物石版上鐫刻的文字古樸奇趣、優美多姿，於是有識者追本溯源，尋訪窮鄉僻壤；原本千百年來湮沒於荒野，無人聞問的漢魏碑版刻石大量出土，重新受到書篆家的重視，對於創作而言，那是嶄新的素材，許多書篆家從中汲取養分，觸發靈感，創造出藝術性極高的作品，將篆刻與書法藝術提昇至一個新的境界。

〔註1〕 據廖新田統計，清前期順治、康熙、雍正、乾隆四朝 150 年間，就發生了 83 起文字獄。詳 廖新田：《清代碑學書法研究》，第 57 頁，1992 年，臺灣師範大學美術研究所碩士論文。

〔註2〕 「金」者為：以鐘鼎彝器為大宗，旁及兵器、度量衡器、符璽、錢幣、鏡鑑等物，凡古銅器之有銘識或無銘識者皆屬之；「石」者為：以碑碣墓誌為大宗，旁及摩厓、造象、經幢、柱礎、石闕等物，凡古石刻之有文字圖像者，皆屬之。引自朱劍心：《金石學》，第 4 頁，1995 年 7 月，臺灣商務印書館。

一、印壇

自明代開始，鑒賞古印和刻印風氣已盛行，而進入清代後，文人自書自刻與書畫一同作爲藝術品的雅興蔚爲風尙與潮流，其位置也較明代更爲提高。清初周亮工〔註 3〕（1612～1672）所著的《印人傳》，以及所輯《賴古堂印譜》完成，隨後印譜的刊行更加地普遍，繼明代之續，清代學者大量編輯古印譜，例如在順治八年（1661）就有無名氏輯《漢銅印譜》，康熙二十三年（1684）又有吳觀均輯《稽古齋印譜》，自後幾無間斷，尤其是乾嘉以至清末這段期間內最爲集中，成果最多〔註 4〕，另外有別於宋、元、明的集古印譜多是爲了功利目的而大量翻刻，致使古璽印原貌失眞；此時期絕大多數的集古印譜都出自原鈐，如黃易（1744～1807）曾自輯《黃氏秦漢印譜》一冊、錢侗〔註 5〕（1778～1815）輯成《集古印存》八卷、王石經〔註 6〕等輯《古印偶存》四冊、胡钁〔註 7〕（1840～1910）輯《晚翠亭藏印》等，對清代篆刻的蓬勃發展貢獻極大，遂印人輩出。

承上所述，進入乾、嘉時代，研究收藏文物的範圍擴大，除了古器物、石刻之外，尙有甲骨、簡牘、璽印、封泥、泉幣、鏡鑑、磚瓦等物，凡古銅器之有銘識或無銘識者以及石刻之有文字圖像者皆列入考察研究之中，不少文人學者紛紛投入銘文研究並試行刻印，由於金石文字資料較以往豐富充足，再加上印譜的普及化，致使清中葉的篆刻藝術可謂百家爭鳴的局面。當

〔註 3〕 周亮工（1612～1672），明萬曆四十年——清康熙十一年，字元亮，號櫟園，一字緘齋，學者稱「櫟下先生」，河南祥符（開封）人，明崇禎十三年進士，官御史。仕清後，歷任福建左佈政使，戶部右侍郎。工古文詞，善書。著有《賴古堂詩鈔》、《讀畫錄》。

〔註 4〕 參考自 蕭高洪：《方寸之間——中國篆刻藝術史》，第 244～246 頁，2002 年 9 月，汶采有限公司。

〔註 5〕 錢侗（1778～1815），字同人，號趙堂，齋堂爲樂斯堂，嘉定（上海）人，錢大昕之侄。工篆刻，弱冠已具可觀，分朱布白謹嚴緊湊，平整中見精神。

〔註 6〕 王石經（1833～1918），字西泉、郡都、君都。齋堂爲甄古齋，山東濰縣人。愛好金石文字，善書篆隸，尤善篆刻，印作取法秦、漢，得力於鑄印，布局穩實，有富貴氣。與同邑收藏家萬印樓主陳介祺交往密切。

〔註 7〕 胡钁（1840～1910），一名孟安，字菊鄰、菊辯、白鄰、掬冷，號老鞠、晚翠亭長、湖波亭主，齋堂爲晚翠亭、湖波亭、浮嵐閣等。善書畫篆刻，工詩詞。1865 年徐三庚爲刻正方朱文印〈菊辯日利〉、龍虎印〈胡钁〉、正方白文印〈胡钁印信長壽〉。

時名家輩出，其有高鳳翰〔註8〕、汪士愼〔註9〕、丁敬、鄧石如、巴慰祖〔註10〕等，其中影響清代後期篆刻發展最劇的當屬丁敬與鄧石如二人。

丁敬（1695～1765），字敬身，號鈍丁，又號龍泓山人、硯林外史。浙江錢塘人。隱於市井賣書自給。乾隆初舉博學鴻詞，不就。好金石文字，擅以切刀法治印，別具面目，形成「浙派」，為「西泠八家〔註11〕」之首。工詩、善書。有《龍泓山人印譜》、《西泠八家印譜》、《西泠六家印存》、《硯林印款》等印譜多種；著有《硯林集拾遺》、《武林金石錄》、《龍泓山館詩鈔》等。丁敬以朱簡的切刀為法，參以漢印及帶有隸意的書體，形成拙樸雄健的風格遂成浙派一家〔註12〕。

鄧石如（1743～1805），清乾隆八年生，卒於嘉慶十年，享年六十三歲。初名琰，字石如，避嘉慶帝諱，遂以字行，後改字頑伯，因居皖公山下，又號完白山人，另有號完白、故浣子、游笈道人、鳳水漁長、龍山樵長，安徽懷寧人。是集篆刻家、書法家、文字學家於一生的藝術家。其篆刻藝術風格鮮明，以臨碑帖的經驗將書法帶入篆刻創作中，其技法與內涵兼備，世稱「鄧派」，無論在篆刻史上或是書法史上，皆是承先啟後的大師巨匠，其影響後世極其深遠。

二、書壇

清初書壇雖仍以帖學為主流，但已有少數人投入金石篆隸文字的研究，這個時期篆書以王澍〔註13〕（1668～1743）為代表；隸書則以鄭

〔註8〕 高鳳翰（1683～1749），字西園，亦作西亭，號南邨，後避盧見曾父別號，改作南阜，晚年易雲阜，山東膠州人，清代前期著名畫家、詩人，與鄭板橋等頗相契好。尤善篆印治硯，蓄研千餘方，著有《研史》、《南阜山人全集》。

〔註9〕 汪士愼（1686～1759），字近人，號巢林、溪東外史等，排行第六，人稱「汪六先生」。金壽門弟子安徽歙縣人，久居揚州，為「揚州八怪」之一。工繪畫，尤擅畫梅，精篆刻，善隸書。筆墨清勁，生動有致。

〔註10〕 巴慰祖（1744～1793），字雋堂、晉唐，號予籍，又號子安、蓮舫等，安徽歙縣人，善仿青銅器，篆刻工致挺秀，書體、章法、構思精密，有自己面目，在皖南影響很大。

〔註11〕 「西泠八家」是指由丁敬、蔣仁、奚岡、黃易、陳豫鍾、陳鴻壽、趙之琛、錢松等八人組成的篆刻家。最早以丁敬為首，與蔣仁、奚岡、黃易等四人齊名，稱為「西泠四家」，此後，陳豫鍾、陳鴻壽、趙之琛、錢松等人相繼崛起，合稱「西泠八家」。西泠八家都是杭州浙江人，故又稱為「浙派」。

〔註12〕 參考 方去疾：〈明清篆刻流派簡述〉，收錄在《明清篆刻流派印譜》，1980年10月，上海書畫出版社。

〔註13〕 王澍（1668～1743），字若霖，一作若林、箬林，又字靈丹，號虛舟，自署二

簋〔註 14〕（1622～1693）為首，追隨者有朱彝尊〔註 15〕（1629～1709）等。
王澍於理論頗有建樹，曾提出「江南足搨，不如河北斷碑」的觀點，使碑學
遂為世人所重〔註 16〕。王澍、鄭簋、朱彝尊等人開啓了探究三代金石、漢魏
古碑之門，稍後於江南民間一帶，受到明末傅山〔註 17〕「四寧四毋論」：「寧
拙毋巧，寧醜毋媚，寧支離毋輕滑，寧眞率毋安排」新美學主張的影響，打
破了自古以來美醜對立的局面，改以書法家眞實性格的表現為美的衡量標
準，拓展了書法藝術的新境界，亦提供後世書家新的啓示〔註 18〕。此時期的
書法家代表有以金農〔註 19〕（1687～1763）、鄭燮〔註 20〕（1693～1765）、黃
愼（1687～1772）為首的揚州八怪。

　　清中葉漢魏碑版刻石陸續出土，賦予書篆家大量臨摹和研究的參考資料，
對當時的書學者來說，無疑是最大的裨益。在金石學氛圍下，翁方綱〔註 21〕

泉寓客，別號竹雲、良常山人、恭壽老人。江蘇金壇人，後徙無錫。康熙五
十一年進士，累官户部給事中，吏部員外郎。四體書兼工，尤善篆書，晚年
左目失明，仍致力於鑑定碑版，並有大量論述，《清史列傳》載：「康熙時因
其善書，特命充五經篆文館總裁官，嘗著有《淳化秘閣法帖考證》十卷，《古
今法帖考》一卷。」又有《虛舟題跋》、《竹雲題跋》、《論書賸語》等行世。

〔註 14〕　鄭簋（1622～1693），字汝器，號谷口。江蘇上元人以行醫為業，終生不仕，
工書。少時便矢志習隸書，浸學漢碑達三十餘年，為訪山東、河北漢碑，傾
盡家資在所不惜。孔尚任在《鄭谷口隸書歌》中道：「漢碑結癖谷口翁，渡江
搜訪辨眞實，碑亭凍雨取枕眠，抉神剔髓嘆唧唧。」

〔註 15〕　朱彝尊（1629～1709），字錫鬯，號竹垞，晚號小長蘆釣魚師，又號金風亭長，
浙江秀水人。為清初著名詩人及學者，精於考證金石，善隸書。著述宏富，
著有《曝書亭集》、《日下舊聞》，輯有《詞綜》、《明詩綜》。

〔註 16〕　參考 劉正成：《中國書法鑑賞大辭典下》，第 1132 頁，1989 年，旺文出版社。

〔註 17〕　傅山（1607～1684），初名鼎臣，後改名山，字青竹，後改青主，明諸生，讀
書過目成誦，博通經史諸子和佛道之學，又精醫術，工書畫，提出「四寧四
毋」之說。

〔註 18〕　參考 徐蓉蓉、徐律哲：《清代書法藝術鑑賞》，第 10 頁，2001 年 2 月，清蔚
文化。

〔註 19〕　金農（1687～1763），原名司農，字壽門，又字吉金，號冬心，別號稽留山民、
曲江外史、龍梭仙客、百二硯田富翁、昔耶居士、心出家庵粥飯僧、三朝老
民等，浙江仁和人，為「揚州八怪」之一。詳本論文「第四章 徐三庚的書法」
第 172 頁。

〔註 20〕　鄭燮（1693～1765），字克柔，號板橋，江蘇興化人。乾隆元年進士，歷任山
東范縣、濰縣等縣的縣令。乾隆十八年以請賑忤上罷官。晚年客居揚州賣畫，
清代傑出畫家，所繪蘭竹，風骨遒勁，與李鱓1、高鳳翰1等人有「揚州八怪」
之稱。

〔註 21〕　翁方綱（1733～1818），字正三，號覃溪，北平人。乾隆十三年進士，官至鴻

（1733～1818）與阮元〔註22〕（1764～1849），引用考古出土物與歷史文獻的交互比對，釐清了中國書體演變的歷程，翁方綱為當時《四庫全書》金石方面的編纂官，其貢獻是整理劃清了秦、漢至隋唐間書體的演變，並給予「古隸」、「分隸」、「楷隸」適當的書體名稱，沿用至今，而他在金石學方面的成就，對於道光以後的碑學發展有很大的影響；阮元曾參與《石渠寶笈》續編的編纂，並於乾隆五十九年至山東任官，接觸翁方綱後，便大力推動金石學的研究，隨後提出〈南北書派論〉與〈北碑南帖論〉，使日後書法學習的方向，從傳統上的墨跡轉向石刻，過去以南方王羲之書帖為書法學習的正統，而鄙視「北碑」的觀點，經由阮元〈南北書派論〉的論證，提出了「北碑」才是書體正宗的觀點，得以於二王傳統帖學之外，另闢一條康莊大道。不僅在書法上，實際上對當時的篆刻藝術小起了推波助瀾的作用。

鄧石如的弟子包世臣〔註23〕（1775～1855）在所著的《藝舟雙楫》中亦推崇北碑，其論作體系較阮元完備，除呼應阮元之說外，仍尊重傳統二王之地位，所提筆法傳承之說，在執筆、運筆、結字以及美學觀點上均有獨到見解，並對清代書家加以品評，將阮氏主張再向前推進一大步。然而阮、包二人的主張有人認為牽強附會之處甚多，批評標準亦不客觀〔註24〕，但仍為清代碑學理論的發展立下良好的基礎。

經過清中期的醞釀，直到道光、咸豐、同治、光緒，約近九十年的清朝後半葉，碑學書法的發展仍然盛行不墜。晚清碑學書法的成就，在思想方面建立了一套新的書法審美標準，強調內在的美重於外表的美；在理論方面則

臚寺卿，一生求古，長於金石考證，又收藏豐富，善鑑賞，著作甚豐，著名的有《兩漢金石記》、《粵東金石略》等。

〔註22〕 阮元（1764～1849），字伯元，號芸台，乾隆五十四年進士。歷任編修、參事、學政、巡撫、總督、體仁閣大學士等職。其精於考據之學，在金石學方面成就斐然，又掌杭州詁經精舍，是極典型的大儒。

〔註23〕 包世臣（1775～1855），字慎伯，晚號倦翁，小倦游閣外史，嘉慶十三年舉人。曾任江西新喻知縣，因劾去官。清代學者、書法家、書學理論家，著有《藝舟雙楫》。

〔註24〕 例如將書派強分南北，從實際出土的碑版證實不符事實，北碑、南帖各具特色，並非千篇一律，實無優劣之分，又抑帖揚碑，批評法帖摹勒失真，認為北碑才是書道正宗，實有失公允，法帖中也有一流摹版，只是後世輾轉翻刻失真，原非書者本意，何況石刻碑版本身亦有缺陷，石材在細微處難以傳神，書丹者和刻工的良莠不齊也會直接影響碑版的品質。詳 沙孟海：《沙孟海論書叢稿》，1988年，華正書局。

有系統的建立了碑學書法的體系與架構，使碑學書法的內容更爲完善；在創作方面，不論就作品或書家之質與量看，均有可觀的成果。論其書史地位，碑學書法提升了過去秦篆、漢隸、魏碑的價值，使清代書法從靡弱的承襲之風一改成爲開創改革的領導者〔註 25〕。

沙孟海於所撰〈清代書法概說〉中云：

> 「清初書法承接晉唐以來一千多年帖學的傳統，中葉以後還發現並吸收前代罕見或未見的商周時代甲骨文、金文、漢晉南北朝部分碑刻和各時代墨書竹木簡，光怪陸離，美不勝收。由於前代書家學習經驗的積累，加上新發現參考資料的豐富，這一時代的書法作品多種多樣，錯綜複雜，遠遠超過以往的任何一代。〔註 26〕」

清代書法在繼承晉唐以降古典美學的優秀傳統上，再上溯三代漢魏質樸雄健的書風，擷取碑帖兩派養分，進而發展出兼容並蓄的時代風格。書法家或篆刻家其本身自覺的與反覆的力行實踐，廣收博取並勇於嘗試的氣魄，使作品多姿多彩各具面貌。

徐三庚（1826～1890）生於道光至光緒年間，上承乾嘉之學的社會文化背景氛圍以及前輩書篆家們繽紛多致的作品表現，另外還有同時期同好之間的相互切磋與借鑑，讓他在篆刻、書法創藝過程中於外因與內緣皆有深刻的影響和刺激。

第二節　關於徐三庚的生平

一、生平梗概

徐三庚（1826～1890），浙江上虞縣東山村人，生於清宣宗道光六年（丙戌，1826）四月十八日，卒于清德宗光緒十六年（庚寅，1890），享年六十五歲。字辛穀，號袖海〔註 27〕、襃海、井罍、井畾、金罍、金罍道人、金罍道

〔註 25〕引自　郭芳忠：《乾嘉學術對晚清書學思想及書風影響之研究》，第 600、601頁，2005 年 6 月，國立高雄師範大學國文學系博士論文。

〔註 26〕沙孟海：〈清代書法概說〉，收錄在《中國美術全集　書法篆刻編 6・清代書法》，第 1 頁，1989 年，上海書畫出版社。

〔註 27〕楊逸等人所著的《海上墨林》中，關於徐三庚生平的記載，爲以下簡述：「徐三庚，字辛穀，號袖海，別號金罍山民，上虞人。工篆隸，得〈天發神讖碑〉三昧。刻印與書法相通，體勢逸宕，似趙悲盦（之謙）。」收錄在《海上墨林》，

士、金罍野逸，別署爲薦未道士、嚚喑散人、詵郭〔註28〕、餘糧生、大橫等，齋名有似魚室、復古齋、罍漚寄室。同治十三年（1874）四十九歲時自輯《金罍山民印存》，隨後又自輯《似魚室印譜》。有關徐三庚的字號別署等，由有紀年有署款之篆刻作品彙整調查後，即可獲知其前後概約的用期與用例數（參見附錄一）。

關於徐三庚的生日，很多書籍並未記載，據童衍方於十餘年前收得其自用印一方，印文爲「徐三庚于道光丙戌歲後浴佛十日生」，逐解開了徐三庚的生日之謎。據陳信良考察，徐三庚的自用印約有四十八方〔註29〕，而在這四十餘方中，刻有生年的目前謹此一方。古「浴佛日」乃指佛教徒於四月八日釋迦摩尼佛生口舉行的浴禮，是日以水灌佛像，謂之「浴佛」，亦稱「灌佛」。根據徐三庚所刻〈徐三庚于道光丙戌歲後浴佛十日生〉的線索可知，其生於浴佛日後十天，即農曆四月十八日。

〈徐三庚于道光丙戌歲後浴佛十日生〉徐三庚 刻取自《藝苑清賞——晏方品珍》

在考察徐三庚字號署款用例時發現，其最常使用「徐三庚」或「三庚」來署名，其次則爲「辛穀」，據了解，他曾在一自用印邊款上刻有：

「余日金罍、井罍、一日辛穀，取穀爲贍養之本，農人辛苦終年猶不得仰事俯育，余不耕而服食先疇，未嘗一日忘農，因以爲號焉。〔註30〕」

從文中可知，徐三庚爲感念農人們因耕種而辛苦整年，尚不能好好上侍父母，以及下養妻兒，故以「辛穀」稱之，實爲發自內心無時無刻惦念著農夫辛勞的憫人情懷。

第 77 頁，1989 年 5 月，上海古籍出版。但本論文針對「徐三庚篆刻作品邊款姓名字號署款用例」，再加上書法作品署款的考察發現，徐三庚多以「褭海」行，而幾乎不用「袖海」。（「褭」爲「袖」的古字）

〔註28〕據日人佐野榮輝考察，「詵郭」是依辛穀諧音所取的。佐野榮輝：〈徐三庚臨天發神讖碑〉，收錄在 北川博邦 編輯：《徐三庚臨天發神讖碑》，1998 年，雄山閣出版株式會社出版。

〔註29〕詳 陳信良：〈徐三庚自用印的篆刻考察〉，收錄在《國立臺灣藝術大學造形藝術學刊》，395～414 頁，2002 年 12 月，國立臺灣藝術大學。

〔註30〕引自 童衍方〈吳帶當風 姍姍盡致——徐三庚的篆刻藝術〉，收錄在 童衍方：《藝苑清賞——晏方品珍》，第 162 頁，2006 年 5 月，上海書店出版社。但此書未收錄此方自用印，甚爲可惜。

　　而其號「金罍」的由來，係因辛穀家鄉的城外有一座金罍山，相傳為漢代魏伯陽修煉之地，山旁有一眼丹井，晉代太康年間因疏浚該井而得到一金罍，故此山名為「金罍山」，辛穀遂以此勝跡之名為號。

　　關於辛穀的生平事蹟在《海上墨林》、《廣印人傳》、《國朝書畫家筆錄》等著作中雖有記載，但都是以隻字片語帶過，其一生與科舉、官宦無緣，一生布衣為諸生，靠鬻藝為業，多才多藝，書、畫、印、文字學及詩文皆佳，還能作竹刻〔註 31〕，尤擅篆刻和書法，其曾自刻白文印〈袖海詩書畫印〉（《篆叢》29-013-6），此印未紀年亦未署款，從印文上推斷，辛穀除了書、印之外尚還作畫，惜目前未見其畫作傳世。清·葉廷琯〔註 32〕（1791～1861±）曾在上海旅行時巧遇辛穀，兩人相談甚歡，葉廷琯以〈遇徐辛穀話舊感懷〉為題有感而發，得詩二首，並題於辛穀《象田詒谷圖》後，詩云：

〈袖海詩書畫印〉
《篆叢》29-013-6

> 「傾蓋言歡記虎丘，交聯金石許同游。麥天各避吳門劫，萍水重逢滬瀆秋。我已無家拌蹈海，君猶作客感登樓。手撫雙印勞持贈，敢道新詩報所投。」

另一首云：

> 「語我家林舊業存，象田舜井古時村。溪山勝地安雞犬，耕讀良謀教子孫。江左連城成梓澤，浙東片土是桃源。待君歸日應相訪，畫裡先教認鹿門。〔註 33〕」

從詩中「交聯金石許同游」可知當時葉廷琯曾向辛穀索印，而有所交往，大致可勾勒出辛穀當時印藝水平高超，藝名雖隆卻不自我彰顯，一生淡泊名利，謙和自律，過著恬淡平靜的田園生活。

〔註31〕浙江刻竹，與書畫篆刻等藝術相似，有重學者文人作品而輕匠人作品的傾向，講究作者的學養，故浙江竹人多學者型、儒生型，極少專業竹人，大家都兼擅數藝，尤以篆刻家而兼善刻竹者為多。如蔣仁、奚岡、徐三庚、錢松等皆善刻竹。詳 葉瑜蓀〈晚清浙江文人竹刻〉，2001 年 9 月 18 日，第 007 版，收錄在人民日報海外版，文藝副刊。

〔註32〕葉廷琯（1791～1861±），號調升，又號苕生，別署龍威鄰隱，吳縣（今江蘇蘇州）人，通印學，工鐵筆，蒼勁有致。著有《吹網錄》、《鷗陂漁話》。

〔註33〕葉廷琯：〈遇徐辛穀話舊感懷〉二首，收錄在 韓天衡：《歷代印學論文選 下》，第 888 頁，1999 年 8 月，西泠印社出版。

二、遊歷

辛穀所生活的時代，正是中國封建社會向半封建半殖民地轉變的內憂外患、災多苦重的時期，國內戰亂紛起，外國列強的入侵與掠奪，使中國農民陷入了水深火熱的境地，致使青年時期的辛穀，不得不離開家鄉浙江上虞，游藝南北，以賣印自給維生。從篆刻邊跋中可知，其三十歲左右寓居上海〔註 34〕，四十六歲之前偶有出遊，其足跡先後及至杭州〔註 35〕、蘇州〔註 36〕、寧波〔註 37〕、慈溪、石門、嘉興、上海等地，活動地區幾乎都是在上海附近一帶。

四十七歲那一年，辛穀南下香港，並轉往廣州客居一段時間，當時曾替王韜（1828～1897）刻印，朱文印〈弢園藏〉（《篆叢》28-143-1）款記：「紫詮老友審之，壬申中秋，將之五羊城，道經香港製此，上虞徐三庚記。」此印即為辛穀四十七歲旅居香港時為王韜所刻。王韜字紫詮，號弢園老民，他是中國改良派思想家、政論家和新聞記者，當時因為工作關係曾避難香港，因緣際會認識了辛穀，辛穀也因此為他刻了不少印。隨後即由香港轉往鄰近的廣州（五羊城），在那期間認識了廣州四大名園之一「東苑可園」的園長張敬修，並於園內教授其侄子嘉謨與兒子崇光〔註 38〕。之後五十二歲乘船前往天津，不久即又轉往北京，五十三歲五月客居鄂渚（湖北武昌），並於是年八月返回上海，六十歲四月左右曾短暫南遊安徽，此後一直留居上海，直到光緒十六年（1890）辭世。

〔註 34〕徐三庚於三十三歲那年刻了一方朱文印〈竹如意居〉，款記：「芝九五兄先生，滬上風雅士也，戊午夏，余晨夕過從，相與討論，獲益不淺，頻行，出是所刻，遂為奏刀，以誌它日相思之券，即希教我為幸，上虞徐三庚弟辛穀甫。」此印為辛穀客居上海時所作。

〔註 35〕徐三庚於二十九歲時刻了朱文印〈心在山林〉，款記：「心在山林。蔡子春疇屬此印，其所感深矣。甲寅秋，虎林客徐三庚記。」此印為辛穀客居虎林（浙江杭州）所作。

〔註 36〕徐三庚於三十五歲刻白文印〈石董狐〉，款記：「董狐，古之良吏也。昔有華董狐、鬼董狐，文壽承亦自號石董狐。仲陶先生篤嗜金石，精於鑒辨，集古今名印，裒輯成譜。庚申春，余客吳趨，走訪於楚竹盦，出所集見示，搜羅之富，洵印叟也，亦可曰石董狐。爰製是印以贈，上虞徐三庚記。」此印為辛穀客居吳趨（蘇州）時所作。

〔註 37〕白文印〈吳江葉鏞印信〉款記：「笙甫仁兄鑒之，徐三庚製于甬上，乙丑春二月。」此印為新穀四十歲時客居寧波時所刻。

〔註 38〕詳 馬國權撰寫：林宏作日譯：〈徐三庚とその篆刻藝術〉，收錄在 小林斗盦：《中國篆刻叢刊 第二八卷 清22》第 185 頁，1984 年，4 月 30 日，二玄社。

徐三庚遊歷圖示 引自 陳信良〈徐三庚自用印的篆刻考察〉簡報檔

〈弢園藏〉《篆叢》28-143-1

第三節　畫壇與金石之友

辛穀一生雖與官場無緣，但也因此得以專心於藝事，除了在遊歷期間認識而委託其製印的友人之外，在上海、浙東一帶的地緣之便亦認識了一批書畫家。上海本是一個不引人注目的漁村，在鴉片戰爭（1840～1842）之後的一、二十年間，一躍成為中國的大都會。一八五三年，英國首先在上海設立麥加利銀行，接著列強的外國銀行和商行紛紛在上海建設大廈，人口也迅速膨脹。由於上海天然的優越條件，外商頻在此地投資，上海終於成為中國對外的最大港口，也是海陸的運輸中心，一切先進科學技術的採用和發明，皆在此地進行，經濟的繁榮使得文化亦順水推舟，許多各省的富豪帶來不少文物書畫，至上海來附庸風雅，在此歷史背景之下，本來畫家不多的上海，頓時與日俱增，逐漸成為畫壇重鎮。

當時於上海的畫家如雲，著名的有張熊、任熊、任薰、任頤、虛谷、蒲華、錢慧安、倪墨耕等，其中，張熊、任薰〔註39〕、任頤〔註40〕、虛谷、黃山壽、蒲華等畫家，均與辛穀過從甚密，而他們作品上的姓名字號等自用印或閒章，亦多出自辛穀之手。

張熊（1803～1886），又名張熊祥，字壽甫，亦作壽父，號子祥，晚號祥翁，別號鴛湖外史、鴛湖老人、鴛鴦湖外史、西廂客等，室名為銀藤花館，秀水（今浙江嘉興）人。年輕時期移居上海，參加各種美術活動。喜愛收藏金石書畫，一生收藏了一萬多件的古董珍玩，名揚藝林。張熊善畫花卉，縱逸似周之冕，古媚似王武，尤善畫大幅牡丹，屏山巨障，足見其功力深厚。除花卉之外，其它如草蟲、蔬果、人物、山水皆工，注重寫生，富於時代氣息，作品雅俗共賞，活躍於當時畫壇。辛穀在三十八歲那一年（1863），為張熊刻製了一方朱文印〈張子祥六十以後之作〉（《篆叢》28-035-2），款記：「子

〔註39〕任薰（1835～1893），字舜琴，又字阜長，浙江人。出生於繪畫家庭，其父任椿，兄任熊皆是畫家，任薰受其父兄影響，對於人物、花卉、禽鳥、山水，皆有很高的造詣，人物畫私淑陳洪綬，尤精雙鉤花鳥。僑居上海時，以賣畫為生，時稱「任阜長精於繪事，名噪當時。」

〔註40〕任頤（1840～1896），初名潤，字小樓，後字伯年，浙江紹興人。父親任淞雲是一位民間畫師，亦是他的繪畫啟蒙者。十四歲即至上海謀生，原在扇莊當學徒，後來得到任熊、任薰教導，繪畫技法大進，是一位早慧畫家。其年輕之時便以賣畫為生，三十歲時畫名已遠播，南北各處向他求畫者陸續不斷。他的肖像和人物畫，堪稱是近現代中國繪畫藝術的先驅者。

祥仁丈鑒之，徐三庚製。同治二年六月四日，記于滬上。」當時辛穀僅三十
八歲，而張熊已屆齡六十一歲，遂爲其奏刀，刻此印文；另有一方未紀年亦
未署款的朱文印〈張熊印信〉（《篆叢》29-171-1），亦是辛穀爲張熊所製。

〈張子祥六十以後之作〉　　　　　〈張熊印信〉
《篆叢》28-035-2　　　　　　　　《篆叢》29-171-1

　　虛谷（1824～1896），原（俗）姓朱，名懷仁，一名虛白，號紫陽人，新
安（今安徽歙縣）人，世居揚州，同治、光緒年間寓居上海。曾任清廷將官，
後來厭世，削髮爲僧。虛谷是一位全才型的畫家，肖像、山水、花鳥、禽魚
無不精能，又工於書法，奇古絕俗，而且又善詩，有《虛谷和尚詩餘》一卷，
因而是一位相當全面有修養的藝術家，可惜流傳之作品相當少，但品味卻相
當高，頗爲獨特，足可奠定他在畫史上的重要地位。虛谷後期常住上海，在
上海關廟或城隍廟等處以書畫自給。他後期所用的兩方閒章：朱文「舄」字
小印，和「天空任鳥飛」朱文大印，即爲辛穀所刻〔註41〕，惜此二方印皆未
錄邊款，無法確切地評斷爲辛穀何時期所作，但從其遊歷、早中期的作品風
格交相對照分析，初步研判應是四十歲前後所製。此「舄」字原義爲「履」，
又是古字之「鵲」字。「鵲」者烏鴉，虛谷用以自喻，「意有感觸，披緇入山」
爲書畫僧，長年行走於江南天地間，〈舄〉與〈天空任鳥飛〉印文其意喻自明。

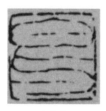 

〈舄〉　　　　　　　　　　〈天空任鳥飛〉
取自《故宮文物月刊》165　　取自《故宮文物月刊》165

〔註41〕 詳 丁羲元：〈虛谷研究與鑒賞——紀念虛谷逝世一百周年〉，收錄在《故宮文
　　　　物月刊》165 第十四卷第九期，第4～37頁，1996年12月，國立故宮博物院。
　　　　辛穀爲虛谷所刻朱文印〈舄〉與〈天空任鳥飛〉二方印作，皆取自於此。

黃山壽（1855～1919），原名曜，字旭初，別字旭道人，晚號旭遲老人，又號麗生，江蘇武進人。幼年貧困，志於書畫，書工唐隸北魏及鄭燮、惲壽平，得其神韻；畫則仕女、人物、青綠山水、雙鉤花鳥及墨龍、走獸、草蟲、竹石，無一不能，中晚時期於上海鬻畫。黃山壽小辛穀近三十歲，辛穀為其所刻的數方印雖多未紀年亦未署款，但從印風上推斷應是辛穀中晚期之作。

朱文印〈前身應畫師〉（《篆叢》29-129-1），款記：「勛伯屬刻，三庚記于四明蔡氏賓館。」款文中所稱的「勛伯」，即為黃山壽。此印印文穿插、挪讓自如以及文字結體的疏密分明，已然是辛穀自我印風代表，其它朱文印〈勛初父〉（《篆叢》29-131-6）和〈久盦〉（《篆叢》29-133-5） 雖未紀年未署款，但由印風上判斷，應是辛穀中晚時期的作品；〈山壽〉（《篆叢》29-131-4）和〈黃山壽印〉（《篆叢 29-131-5）二方白文印亦未紀年未署款，觀其印文極富書法筆意，中晚期的辛穀白文印多追崇鄧完白「以書入印，印從書出」的創作理念，黃山壽畫作上的自用印多為辛穀所作，除了交情匪淺之外，黃氏應當是對辛穀的印風有相當程度的傾慕之心，故屢向其屬刻。

| 〈前身應畫師〉《篆叢》29-129-1 | 〈山壽〉《篆叢》29-131-4 | 〈黃山壽印〉《篆叢》29-131-5 | 〈勛初父〉《篆叢》29-131-6 | 〈久盦〉《篆叢》29-133-5 |

蒲華（1834～1911），原名成，初字竹英，一字作英，號胥山外史，種竹道人。齋堂為芙蓉盦、九琴十硯樓。自幼喜讀書，能作文章，曾參加科舉考試，但其性格愛好自由，與科舉八股文制度格格不入，最終僅得秀才，從此絕念仕途，並專心致力於藝術創作，其刻苦自學詩、書、畫，後居上海鬻書畫為生。曾結鴛湖詩社，發起組織上海書畫研究會。亦曾遊歷日本，其藝為彼邦人士所重〔註42〕。

〔註42〕日本書篆家秋山白巖（1864～1954），於 1886 年之際，與中國駐日公使何如璋同行，離日赴滬（上海），經當時於上海經營「樂善堂」的岸田吟香介紹，拜徐三庚為師，另一方面，行草則受教於蒲華。

　　辛穀和蒲華友好，從辛穀書與日本弟子秋山白巖書作中的蒲華題署即可見一斑〔註43〕。辛穀亦多次爲蒲華刻印，如白文印〈蒲華印〉（《篆叢》29-095-1）款記：「作英索篆，襃海改作，己卯上巳。」爲辛穀五十四歲時所作，此印與白文印〈蒲華印信〉應爲同時期寓居上海時所刻，另外還有朱文印〈作英詩畫〉（《篆叢》29-105-1）。

〈蒲華印〉
《篆叢》
29-095-1

  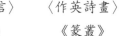

〈蒲華印信〉　　〈作英詩畫〉
《篆叢》　　　　《篆叢》
29-095-2　　　　29-105-1

　　辛穀和上海當時諸位著名的畫家密切的往來，又爲其製印，彼此之間無論是藝壇盛事，亦或是經驗與心得的交流，皆讓他得以拓展新視野；而與金石學家沈樹鏞〔註44〕（1832～1873）、印章收藏家岑仲陶（生卒年不詳）和孫憙（1829±10/卒年不確）的結緣，因此而獲得鑑賞與研究金銅玉石、碑版古物等實物與拓片的機會，對於其創作內容上的刺激和豐富靈感的來源皆有實質上的助益，如同辛穀所刻朱文印〈平生金石結良朋〉（《篆叢》29-123-5）印文的語意一樣，在其書印的創藝生涯中，有著舉足輕重的影響。

〈平生金石結良朋〉
《篆叢》29-123-5

〔註43〕　參考本論文「第五章　徐三庚的成就和影響——結論」第208頁。
〔註44〕　沈樹鏞（1832～1873），字均初、韻初，號鄭齋。齋堂爲漢石經室、寶董室、靈壽華館。和錢松與趙之謙亦有往來，尤以趙之謙爲最，沈樹鏞與趙之謙曾一同在北京參與校碑工作，趙更爲他刻過三十餘多方印。徐三庚也爲他刻過姓名章，如白文印〈沈樹鏞印〉（《篆叢》28-063-4），款記：「均初先生屬仿漢，徐三庚。」

第三章　徐三庚的篆刻

第一節　傳統璽印篆刻的研習創作

本節所析論的傳統璽印篆刻，乃指在印章體系中，於所有印式、表現形式、內容…等的學習與擬仿，除了先秦古璽、秦漢魏晉璽印的概念探求之外，尚還包括唐宋元的印式研習，以及明清文人篆刻流派風貌的相互影響。

將徐三庚印譜集冊中有紀年以及有署款的作品，按照年代依序排列對照分析，可發現辛穀在整個篆刻研創歷程中，擬仿秦漢璽印形式的作品爲數不少，尤以漢印居多，從早期二十八歲〔較可靠有紀年作品〈濬川〉癸丑（1853年）所作，是年辛穀二十八歲〕至四十五歲左右期間的作品，大體上以秦漢印式爲宗，甚至到了中晚期仍然持續不間斷，可說是打了一輩子的根基。

元趙孟頫〔註1〕曾在自己鉤摹選編的集古印譜《印史》的序言中云：

> 「……采其尤古雅者，凡摹得三百四十枚，且修其考證之文，集爲
> 《印史》，漢魏而下典型質樸之意，可彷彿而見之矣。……」〔註2〕

趙氏有感於當時印壇一味追求新奇取巧，易產生流俗弊病，遂手摹古印三百四十方，同時竭力倡導「印宗秦漢」的觀念，提出篆刻藝術的「古雅」、

〔註 1〕趙孟頫（1254～1322）字子昂，號松雪道人，別號鷗波、水精宮道人等。詩、書、畫、印皆有很高造詣。詩作有《松雪齋集》，篆刻以圓朱文著稱；曾提出「書畫同源」之說。

〔註 2〕趙孟頫《印史》序，收錄於韓天衡：《歷代印學論文選》下，420 頁，1999 年8 月第 2 版，西泠印社出版。

「典型質樸」的審美理想。檢析辛穀篆刻邊款自述，曾有「擬趙松雪」〔註3〕、「擬水晶宮道人法」〔註4〕的記錄，推測當時在師古時期對於趙氏的學理以及創作情思應有所探研，加諸明清以來成就斐然的篆刻時賢無不從秦漢印之中汲取養分而化出，不難理解辛穀於秦漢璽印裡所投注的心力。近人羅福頤〔註5〕亦在《故宮博物院藏古璽印選》序言中點出宗秦法漢是元明清乃至今日印人學步之所需：

> 「……例如戰國官私諸璽，對於古文字及戰國史學者多所裨益；以至秦、漢、南北朝官印，其文字刻工，故足爲後世法，……，至於秦、漢私印，分朱佈白，莫不精妙，更爲今日印人學步所需；尤其玉印，文字茂美莊嚴，宜乎明代文、何有宗秦法漢之號召，良有以也；…。」〔註6〕

除了宗秦法漢的扎根研習之外，辛穀亦從歷代印人與印作中博採眾長以古爲新，可謂從戰國古璽、秦漢印的豐富樣式以及魏晉朱文印乃至宋元明清等都能縱橫馳騁，值得注意的是，辛穀自述的擬仿之作常常都是取其「神似」而不求形似，其擅於擷取不同印式的特質與神韻，並注入自己的情性，形成自我風貌。潘天壽在《治印叢談》稿中曾說：「治文須廣搜博採，遠近無遺，方不囿於偏狹，從事治印亦然。」任何藝術在創新之前勢必先深入傳統，才有能量蛻變出新。本節主要就徐三庚的仿作中，從秦漢以至宋元明清的擬仿去分析與探討，試圖探查其學習借鑒的特點與取捨的部分。

一、擬秦仿漢師古而不泥

明清印人邊款所稱的「仿秦印」，因個人的認知而有所不同，常有篆刻家視「古鉨」爲「秦印」，亦有將「秦系印」視爲「漢印」者，係因當時出土資

〔註3〕 〈吳氏橋孫〉朱文印，款記：「擬趙松雪于春申江之牧龍道院。徐三庚」收錄在小林斗盦：《中國篆刻叢刊》第二八卷 清22，113頁，1984年4月20日，二玄社。

〔註4〕 〈員鑑齋〉朱文印，款記：「擬水晶宮道人法，褱海。」收錄在小林斗盦：《中國篆刻叢刊》第二九卷 清23，147頁，1984年5月20日，二玄社；〈穗知所藏〉朱文印，款記：「擬水晶宮道人濃，褱海。」收錄在小林斗盦：《中國篆刻叢刊》第二九卷 清23，185頁，1984年5月20日，二玄社。

〔註5〕 羅福頤（1905～1981）字子期、紫溪、梓溪，七十後號僂翁。齋堂爲鄡庵、待時軒。浙江上虞人，上海出生，羅振玉第五子。曾任故宮博物院研究員、國家文物局諮議委員、中國科學院考古協會理事、西泠印社理事。

〔註6〕 羅福頤：《故宮博物院藏古璽印選》，第3頁，1981年序，文物出版社。

料有限，對於印制分域的研究，無法嚴謹地深入考證，導致一般金石學家與印人對秦印認知上尚未能細加區分〔註7〕，因此造成認知上的出入。儘管錯把「古鉨」作「秦印」，或將「秦系印」視爲「漢印」等種種迷思，亦無傷大雅，其師法古印與心摹手追的毅力和精神，留給後進無限的啓發與鼓舞。

本段茲就徐三庚邊款中自述「擬秦仿漢」之印與其它歸類於此的仿作，以「擬秦仿漢師古而不泥」爲題，並附加圖示以供佐證和參考，茲分述如下：

（一）先秦古璽的學習

朱文印〈壽仙〉（《徐譜》763），款識：「閏月辛穀仿秦人印。」此印未紀年，由署款「辛穀」推測應爲二十八歲至四十四歲左右之作。辛穀於邊款自述是印爲「仿秦人印」，據考應指先秦（春秋戰國時期）之二晉系〔註8〕（韓、趙、魏）古璽印而言，即以東周時期的金文入印，清代印人習稱「秦朱文小璽」。

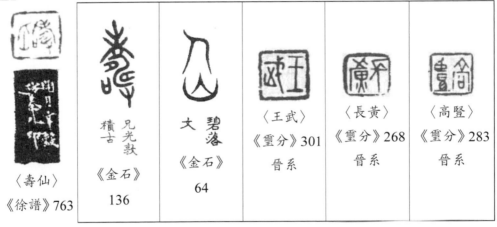

| 〈壽仙〉《徐譜》763 | 兄光款積古《金石》136 | 文碧落《金石》64 | 〈王武〉《璽分》301晉系 | 〈長黃〉《璽分》268晉系 | 〈高豎〉《璽分》283晉系 |

〔註7〕　詳　陳重亨：〈明清篆刻家的秦印風格創作辨正〉，《蘇峰男教授服務公職四十年退休紀念　書畫藝術論文集》，2005年7月，蕙風堂筆墨有限公司出版。

〔註8〕　中國文字發展的過程中，在春秋戰國時期因爲社會劇烈變動，封建諸侯割據，各國文化、經濟發展快速，文字已經由從前少數吏官手中，逐漸流傳至民間，經過廣泛地使用，逐漸產生了大量的俗體化文字和異體文字，在漢字形體上漸趨發展出地域性特色。從各方面來說，當時文字　體系大致可分爲東土及西土兩大區塊五大體系，而東土這區塊所包含的，即三晉系（韓、趙、魏）、燕系、齊系及楚系，西土則是專指秦系文字而論。春秋晚期晉國被三卿韓、趙、魏所瓜分，建立了自己的諸侯國，但三家所用文字基本上還是原本晉國體系的文字，三者之古鉨風格較爲相似，除個別可確認的官職或地名外，很難進一步區分，因此常一併敘述。詳　陳重亨：《戰國秦系璽印研究》，第30頁，2008年1月，國立臺灣藝術大學書畫藝術學系碩士班碩士論文。

　　辛穀在〈壽仙〉（《徐譜》763）朱文小鉨中，利用字體結構的挪讓特性巧妙佈局，如「壽」字採較寬鬆的字形呈現，筆畫雖細但自然灑脫，適度拉長「士」的豎畫與「ㄱ」的鈎筆，並選取疊增形旁的「仙」字，使之穠纖合度，依傍於「壽」字左方，可謂相襯地天衣無縫。辛穀善取古璽風格的奇險古樸與變化多端等特質而又不師法度，在方寸之間營造自由自在的小宇宙，爲其過人之處。

　　〈桐陰生〉（《篆叢》29-079-5），無紀年亦未署款之寬邊朱文印。此方朱文小鉨〈桐陰生〉，使用古璽文字的加減特性，省去「陰」字的「阝」部首，而「桐」字採用如圖（《金石》300）所錄汗簡「㮡」字形結構，恰可將「桐」、「陰」、「生」三字併置而不凌亂，「生」字上方如同髮絲飄揚，與「仐」、桐的「木」字捺畫遙相呼應，和諧均衡不造作。

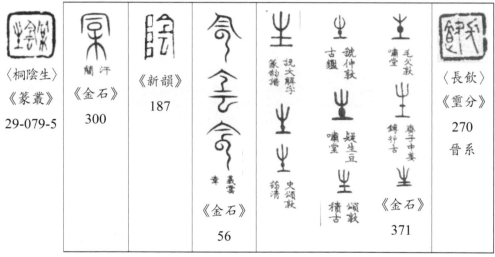

〈桐陰生〉《篆叢》29-079-5 ｜ 蘭汗《金石》300 ｜ 《新韻》187 ｜ 奇義雲章《金石》56 ｜ 說文解字篆韻譜 鈢清 史頌敢 ｜ 銚仲敢古鑑 嘯堂 疑生豆 積敢 ｜ 毛公敢嘯堂 鑄斗古 蔡子中姜 頌敢 《金石》371 ｜ 〈長飲〉《璽分》270 晉系

　　〈謹誠〉（《篆叢》28-061-2），款記：「此作神似黃秋盦司馬，李唐以爲如何，乙丑四月朔，徐三庚訛郭。」乙丑年（1865年）四十歲所作。李唐本名傅尔鎙，李唐爲其字，和辛穀是好友，辛穀爲他刻過不少印，除了〈謹誠〉之外，其它還有

　　〈不足爲外人道〉、〈李唐啓事〉、〈無事小神僊〉、〈傅尔鎙印〉、〈如華美眷〉、〈臣尔鎙印〉，可知兩人交情匪淺。

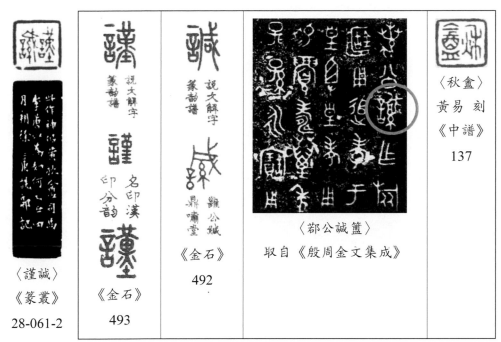

〈謹誠〉
《篆叢》
28-061-2

說文解字
篆韻譜

謹
名印漢

謹
印分韻

《金石》
493

說文解字
篆韻譜

歲
雛公誠

鼎嘯堂

《金石》
492

〈都公誠簠〉
取自《殷周金文集成》

〈秋盦〉
黃易　刻
《中譜》
137

　　此印辛穀自述：「神似黃秋盦」，和圖（《中譜》137）黃易所刻方形朱文印〈秋盦〉兩相對照，神貌和線質表現確實都有相似之處，但此非黃易特有風格。依粗邊、較細的印文線質來看，兩人所作形式風格皆從先秦古璽而來。〈謹誠〉中的「謹」字以東周篆文為主，並稍變其法，其中「言」部和「誠」字一樣取金文寫法，可參見附圖（〈都公誠簠〉《殷周金文集成》）第一排第三個字。春秋戰國之際，諸侯稱霸、王室式微，社會動盪不安，在文化傳承上產生了很大的影響，尤其文字自古即難有使用的規範性，而在地域分隔各自發展中彼此的差異擴大，而其同一性亦漸漸被削弱，以致未致力戰國文字研究者常常會感覺六國古文「上不合殷周古文，下不合小篆，簡俗訛別，至不可識〔註9〕」，故若僅以秦系文字（即今日漢字系統）的字形構造原理去看六國古文，便不免覺得印文異體紛呈、繁簡無定。常見的有省略或重複偏旁，即某字中有兩個或兩個以上相同的偏旁，常僅留一個，或將偏旁中的部分筆劃簡化，是為古璽中突出的特色。觀辛穀所作〈謹誠〉，就藝術表現而言，其借鑒先秦小鈢的形式，並以金文入印以及對黃秋盦的揣摩，再再顯示出辛穀師古而不泥的思維。

〔註9〕　參考 李剛田主編、尹海龍著：《古璽技法解析》，第7頁，2006年5月，重慶
　　　　出版社。

〈怡士〉(《篆叢》29-149-2)方形粗邊朱文印,款識:「襃海客春申浦擬秦朱文。」此印無紀年,試從署款「襃海」判斷,推測應為五十二歲以上的作品。

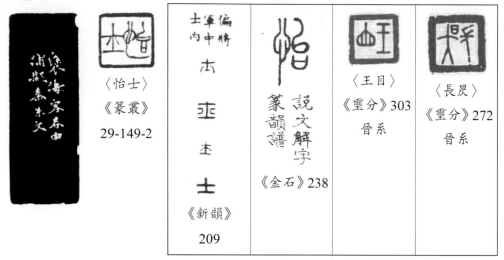

〈怡士〉《篆叢》29-149-2	偏將軍中士內 朿 亝 士 《新韻》209	怡 說文解字篆韻譜 《金石》238	〈王目〉《璽分》303 晉系 〈長晟〉《璽分》272 晉系

此印為辛穀遊歷上海時所作,邊款自述:「擬秦朱文」,依印面的「闊邊」、「細朱文」以及二字印文左右並列等特色判斷,確為擬三晉系朱文小鈢的形式,雖說是擬仿之作,但此印刻製年代應是在辛穀中晚期。從若篆若隸、局部彎曲的筆畫線質,以及疏密聚散分明的結體上去析賞,可看出當時辛穀的篆字結體已完全展現自我面目,強烈的線條表現仿彿是辛穀的個人語彙,此時多有自覺性的創見,除保留朱文小鈢的寬邊與布白技巧之外,此作儼然已將自我的小篆筆法融入於刀法之中,乃貫通所學,自然化出的例證。

綜觀辛穀的篆刻傳世之作,有些邊款雖無載明仿自何處,但從其印面的形式、印文的篆法、章法、佈局等去分析推敲,可以探出許多線索來,根據這些線索即可大致擬出辛穀作品風格的養成過程。

以下再舉數方辛穀作品中其它屬「三晉系」的朱文小鈢,作實例賞析:

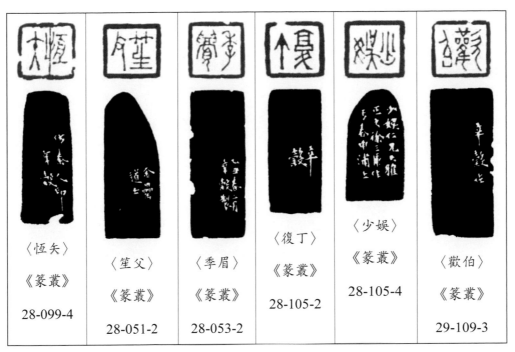

〈恆矢〉	〈笙父〉	〈季眉〉	〈復丁〉	〈少娛〉	〈歡伯〉
《篆叢》	《篆叢》	《篆叢》	《篆叢》	28-105-4	《篆叢》
28-099-4	28-051-2	28-053-2	28-105-2		29-109-3

　　〈恆矢〉（《篆叢》28-099-4），款記：「仿秦人印，辛穀。」〈恆矢〉中「恆」
字以繆篆入印，「矢」字則取資金文，結體稍作曲直伸展，如「忄」部旁拉長
連邊，如同界格般，「亙」偏旁的傾斜彎曲，恰與「忄」合為一體，辛穀對於
文字結體的挪讓、連繫有著天生的美感，在安穩的秦漢印式中求新求變是他
創藝過程中秉持的學習理念。

〈恆矢〉	《金石》238	《金石》392

　　〈笙父〉（《篆叢》28-051-2），款識：「金罍道士。」〈笙父〉署名為「金
罍道士」，從邊款署名的考察，其用期約在四十一至五十二歲之間（見附錄署
款用表），「笙」字推測參用漢韻的「艹」部，而「生」偏旁則疑參考陳鴻壽
的「生」字結體，並稍加修改，將字形拉長，「父」字以金文入印，在辛穀的
仿朱文小鈢印中，常有繆篆、金文參半的引用，並融合地恰到好處。

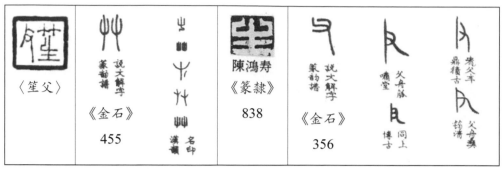

〈季眉〉（《篆叢》28-053-2），款記：「乙丑春二月，辛穀製。」爲辛穀四十歲時所刻。〈季眉〉的「眉」字取金文「釁」字，古「釁」字即「沫」，蓋沫、眉、麋、微諸字聲類相近，《詩經·豳風·七月》：「爲此春酒，以介眉壽。」人老了眉上長出長毛，所以稱長壽爲眉壽〔註 10〕。辛穀借「釁」作「眉」使印文筆畫有多寡輕重之別，「季」字筆畫較少，「釁」字也作了局部刪減，如「分」的左右兩點，使「季」、「釁」兩字懸殊不至於太大，而「季」字適度地拉長使和「釁」字能穩坐左右，取得平衡。

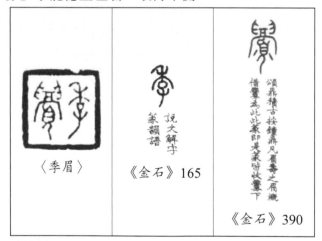

〈復丁〉（《篆叢》28-105-2），款識：「辛穀」推爲四十歲左右之作。在辛穀的篆刻研習創作中，常見有闊邊（粗框）仿朱文小鉨的作品，從上述所列六方印作中即可明白，其對此印式的喜愛，又印文多爲二字並列。觀此作〈復丁〉之「復」字，省去了左邊的「彳」部，其實在甲骨文中（見圖《古典》102）卜辭以复爲復，辛穀將「复」的結體稍作趣味性的改變，如將第一畫作如屋頂的形象，似甲骨文結體，（參考《篆隸》515），筆法上則尖起方收，尤

<hr />

〔註10〕引自 張雙棣、陳濤主編：《文言文字典》，第 609 頁，2005 年 6 月，五南圖書出版股份有限公司。

其捺畫三角收筆的呈現，極富個人創作語彙。圖（《古典》璽 746）為璽印中的字，另外圖（《古典》漢 746）為漢印中所見，辛穀將古璽漢印中的丁字作一整合參用，並設計出如箭頭般「↑」的丁字，和戰國晉系鈢印〈事丁〉的「丁」字相較，辛穀的精心創意一覽無遺，除設計意味濃厚之外，視覺上正好也平衡了「复」字的三角捺，畫面穩當並無頭重腳輕之疑慮。

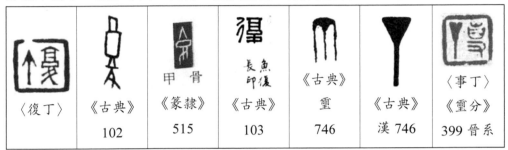

〈復丁〉	《古典》102	甲骨《篆隸》515	《古典》103	《古典》璽746	《古典》漢746	〈事丁〉《璽分》399晉系

〈少娛〉（《篆叢》28-105-4），款識：「少娛仁兄大雅正之，徐三庚作于春申浦上。」此作線質和上述〈復丁〉與〈笙父〉基本上相似，推為同時期所作。〈少娛〉二字分別取繆篆（少）和金文（娛），線條大體上以截彎取直為其篆勢，惟「少」字的最後一撇以半圓弧線承接整個字，似乎和篇旁「吳」的下彎橫畫筆斷而意連。

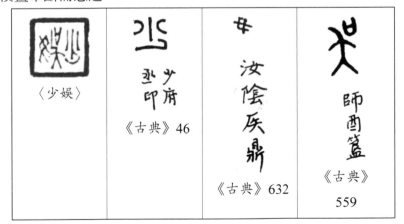

〈少娛〉	少府印《古典》46	汝陰厌鼎《古典》632	師酉簋《古典》559

〈歡伯〉（《篆叢》29-109-3），款識：「辛穀作。」推為四十歲左右之作，「歡」字以小篆入印，局部化繁為簡，如「廿」作「ㅁ」省去上方突起的枝節，以便讓「艸」字頭有足夠的空間發揮，並符合朱文小鈢「疏朗」的印文結體特色。「伯」字同樣也是省去部首偏旁，篆法則似金文《古典》456與《篆隸》80，另外辛穀又於「百」的左上方增加一小橫（撇），使之與歡字中「欠」的捺遙相呼應，具有穩定畫面的功能，今若將那一小撇去掉（見左下筆者摹擬

實驗圖），除了左邊顯得稍空之外，視覺動線亦跟著往左上右下傾斜，造成不平衡的感觀。

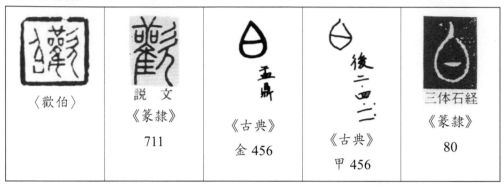

| 〈歡伯〉 | 説文《篆隸》711 | 《古典》金 456 | 《古典》甲 456 | 三体石経《篆隸》80 |

賞析辛穀的印作，可以發現他的印面章法、佈局，一點一畫幾乎都具備藝術形式中「美」的原理，如均衡、對稱與和諧，而一繁一簡的構思則有對比與張力。

筆者摹擬實驗圖

明‧潘茂弘〔註11〕在其所著《印章法》中曾云：

「一字有一字之表，可增則增，當省則省，勿以奇巧而失古法。先識字義，然後落墨。又篆文有通用字，不可不知。」

又云：

「凡習篆，《說文》為根本，能通《說文》則寫不差。又當與《通釋》兼看。」〔註12〕

篆刻創作與學習篆字密不可分，且須博古，始知古字象形、指事、會意等六書之意，方能隨心所欲的創新變化而不踰矩。

（二）秦系璽印的擬仿

狹義上的「秦系璽印」是指統一以前秦的官私印而言，廣義上的秦系璽印還包括戰國時代的秦國和統一以後的秦代及西漢初期，其璽印一脈相承、血肉相連，無法一一畫清界線。清代吳式芬〔註13〕所輯《雙虞壺齋印存》和

〔註11〕潘茂弘（1576±15/生年不確），字元道，四川新都人，工篆刻，通印學。
〔註12〕潘茂弘：《印章法》，收錄於韓天衡：《歷代印學論文選 上》，第132頁，1999年8月，西泠印社出版。
〔註13〕吳式芬（1796～1856），字子苾，號誦孫，齋堂為雙虞壺齋、陶嘉書屋。清代金石學家、考古學家，專攻訓詁之學，長於音韻，精於考訂，凡鼎彝、碑碣、漢磚、唐鏡之文皆拓本收錄。

陳介祺〔註 14〕編輯《十鐘山房印舉〔註 15〕》的刊行問世，時人方知古鈢乃先秦時期六國的遺物，而非秦國璽印，至此秦印的面貌才逐漸爲世人所熟知。

　　目前學界所了解的秦國官璽的形制，基本上爲白文，有邊欄，印面上常有十字形界格，亦稱爲田字格，是秦代官印的主要形式，另外還有長方形印，印面採日字形格式將二字印文界開，一般爲較低階官吏所使用，稱之爲「半通印〔註16〕」。析賞辛穀的仿秦系璽印之作，不難發現其沿襲的痕跡，如：「田字格」與「日字格」形式的諸多應用和變通。實際上除秦國、秦代通用之外，西漢初期的官印因循秦制，多具有田字格，亦有日字格形式的半通印，若要分辨秦系與漢印的區別，初步可由文字線條的粗細去判斷，因爲秦系璽印多鑿印，線較纖細；漢代多鑄印，線質較粗，字體也較平正方直，通常給予人穩重祥和之感。

　　〈王引孫印〉（《篆叢》28-031-1），款記：「上虞徐三庚，爲小竹先生製，即希審定，同治紀元春王月。」辛穀三十七歲所作。款文雖無記載擬仿等事，但從其印式判斷，乃取法秦印的「田字格」形式，印文字法則取漢初官印中的字形，又稍變其法，見圖〈旃郎廚丞〉（《秦徵》9）、〈右右淳般〉（《秦徵》12），辛穀所作形體更爲方正壯碩，此印乃採小篆隸化，刀法切、沖、削合用，故線條剛健爽利、雄渾恣肆，殘破的邊欄和剛毅肅穆的印文恰形成對比，較漢初官印來的有趣味性。

〔註14〕陳介祺（1813～1884），字壽卿，又字酉生，號簠齋，晚號海濱病叟、齋東匋父。山東濰縣人，清代金石學家。清吏部尚書陳官俊之子，自幼勤奮好學，以詩文名天下。道光二十五年（1845 年）乙巳科進士，授翰林院編修，不久棄官歸里。精於鑑別，與潘祖蔭、吳大澂等有交往，並與潘祖蔭有「南潘北陳」之稱號。當時學者對於古璽印的認識尚不明確，他即能指出「朱文銅璽似六國文字」的識見。金石收藏豐富，集近萬紐印和十口鐘，故言其居爲「萬印樓」和「十鐘山房」，著有《集古錄》、《簠齋金石文考釋》、《簠齋尺牘》等書。

〔註15〕《十鐘山房印舉》，所收皆六朝前璽印，按印式、印材類舉，故名「印舉」，初稿成於同治十一年（1872 年），爲陳介祺出舊藏古璽印，並益以吳雲、吳式芬等數家所藏，督次子厚滋與何昆玉編次鈐拓而成，共十部，每部五十冊，光緒九年（1883 年），又重行增編十部，每部一百九十一冊，集印逾萬。

〔註16〕印章形式之一，秦漢時期下級官員所用之印，其形爲直長方，約爲正方官印之半，故名。揚雄《法言・孝至》謂：「五兩之繪，半通之銅」，其繪指印授，銅指官印。

	〈王引孫印〉	〈旃郎廚丞〉	〈右右淳般〉
	《篆叢》	《秦徵》	《秦徵》
	28-031-1	9	12

〈譙國〉（《篆叢》28-035-1），款記：「同治二年三月廿五日，袁椒孫〔註17〕以此石持贈用伯仁兄，屬徐三庚仿漢人鑄銅印。」辛穀三十八歲所作。〈譙國〉（《篆叢》28-035-1）款識中記載：「仿漢人鑄銅印」，「鑄印」是以事先製作的印模為原型翻製而成的，由於印模的硬度較低，有利於工匠準確、從容地表達印文的書法，其印文端莊凝重，筆畫含蓄、厚實，佈局平穩而富有流動之氣〔註18〕。觀「譙」與「國」兩字，其結構雖屬方形，但因線質婉轉而顯得有韻致又「譙」字中的「隹」和「灬」以及「國」字裡的局部皆有大小不均的團白，不論是奏刀時無意間的崩落抑或是自覺性的營造，其存在的效果儼然使印面既自然而又富有意趣。

	〈譙國〉	〈邦侯〉
	《篆叢》	《秦徵》15
	28-35-1	

〔註17〕 袁馨（1832±15/生年不確），字菽孫、椒孫、菽生，號公遠，浙江海寧人。善篆刻尤工刻竹，和徐三庚有所交往。辛穀為其刻完〈譙國〉之後，是年八月又幫他刻了一方長方細朱文印〈馨〉。

〔註18〕 參考自 方小壯：《歷代印風系列 漢印》，第39頁，2003年8月，上海書畫出版社。

〈清河〉（《篆叢》28-063-3），款記：「傅氏蓋自周代封建於清河，製是印以誌傅氏之郡名云，乙丑夏，辛穀作。」辛穀四十歲所作。款記中記載姓傅的氏族大約從周代即封建在清河郡，於是刻製此印用以記錄傅氏的郡名。或許是「紀事」用途，辛穀採日字形界格刻此印，形式上較爲穩重，而其字法採小篆體勢，辛穀於三十八歲那一年得以觀賞到鄧石如的印冊，於是篆法跟隨鄧完白之法，以書入印，印從書出，刀法圓轉富筆意，另外，文字結體密不透風，疏處襯托出餘紅的存在美，造形方中寓圓，雖採用秦系半通印的形式，但不受拘泥，從「清」和「河」的「水」部幾乎緊密相連來看（可和〈留浦〉《秦徵》14 相較），「自我意識」的覺醒，此時已表露無遺。

〈清河〉
《篆叢》
28-063-3

〈留浦〉
《秦徵》14

〈鄰煙〉（《篆叢》29-069-4），此印無紀年亦無署款。據考印文「鄰煙」爲清畫家秦祖永（1825〜1884）的別號，當時辛穀爲秦祖永刻了相當數量的姓名和字號用印，很可惜幾不見邊款，無法確實掌握刻製的年代。不過從其線質表現，以及精到的運刀手法，推斷應爲中晚期之間的作品。就印面賞析，其印文表現採繆篆字法，「鄰」字左下方的「舛」交叉，以及「煙」字的「火」部邊作了部分減省，致使朱白不等的空間出現，此輕鬆的章法與秦系半通印〈谿鄉〉（《秦徵》17）頗爲相似。值得注意的是，辛穀的白文印於此時，往往透露出他的信念與堅持，例如文字緊密結體的強化，分朱布白自我的意識強烈，而線質的經營也愈來愈成熟自然，沒有半點作態，恰到好處的拿捏是藝術創作最難也是最可貴之處。

〈鄰煙〉《篆叢》29-069-4

〈谿鄉〉《秦徵》17

（三）漢印的摹刻與創作

本章初始提及元代趙孟頫提倡「印宗秦漢」的觀點，也可說後人推崇漢印始於元代，而對於漢印的臨習、借鑒幾乎是元明清文人篆刻必經的過程，係因漢印印式的風格容量寬廣，易於篆刻家浸淫其中再行提煉、改造，以形成自我面貌。漢印上一般使用的文字在漢代稱為「繆篆」，楊振麟（生卒年不詳）於《秦漢銅章撮集》序中曾對「繆篆」作過解釋：

> 「《周禮·掌節》：貨賄用璽節。註：璽節者，今之印章也。顧其文
> 不可得見，今所傳者秦璽及漢印耳。其文在篆隸之間，本于六書，
> 而不盡拘于六書，增減配合，綢繆屈曲，故曰繆篆也〔註 19〕。…」

「綢繆屈曲」意指筆勢由小篆的圓勻婉轉，變為屈曲纏繞，具綢繆〔註 20〕之意，故名。繆篆是在秦代摹印篆的基礎上發展的，由於出自小篆的規範性，符合篆書的義法，同時富具彈性，可根據不同的印面需求，對文字作不同的變化和調整，給予篆刻家寬綽的創作空間，諸如漢印文字於同一個字上往往有十幾種甚至一百多種寫法，提供學習者豐沛的資源，如下頁圖示（《新韻〔註 21〕》369～371），以「壽」字為例，就約有 112 種以上的寫法，是故謝景卿於《漢印分韻·序》中云：

> 「……愈見古人變化無方，靈府獨闢，不拘《說文》矩矱也〔註 22〕。……」

明代甘暘〔註 23〕所撰《印章集說》於摹印篆法中也對漢印摹印篆作過一番闡述：

> 「摹印篆，漢八書之一，以平方正直為主，多減少增，不失六義，近
> 隸而不用隸之筆法，緒出周籀，妙入神品。漢印之妙，皆本乎此〔註 24〕。」

〔註 19〕 楊振麟：《秦漢銅章撮集》序，收錄於韓天衡：《歷代印學論文選 下》，第 579 頁，1999 年 8 月，西泠印社。

〔註 20〕 綢繆：纏繞。《詩經·豳風·鴟鴞》：「迨天之未陰雨，徹彼桑土，綢繆牖戶。」（迨：趁。徹：通「撤」。牖：窗。）查自張雙棣、陳濤主編：《文言文字典》，第 706 頁，2005 年 6 月，五南圖書出版股份有限公司。

〔註 21〕 本論文中凡例《新韻》皆為《新編漢印分韻》之簡稱。

〔註 22〕 （清）袁日省、謝景卿、孟昭鴻 輯編；收錄於孫旭明（責任編輯）：《新編漢印分韻》，第 5、6 頁，2009 年 3 月。

〔註 23〕 甘暘（1547±10/生年不確），字旭甫、旭父，號寅東，江寧（江蘇南京人），隱居雞籠山，以書刻自娛。精於篆刻，尤嗜秦、漢璽印。

〔註 24〕 甘暘：《印章集說》，收錄於 韓天衡：《歷代印學論文選 上》，第 78 頁，1999 年 8 月，西泠印社出版。

　　而晚清陳澧在《摹印述》中也提出對繆篆的見解：

> 「繆篆之體，方正縝密，其字較小篆有省、有變，而苦無專書，惟
> 于古印譜求之，然字不能備也。昔人言，當仿漢隸字體，而仍用篆
> 書筆畫，此語蓋得之矣！〔註25〕」

　　從漢印文字的基本體貌特徵去推想，再回溯元明清篆刻家多向漢印擷取
養分的學習途徑，不難理解其中的因果關係。承上所述，再仔細分析徐三庚
的印作，其對秦漢印的探索與學習極深且廣博，因領會層次的成長與提昇，
促使他於印藝中有不同凡響的表現。

〈壽〉

《新韻》369～371

　　以下茲就數方辛穀於漢印的仿作中，分析與探討其中的學習與創作理念。

〔註25〕陳澧：《摹印述》，收錄在　韓天衡：《歷代印學論文選 上》，第 371 頁，1999
年 8 月，西泠印社出版。

　　本段所列舉的作品，形式上以漢印爲衣缽，但不突破漢印印式，也較少個性化的線條語彙，而是透過筆畫、刀法、章法的些微變化，有限度地改造與調整。

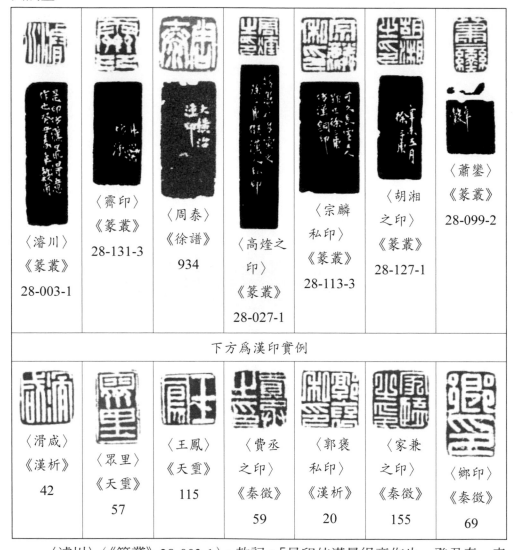

〈濬川〉《篆叢》28-003-1	〈霽印〉《篆叢》28-131-3	〈周泰〉《徐譜》934	〈高煋之印〉《篆叢》28-027-1	〈宗麟私印〉《篆叢》28-113-3	〈胡湘之印〉《篆叢》28-127-1	〈蕭鑾〉《篆叢》28-099-2

下方爲漢印實例

〈滑咸〉《漢析》42	〈眾里〉《天璽》57	〈王鳳〉《天璽》115	〈費丞之印〉《秦徵》59	〈郭褒私印〉《漢析》20	〈家兼之印〉《秦徵》155	〈鄉印〉《秦徵》69

　　〈濬川〉（《篆叢》28-003-1），款記：「是印仿漢最得意作也，癸丑春，辛穀甫。」二十八歲所作。基本上以漢印爲模範，與下方漢印〈滑咸〉（《漢析》42）相較，線質稍作粗細變化，如「濬」之「水」部和「川」字的折筆，使之有動勢，另取法漢印的部分「通邊」，於「川」的左邊第一畫，作有自覺的通邊，僅保留一小塊三角紅點，以示川字，讓原本重複性的豎畫有了趣味性的安排，堪稱佳作。辛穀於款記中也自述：「是印仿漢最得意作也」，乃中肯

之詞。

　　〈霽印〉（《篆叢》28-131-3），款記：「井罍仿漢。」推爲四十八歲左右之作。和下方漢印〈眾里〉（《天璽》57）相對照，可知其章法類似。辛穀所作「霽」字的「齊」採金文結體，和「雨」搭配得宜且疏密有致，線質因切、沖刀合用，有隸書之筆意，右邊欄的「崩落」自然而有天趣，並使印面和外界互通有無，有靈動之氣。

　　〈周泰〉（《徐譜》934），款記：「大橫治漢印。」未紀年且署名「大橫」，「大橫」雖爲辛穀之別署，但流傳於世之作中鮮少有印例，故較難確切推估其用例與創作年代。就印文與印式來賞析，仍不脫漢印風格，線質經營和下方漢印〈王鳳〉（《天璽》115）頗類似，如「周」字與「鳳」字的「逼邊」手法相同，惟上方辛穀留有較多紅天，爲其特殊之處。另從刀法、筆法來看，辛穀所作「周」字的「口」，其筆畫橫粗豎細，較漢印來的有筆意，從嫻熟地分朱布白的章法中窺探，此作應是中晚期之作。

　　〈高烇之印〉（《篆叢》28-027-1），款記：「次愚仁兄審之，徐三庚儗漢人私印。」從署名、線質上賞析，初推爲四十歲左右之作。字法上爲篆法隸形，而「烇」字的「火」部筆畫作了部分簡省，簡化偏旁或部首在漢印中習以爲常，如左圖漢印〈衛舍祭尊〉（《漢析》44）所示，其「衛」字之「行」部已作了部分減筆，使畫面不至於太過壅塞，反而有種落落大方之氣。再觀辛穀的仿漢之作，其印文中「印」字左邊偏旁的處理，常以較緊密的結體經營，向右開口形成一小塊顯眼的紅色三角形，似乎成了辛穀的「招牌」。

〈衛舍祭尊〉
《漢析》44

　　〈宗麟私印〉（《篆叢》28-113-3），款記：「可久長室主人郢正，徐三庚仿漢銅印。」此印爲辛穀爲吳宗麟所刻，吳宗麟（1835～卒年不詳）字橋孫，號冠雲。齋堂爲可久長室、夢萱草堂。辛穀自述是印爲「仿漢銅印」，總體上來說，漢鑄印的印文特色爲嚴整古穆、意趣雋永，而此風格在滿白文印中表現得尤爲突出，參考〈郭褒私印〉（《漢析》20），而辛穀所刻〈宗麟私印〉，平實的線條，沉穩厚重，有時方中帶尖（如「和」字中的「禾」），不若滿白文中的線條那樣規整，時而粗時而細，體現出筆畫的輕重感。

　　〈胡湘之印〉（《篆叢》28-127-1），款記：「辛未五月，徐三庚。」此印爲辛穀四十六歲所作，「湘」字之「水」部，作「氵」，爲漢印文結體，「之」字和

漢印〈家兼之印〉（《秦徵》155）中的「之」形似，而省去下彎的筆畫，線條篆隸合參，並適切地加入己意，雖為仿漢，但仍有自我見解。

〈蕭鑾〉（《篆叢》28-099-2），款識：「辛穀。」推為二十八歲左右之作。此滿白文印式出於前漢官印，多見於郡縣鄉里官印中。此作印文外方神圓，每一筆一畫都安分地在方寸之間作最大的空間利用，橫畫線條細緻但不纖弱，恰到好處的少許「通邊」，讓占滿印面的線條得以呼吸，「鑾」字上方的點作橫畫，如同界格一般，使畫面繁而不亂，亦可參考右圖漢印〈屬始長〉（《天璽》48）中橫畫之經營，以及「逼邊」的拿捏。

〈屬始長〉
《天璽》48

〈菊鄰日利〉（《篆叢》28-065-2）方形細邊朱文印，款識：「三庚為掬泠仿秦人小印，時乙丑八月朔。」為徐三庚四十歲時所刻。款記中自述此印為「仿秦人小印」，而其印式實為朱文漢印，與文中右圖〈吳雲私印〉（《十鐘山房印舉 下冊》舉之二十姓名私印十五 三十五頁）秦漢魏晉時期之私印相對照，可見徐三庚雖以秦漢印式為藍圖，但沒有就此照單全收，如採納四字入印四平八穩的格式，卻又削弱邊欄的框架，使之不那麼規整。四字中「菊」、「鄰」二字筆畫較「日」、「利」二字為多，尤以「鄰」字筆畫最繁，但辛穀將「鄰」字上方的「米」偏旁作疏朗的排列，另將右邊的「巜」作部分斷裂，同時讓其他字也逼邊，四字安穩且和諧，完全沒有筆畫落差、輕重失衡的問題。而篆法上看似方整，實卻化方為圓，使之不落板滯，刀法上以浙派碎切刀為主，並有意識地經營線質，使其樸質而貌豐，可謂已將該種朱印中的範式幾消化於無形。

〈菊鄰日利〉
《篆叢》28-065-2

〈吳雲私印〉
《十鐘山房印舉 下冊》
舉之二十姓名私印十五

三十五（頁）

〈晉康樂矦裔〉（《篆叢》29-045-2），款記：「儗漢官印于鄂垣，爲伯龍鑒，徐三庚。」從用刀習慣、線質表現，以及邊款記載，推爲四十九至五時三歲左右之作。辛穀於其他印作〔註26〕邊款中，自述五十三歲左右曾客居「鄂垣」，即今湖北武昌。此印依漢魏晉時期「頒給兄弟民族官印」的形式來佈局，採五字印文，首字獨自一行，見圖〈晉歸義叟矦〉（《秦徵》328），辛穀所作「晉」字和〈晉歸義叟矦〉中的「晉」字篆法相同，惟於眾多豎畫之間或刻意或無意地「打通」（見圖中「○」圈選處），破除原本呆板繁複的線條，使視覺焦點不至於偏重右邊。除了晉字結體的摹仿，尚還參用局部通邊的巧思，如晉字中的「日」和矦字的「丿」，皆和將軍印〈晉歸義叟矦〉（《秦徵》328）類似，由上述分析可以清楚知道辛穀取資的重點在哪。此印雖爲仿作，但辛穀仍保有自我想法，從線條筆法「方起方收」的魏碑筆意和穩健的筆畫結體，並不若〈晉歸義叟矦〉（《秦徵》328）的細疏，仍有兩漢官印沉雄穩重的特質，可見辛穀已將從漢印中習得的種種技法、形制、特色、風格，視印面的大小、需求，去作具視覺美感的變化與調整，深入秦漢印式裡作全面的探研和學習，是成就辛穀獨樹一格印風的基底功夫。

〈晉康樂矦裔〉
《篆叢》29-045-2

〈晉歸義叟矦〉
《秦徵》328
頒給兄弟民族官印

〔註26〕　〈櫺湄〉朱文印，款記：「戊寅八月朔，客鄂垣將歸，里門倚裝，匆匆作此，以博櫺湄五兄鑒。　三庚記之。」

　　兩漢玉印在古印中是非常珍貴稀少的,「佩玉」是古代王公貴卿和士大夫的
一種高雅風尚,一般製作精良、章法嚴謹,看似平方正直,實筆勢圓轉而無板
滯之意。玉印也稱作琢玉,是以琢磨方法製作而成,由於玉質堅硬不易受刀,
因而產生特殊的篆刻技法,即「平刀直下」的「切刀法」。西漢是玉印藝術風格
的成熟期,又,玉質印不易腐蝕損壞,傳世之下較能保留原來的面目。

　　〈常欠讀書債〉(《篆叢》28-089-1),款記:「仿漢切玉法於鹽官旅邸,丁
卯夏六月望,上虞徐三庚記。」為辛穀四十二歲時所作。邊款中自述此印為
「仿漢切玉法」,就刀法、筆意而言,確實有跡可循。觀上圖〈趙赤〉(《天璽》
84)、〈朱偃〉(《天璽》86)、〈緣葉〉(《天璽》85)三方漢玉印,其印文筆畫
起收方中寓圓,轉折處婉轉圓潤,結體寬綽從容,筆畫自然流暢,可說將細
朱文表達地既挺勁又流麗,此為漢玉印的經典風格。再細賞辛穀之作,從「債」
字的人部旁豎畫以及其他字的線條來端詳,和〈趙赤〉(《天璽》84)兩字的
豎畫線質相比,即可看出辛穀在刻製此印時,確為運用「切玉」法來奏刀的,
雖以切刀鑿刻,但斷續的碎切自然流暢,別有一番韻味,端莊典雅又不失豐
妍婀娜的風格特質。形式上則借用將軍印的印文排列,將五字印文的其中一
字結體拉長,分列成三行,舒展而有氣勢。

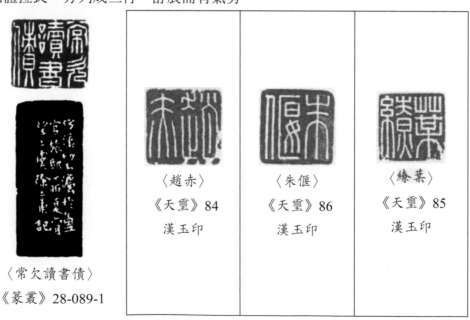

〈常欠讀書債〉
《篆叢》28-089-1

〈趙赤〉
《天璽》84
漢玉印

〈朱偃〉
《天璽》86
漢玉印

〈緣葉〉
《天璽》85
漢玉印

　　朱白相間印為私印的一種,出現於西漢中期之後,到了東漢逐漸呈現出
多種樣式,有一朱一白、一朱二白、一朱三白、二朱二白、三朱一白……等

等。一般爲左右分朱白，也有上下分朱白，而朱白的分配原則大致上根據筆
畫的多寡而定，筆畫少者作朱文，筆畫多者作白文。

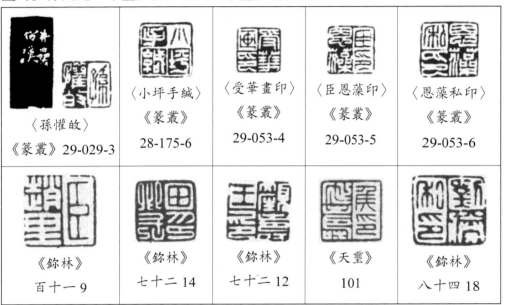

〈孫懽攸〉 《篆叢》29-029-3	〈小坪手織〉 《篆叢》 28-175-6	〈受華畫印〉 《篆叢》 29-053-4	〈臣恩藻印〉 《篆叢》 29-053-5	〈恩藻私印〉 《篆叢》 29-053-6
《鈢林》 百十一 9	《鈢林》 七十二 14	《鈢林》 七十二 12	《天璽》 101	《鈢林》 八十四 18

〈孫懽攸〉（《篆叢》29-029-3），款記：「井罍仿漢。」署款爲「井罍」推
斷爲辛穀四十八歲左右所作。此印採一朱二白左右分的形式，「孫」、「懽」、「攸」
三字以小篆爲體，部分隸化如「懽」的「隹」旁，「孫」字的右上撇「丿」和
「攸」字的右下捺「乀」遙相呼應而使印面的空間有動態走勢，右邊欄的小斷
裂和「懽」字的豎心旁「忄」與「攸」字「攵」的適當通邊，使印面得以呼
吸，自然不造作。

《金石》165	《金石》245	《金石》265

〈小坪手織〉（《篆叢》28-175-6）採一朱三白的形式，另從「小」字開始
將白邊延伸至其他三字「坪」、「手」、「織」的周圍，白文「手」字左側的白
邊點到爲止，沒有一瀉而下，可見經營之用心。而亦篆亦隸的字法狂放不羈，
其用刀如用筆，刀刀見筆意，此佳作是也。

〈受華畫印〉(《篆叢》29-053-4)與(二十一)〈臣恩藻印〉(《篆叢》29-053-5)兩方印線條、線質、筆意、章法皆相似,估計應爲同一時期之作。〈臣恩藻印〉(《篆叢》29-053-5)中,左邊的「恩」、「藻」,尤其是「藻」字中的「艸」,其恰到好處的殘破讓原本一直線的邊緣,形成不規則的輪廓,而印面中間區隔的小崩落,則緩和了左邊線的碎裂感。

〈臣恩藻印〉(《篆叢》29-053-5)爲二朱二白之作,和下方〈矦延壽印〉(《天璽》101)相對照,可以看出辛穀的巧思之處,例如「恩」、「藻」二字雖爲白文,但較「延」、「壽」二字爲細,使線條靈活許多,而殘破的邊緣,從「藻」字的「艸」部沿伸出去,形成自然的「通邊」,彷彿一裊炊煙上青天,極富畫意。

〈恩藻私印〉(《篆叢》29-053-6)爲一朱三白的形式,朱文「私」字對照漢印(《鈢林》八十四 18)的「私」字,其線質、篆法頗爲類似,但爲避免「私」、「和」混淆,辛穀所作「私」字其「厶」刻意地「出頭」,一看便知其爲「私」。而辛穀所作白文「藻」、「印」兩字的結體疏密有致,實已脫離漢印平整方正的形式,呈現出朱白分明的畫面,另外「藻」字的「水」旁,微曲的弧度讓整個印面有流動之氣,「印」字最後一畫的刻意彎曲、折轉,在辛穀其他的印作中亦常出現。

傳世肖形印〔註27〕從先秦到漢魏都有,漢代集其大成,古代的圖形璽(肖形印)可能源自印模,在「轉化」後,另有玩賞、徵信、祥瑞的表徵及佩帶、鈐封等使用方式〔註28〕。〈肖形印〉(《篆叢》28-083-3)、〈肖形印〉(《篆叢》29-179-1)、〈丙戌〉(《篆叢》29-013-3)爲徐三庚所刻的肖形章,〈肖形印〉(《篆叢》28-083-3)僅以輪廓線刻劃出山羊,其它皆鏤空,卻能感受到山羊的體積重量感,仰起頭抬起腳的山羊似乎欲奪框而出,有如實景栩栩如生;〈肖生印〉(《篆叢》29-179-1)所刻劃的龍,似於青空中飛躍奔騰,姿態鮮活,尾巴的「連邊」使與邊欄融合一體而不突兀;〈丙戌〉結合文字與肖形,彷彿一幅字畫般具有藝術性,觀其畫面安排,肖形自然流暢的線條將「丙」字烘托於印

〔註27〕 「古代每一族系,必有其氏,必有其徽。……聞名而知氏,望徽而識名,所以別其宗族官秩者也。」殷墟三璽之一的「亞禽氏」就是一種圖案性很強的族徽,可說是肖形印的始祖。林文彥:《認識書法藝術⑥篆刻》,第 31 頁,1997年 4 月,國立臺灣藝術教育館。

〔註28〕 參考 林文彥:《認識書法藝術⑥篆刻》,第 32 頁,1997 年 4 月,國立臺灣藝術教育館。

面上方，字與圖可謂相得益彰。

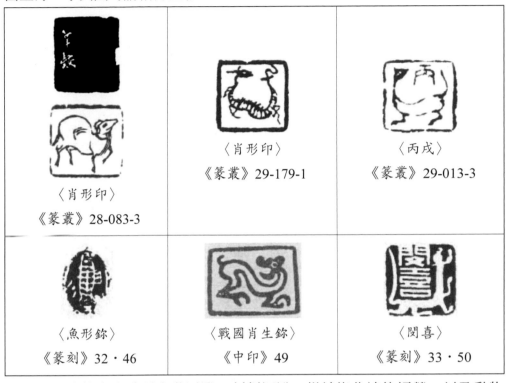

〈肖形印〉 《篆叢》28-083-3	〈肖形印〉 《篆叢》29-179-1	〈丙戌〉 《篆叢》29-013-3
〈魚形鈢〉 《篆刻》32・46	〈戰國肖生鈢〉 《中印》49	〈閔喜〉 《篆刻》33・50

　　徐三庚的肖生造形生動活潑，刻劃細緻，從線條曲線的經營，以及動物形象的設計，彷彿是用硃筆畫上去般極富筆意，從肖形印中可看見辛穀刀法與筆法合一的理念，亦可看出辛穀篆刻的造形能力。

　　〈胡钁〉（《篆叢》28-065-3），款記：「左龍右虎，漢印中之創見，鞠鄰仁兄屬仿是法，因儗之，三庚記。」從署款、線質去推斷，應為三十八歲至四十歲左右之作。款文記述：「『左龍右虎，漢印中之創見』」漢代的文字圖案結合印有兩種形式：一種是兩面印，一面刻姓名、吉語，另一面刻圖案；另一種是文字與圖形同刻在一個印面上。後者又有多種結合方式：一種是姓名或吉語與單一吉祥圖案結合；另一種是姓名或吉語與一種或兩種吉祥圖案結合，多見為青龍、白虎分列左右，姓名或吉語居中〔註29〕，見〈張補〉（《漢晉（下）》172）。

〔註29〕　參考　方小壯：《歷代印風系列　漢印》，第32頁，2003年8月，上海書畫出版社。

〈胡钁〉
《篆叢》
28-065-3

〈張補〉
《漢晉（下）》
172

　　觀辛穀所作圖文並置印〈胡钁〉（《篆叢》28-065-3），其所認知的「左龍右虎」是以鈐蓋前（反印文）的印面而言，即刻製當下印面上的位置才是「左龍」、「右虎」的樣式，和漢印所謂的「左龍右虎」相左，檢析辛穀其他的龍虎印，皆成了「右龍左虎」了，可參見〈周昌富印〉（《篆叢》29-145-1）款記：「徐三庚爲芸齋仁兄仿漢龍虎印。」、〈汪清冕〉（《篆叢》29-057-2）、〈清冕〉（《篆叢》29-057-3）。儘管龍虎位置對調了，仍不減其天生的美感。細察辛穀所刻龍虎肖形，兩只尾巴刻意左右平衡並置，近看是龍是虎，遠看如同裝飾的圖騰花紋，極具設計感；而漢印中的龍與虎似乎僅各安其所，少了呼應的氣息。除了「左龍右虎」（二靈印），另有其他吉祥動物圖形結合文字發展出「四靈印」的，如：〈清冕〉（《篆叢》29-057-3）印面上有龍有虎之外，還多了鳳（朱雀）與龜（玄武），名曰：「四靈印」，蒼龍、白虎、朱雀、玄武相傳爲古代象徵東南西北四個方位的祥瑞生靈，「四神文化」刻於印內大約是西漢中期的事，見於私印中。

〈周昌富印〉
《篆叢》
29-145-1

〈汪清冕〉
《篆叢》
29-057-2

〈清冕〉
《篆叢》
29-057-3

四靈印
《漢印》
33120

　　〈周昌富印〉（《篆叢》29-145-1）和〈清冕〉（《篆叢》29-057-3）兩方印作皆無紀年，從其他有紀年的作品特質去推斷此二方印的創作年代，見〈竹

如意居〉(《篆叢》28-011-1)款記:「芝九五兄先生,滬上風雅士也,戊午夏,
余晨夕過從,相與討論,獲益不淺,頻行,出是所刻,遂為奏刀,以誌它日
相思之券,即希教我為幸。上虞徐三庚弟辛穀甫。」為辛穀三十三歲所作,
再觀龍虎印〈周昌富印〉和〈清冕〉的印文篆法、筆法、刀法,其線質頗為
類似,初步判斷應為三十三歲至四十歲所作。

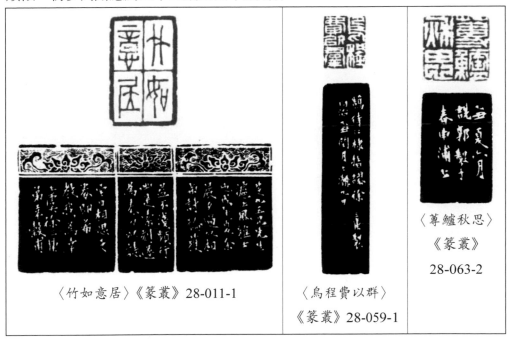

〈竹如意居〉《篆叢》28-011-1　　〈烏程費以群〉　　〈尊鑪秋思〉
　　　　　　　　　　　　　　　　《篆叢》28-059-1　　《篆叢》
　　　　　　　　　　　　　　　　　　　　　　　　　28-063-2

　　另一方龍虎印〈汪清冕〉(《篆叢》29-057-2)亦未紀年未署款,從其他有
紀年風格相似的〈烏程費以群〉(《篆叢》28-059-1)款識:「鵠侍仁棣指謬,
徐三庚製,同治乙丑閏月上澣九日。」由款記可知為辛穀四十歲時所刻,同
年夏天還作了〈尊鑪秋思〉(《篆叢》28-063-2)款記:「乙丑夏六月,訛郭製
于春申浦上。」三者之白文的表現技法與字體結構的經營巧思幾乎相同,例
如:橫畫與橫畫之間的「破筆相連」以及「尖起尖收」的線條表現都是此時
期的創作特質。

　　從漢印形式的採用以及印文刀法的表現,再次證明早、中期的辛穀仍然
以漢印為師法對象,但值得注意的是,辛穀從豐富多元的秦漢印裡溯古探源
的同時,仍不忘往內反求諸己的種種可能。

　　（四）「六朝朱文」以及近賢的認知差異

　　〈二十餘年成一夢此身雖在堪驚〉(《篆叢》28-043-1),款記:「癸亥十一

月廿又五日，擬六朝朱文于春申浦寓齋，爲歡伯老棣鑒。徐三庚記。」爲辛
穀三十八歲所作。款中自述：「擬六朝朱文」，一般所謂的「六朝」，即建都於
建康（現在的南京）的吳、東晉、宋、齊〔註30〕、梁、陳六個朝代，關於辛
穀對「六朝朱文」的認知，據清代陳介祺所輯《十鐘山房印舉》舉之十三中
的套印和一九七二年於四川省鹽亭縣出土的資料《中華五千年文物集刊 璽印
篇》中所錄的東漢末期至隋代以前的朱文印式，且往往是子母印或套印，而
晉代私印傳世有「某某印信」、「某某之印」朱文四字印，製作精良，和漢印
封泥類似，爲後世製作朱文印樹立了典範（見本頁圖示），再析察〈二十餘年
成一夢此身雖在堪驚〉印文的表現、章法、佈局，辛穀所謂的「六朝朱文」
和六朝時期的朱文印實有落差。

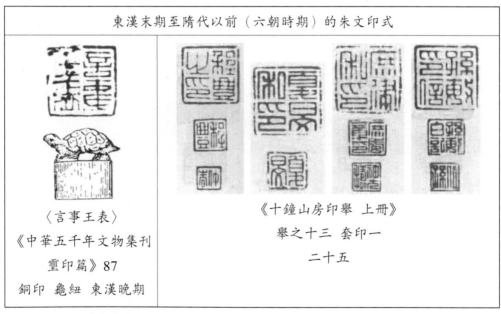

東漢末期至隋代以前（六朝時期）的朱文印式

〈言事王表〉
《中華五千年文物集刊
璽印篇》87
銅印 龜紐 東漢晚期

《十鐘山房印舉 上冊》
舉之十三 套印一
二十五

　　但早在道光七年（丁亥，西元一八二七年），是年辛穀僅二歲，西泠八家
浙派之一的趙之琛就曾刻過〈二十餘年成一夢此身雖在堪驚〉印文的兩面印，
款記爲：「仿漢兩面印，丁亥六月，次閑。」（見《中譜 176》）時隔三十七年
（辛穀三十九歲），此印爲浙江印人閔澐（1831±10/生年不確）觀跋：「趙次
閑先生作，兩面印，不知何人物也，康甫盟弟，遊靖江，得于市中，持以見
示。予考丁亥乃道光七年，正先生四十七歲所作，渾厚中自有逸氣，欽服之

至。蓋康甫不甚棄，屬予爲跋數語。同治甲子十二月小寒節，泉唐閔澐魯孫記
于滬上。忍字訛作甚字。」閔澐（魯孫）師法陳鴻壽，而陳鴻壽（1768～1822）
又與陳豫鍾（1762～1806）熟識，趙之琛（1781～1852）又是陳豫鍾弟子，
以輩份來說，趙之琛是閔澐的師兄亦可說是老師（先生），從邊款跋語中可知
其對於趙氏所刻之印的推崇。

〈二十餘年成一夢
此身雖在堪驚〉
《篆叢》28-043-1

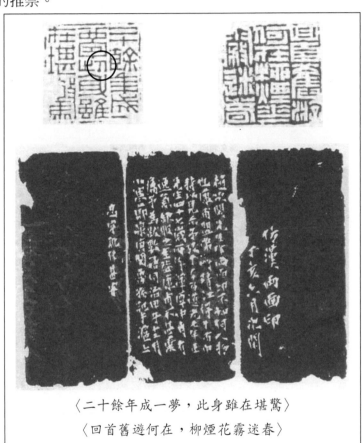

〈二十餘年成一夢，此身雖在堪驚〉
〈回首舊遊何在，柳煙花霧迷春〉
兩面印　趙之琛　刻《中譜》176

　　再觀辛穀所刻的〈二十餘年成一夢此身雖在堪驚〉，邊款中記
錄：「爲歡伯老棣鑒」，據考，歡伯即孫憙（1829±10/生年不確），
字歡伯、懽伯，號同壽，吳郡（江蘇蘇州）人，而趙之謙（1829
～1884）的印譜也拓存了六方爲孫憙刻的印，在《晚清四大印人
印譜》裡，一方〈孫憙〉二字白文印的印側，尚有唐醉石（1886
～1969）的邊跋，其跋如下：「孫憙字歡伯陽胡人書宗歐褚著有宋

說文
《篆隸》
714

井齋詩文集」〔註31〕，從跋文中可知孫憙亦是文人雅士，又依 1905 年閔澐爲
其所刻〈憙印〉〔註32〕和〈孫歡伯同壽印〉〔註33〕兩方印推知，兩人應相識，
也就是說孫憙和徐、趙、閔三人都有往來。辛穀刻了和趙之琛幾乎一樣的章，
很有可能是因當時歡伯出示從閔澐那兒所借來的趙氏之印，請辛穀仿刻，但
辛穀邊款並沒有詳加記載，倒是明講了此印爲「六朝」朱文，很顯然地與趙
之琛所稱的「漢」印，有「更進一步」的識見，但廣義上來說，趙之琛指稱
的「漢印」也沒有錯，只是將六朝印也歸爲漢印體系之中。仔細觀察此兩方
印，從印式、章法、篆法和結體幾近相同，惟「此」字的「匕」偏旁，兩人
篆法相反，依左圖（《篆隸》714），辛穀是以說文解字中的「此」字篆法去刻
的，「導正」了趙之琛的字法「𠂔」，其他幾乎沒有改變。兩人存乎浙派的刀
法、線質風格，這部分則係辛穀師承浙派（其中包含陳豫鍾），一脈相傳而來。

又見辛穀另一方類似其所謂的「六朝朱
文」的例子，（五十）〈上元孫文川伯澂
甫珍藏金石書畫記〉（《徐譜》202），款
記：「繆篆川文作𢆶，漢史川私印是也，
伯澂仁兄屬刻是印，特附及之，壬戌秋
日子貞誌。」爲辛穀三十七歲所刻，較
〈二十餘年成一夢此身雖在堪驚〉（三
十八歲刻）早了一年，但邊款詳記：此
印取漢〈史川私印〉（見左上圖示）的
繆篆篆法，是爲仿「漢印」的印例，只
是印式、布局，甚至篆法皆頗爲雷同，
爲何辛穀要於〈二十餘年成一夢此身雖
在堪驚〉款識中特別申明擬「六朝朱

〈上元孫文川伯澂
甫珍藏金石
書畫記〉
《徐譜》202

漢〈史川私印〉
《十鐘山房印舉
下冊》舉之二十
姓名私印九
十（頁）

文」，是否於刻完〈上元孫文川伯澂甫珍藏金石書畫記〉後，或於次年時又目
睹了所謂「六朝」時期的朱文印，於是有感而記，目前不得而知。但關於「六
朝朱文」的看法，還有一位篆刻大家持不同意見，那就是和徐三庚同期的趙

〔註31〕 詳 王北岳：《印林見聞錄〈一〉》，第 22 頁，2003 年 8 月，麋研齋。

〔註32〕 爲王北岳教授所收藏。見 王北岳：《印林見聞錄〈一〉》，第 23 頁，2003 年 8
月，麋研齋。

〔註33〕 爲王北岳教授所收藏。見 王北岳：《印林見聞錄〈一〉》，第 23 頁，2003 年 8
月，麋研齋。

之謙（1829～1884），趙之謙在其所刻〈鏡山〉（《隸粹 8》13）一印中題款：「六朝人朱文本如是，近世但指吾、趙耳。越中自童借庵、家芄若後，知古者益尠，此種已成絕響，日貌爲曼生、次閑沾沾自喜，眞乃不知有漢，何論魏、晉矣。爲鏡山刻此，即以質之。丁巳十月，冷君。」此爲趙之謙二十九歲所作。款文中吾、趙即指元人吾丘衍、趙孟頫，爲世稱「元朱文」的代表人物。童鈺號借庵子，趙柄械字芄若，二人皆爲清代的古銅印收藏家。趙之謙提出了「六朝朱文本如是」的看法，立論的背景是他看過不下三千的古銅印所得識見，這與一般「宋元圓朱文」的常識頗爲不同，而且他認爲丁（丁敬）、鄧（鄧石如）的圓朱文原係傳承唐、宋而來，尤其鄧石如所作更是本自六朝。此論頗具詳加探索考察之價值〔註 34〕。據學者的考察與分析，元明印學論著中多「朱文印始於唐」的看法，如吾丘衍作圓朱文具有「復古唐風」的想法；然而對篆學研究頗深的甘暘於所撰《印章集說》中分別表述：「六朝印章，因時改易，遂作朱文、白文。」、「唐之印章，因六朝作朱文」、「（元）至正間，有吾丘子行、趙文敏子昂正其款制，然時尚朱文，宗玉箸，意在復古，故間有一二得者，第工巧是飭，雖有筆意，而古樸之妙則猶未然。」又，「朱文印上古原無，始于六朝，唐、宋尚之。其文宜清雅而有筆意，不可太粗，粗則俗；亦不可多曲疊，多則類唐、宋印，且板而無神矣。趙子昂善朱文，皆用玉箸篆，流動有神。」甘暘認爲朱文始自六朝，並對趙孟頫有褒有貶，但也提出了「朱文印宜細雅有筆意」的極重要理念，直至今日，仍有很多篆刻家仍不離此原則。另外朱簡在《印章要論》中亦曾說：「朱文不始於唐」。觀撝叔所作〈鏡山〉（《歷粹 8》13），正是甘暘對朱文刻治理念的具體追求，雖無資料可查證撝叔是否讀過《印章集說》，但此書原名《印正附說》，附在甘暘所摹刻《集古印正》印譜之後，流傳甚廣，而撝叔喜集古印譜，故要見到不難〔註 35〕。

〔註34〕　詳　林進忠：〈趙之謙篆刻作品研創賞析（下）〉，刊於《印林》雜誌，第十六卷六期，總第九十六期，第33～37 頁，1995 年 10 月。
〔註35〕　詳　林進忠：〈趙之謙篆刻作品研創賞析（下）〉，刊於《印林》雜誌，第十六卷六期，總第九十六期，第33～37 頁，1995 年 10 月。

〈鏡山〉趙之謙 刻 《歷粹8》13

　　林進忠於文中又以浙派印人丁敬、錢松與皖派蘇宣的朱文印例佐證，丁、錢款記中的「六朝鑄式」皆是仿自古銅印譜中常見的一些少數朱文私印。又說：「由於往昔對古印年代的考證不夠，目前一般的集古銅印譜中，此類朱文私印通常仍混雜地編在『自秦漢以下，六朝或魏晉以上』的大範圍中。而撝叔則認為它們是漢印，不屬六朝。」

　　隋代建立以前約兩百餘年的南北朝，地域政治分割和各朝政權的頻繁更迭，造成官印製作風格差距擴大，南北政權對峙以及北魏又分立為東、西兩部，各自擁有的疆域也經常性地戰爭，故有此得彼失的動態狀況，因此要斷代此時期的分國相當地困難，並且要考慮的因素很多，如政治的譜系、享國的久暫、南北的製作傳統等印刷以外的大背景都應當全面斟酌，也因為這些因素造成了南北朝官印之間的不同發展趨向，同時又因為共同的制度本源和相互間的一定影響，尚存在著相似性的一面。忽略形制、印文的類型分析而過分倚重文獻的記載是造成目前分國斷代標準不一、結論缺乏邏輯聯繫的重要原因〔註36〕。

　　依目前關於六朝，或南北朝時期的印制研究仍有待具體的梳理和判定，在學術研究與考證方面的確需要嚴謹地實事求是。回頭再一次審視辛穀所作自述為擬六朝朱文的多字印〈二十餘年成一夢此身雖在堪驚〉，很顯然地與趙之謙的看法相左，僅管如此，就藝術創作而言，眾說紛紜的刺激能提供創作者天馬行空的想像與思維，有時候跳脫框架的束縛，反而更能自由自在地創作，進而發展出自我特色的風格面目。

〔註36〕引自　孫慰祖：《可齋論印新稿》，第190頁，2003年3月，上海辭書出版社。

二、宋元印式的仿習與連邊朱文的合參

隋的建立結束了南北朝的長期分裂與戰亂，並革新了官印制度，受官印製作影響，隋唐以後的私印也出現了與秦漢魏晉時期不同的風格，在印史上，這是一個明確完成風格轉變的分水嶺，隋唐宋元明清的的璽印，作爲一個新的形制、文字風格體系，具有不同於秦漢印系的鑑別標準〔註37〕。

中國璽印的社會應用，至隋唐因實行了一千多年官職印爲主的體制轉爲官署印體制，大大縮減了官印鑄造的規模，戰國漢晉時期一度繁盛的印章製作工藝明顯萎縮。而私印的使用進入南北朝以後處於消歇狀態，至隋唐時期仍未根本上的復甦。究其原因是多方面的，其中，紙張的廣泛普及使得封緘和民間憑信形態發生了變化，當是根本的因素；葬俗的改變也使印章的傳統功用有所削弱。長期戰亂破壞、抑制了民間鑄造手工業〔註38〕，故有以簡便的手工畫押簽署代替印記的徵信用途。隨著官印使用方式的改變，人們也逐漸開始重新認識印章在紙上鈐用的適應性及便利性。當時宮廷收藏印記的使用無疑是起了引導作用，隨之在文人書畫的創作、書簡的往來以及商業經濟活動中逐漸推開了此風氣。唐宋元官私印以朱文形態爲主流，印文內涵具有多樣的類型，皆構成了與秦漢印在形式上的很大差異，乃因不同時代條件導致的外在表現。

隋唐時期的官印，除了大尺寸的印面之外，印文也一改往昔漢篆風貌，並由統治者規定改爲朱文印，因爲隋代紙張已經完全普及，朱文印也隨之佔有絕對優勢，見隋官印〈崇信府印〉（《中譜》78）、隋唐官印〈觀陽縣印〉（《天璽》120），此時期的篆法已不是傳統的摹印篆了，而是採用筆勢圓轉的小篆，印面布局也變得疏朗明快，另外文字與邊欄之間的關係也有了突破性的創變，那就是由「白文通邊」進展爲「朱文連邊」，這爲篆刻藝術史上寫下了嶄新的一頁，並留給篆刻家無盡的創作泉源。

〔註37〕　孫慰祖：《可齋論印新稿》，第 196 頁，2003 年 3 月，上海辭書出版社。
〔註38〕　孫慰祖：《可齋論印新稿》，第 227 頁，2003 年 3 月，上海辭書出版社。

〈崇信府印〉《中譜》78　　　　　　　　〈觀陽縣印〉《天璽》120

　　宋代時期的官印，印面文字的筆畫則改彎曲爲盤曲，見〈管軍總管府印〉（《璽鑒》62）、〈建炎宿州州院朱記〉（《璽鑒》64），章法佈局也由疏朗轉爲繁密，而到了金代，更加強化宋印的盤曲，從而形成一種以直折盤疊爲特點的篆法，即「九疊篆」，見〈上京差委火字號之印〉（《鑒璽》69）。

　　而宋代的私人印記，印文書體有篆書和楷書二式，以篆書入印的傳統是其歷史慣性的表現，篆書範疇內以小篆和九疊篆的風格在私印中都有體現，但如〈管軍總管府印〉（《璽鑒》62）、〈建炎宿州州院朱記〉（《璽鑒》64）、〈上京差委火字號之印〉（《鑒璽》69）等印這樣的文字章法僅在官印中形成主流。

〈管軍總管府印〉　　〈建炎宿州州院朱記〉　　〈上京差委火字號之印〉
《璽鑒》62　　　　　　《璽鑒》64　　　　　　　《鑒璽》69
宋官印　　　　　　　　南宋官印

〈信物同至〉

《可齋》231・1

傳宜興宋墓出土物

〈吳越世瑞〉

《可齋》231・2

傳宜興宋墓出土物

　　宋元時期的私印無論是以小篆還是以受官印影響的九疊篆文字入印，此期的印風都可以看到上承唐、五代，下開元明的脈絡，特別是小篆細朱文一路，在宋代已經成爲流行的風氣。及至宋元之際，一部分書家、畫家更爲青睞於此。這一路印風即是明清時期篆刻家所謂的「宋元樣式」，後人有稱之爲「圓朱文」或「元朱文」的，並將其開創之功歸結於趙孟頫〔註39〕。

（一）宋元連邊朱文的應用

　　〈懷讓草堂〉（《徐譜》11），款記：「宋元人喜作邊連朱文，辛穀學之，時癸丑十一月二日。連邊誤作邊連。」爲辛穀二十八歲所作，款文中即已道出「連邊朱文」乃自宋元之風格。觀此印作，線條圓轉流暢，印面布局舒朗自然。另一方朱文印〈云門父〉（《篆叢》28-101-2），款記：「金罍道士擬宋人連邊法。」此作未紀年，由署款「金罍道士」推定約爲四十一歲所作。〈云門父〉和〈懷讓草堂〉雖同爲仿宋「連邊法」的作品，但印風卻截然不同，無論是在線質或布局，〈云門父〉已多有自我主張，如「父」字結體「上密下疏」，其「捺」畫成一大彎弧線，使印面張力十足。

〔註39〕　孫慰祖：《可齋論印新稿》，第233頁，2003年3月，上海辭書出版社。

〈懷讓草堂〉 〈云門父〉

《徐譜》11 《篆叢》

28-101-2

　　辛穀存世的朱文印中，常可見到以「連邊法」的應用創作，如〈丁丑翰林〉（《篆叢》），款記：「擬宋人黏邊朱文，金罍。」和〈蘭生白牋〉（《篆叢》28-127-4），款記：「是印仿宋人連邊朱文。三庚。」〈丁丑翰林〉未紀年，由署款「金罍」推斷約為四十一歲所作，此作印文線條較粗，四個字不僅連邊，亦互相牽連，如同辛穀自述的擬「黏」邊朱文，「丑」字刻意作扁勢向上靠攏，並將中間橫畫往下垂曳支撐，與「丁」字連在一塊，獨留下方空白，章法布局別出心裁；另一方〈蘭生白牋〉亦未紀年，由署款「三庚」推斷應為二十九歲左右所作。辛穀擅長運用文字筆畫截彎取直或變直為彎的特性，盡情地展姿作態，如「蘭」字中「柬」的撇和捺畫與「生」字的第一筆橫畫，恰形成（圈成）一個圓狀，舒緩了印面左邊的複雜氣息。

〈丁丑翰林〉 〈蘭生白牋〉

《篆叢》 《篆叢》

29-043-2 28-127-4

　　元代時期還流行一種印章──「押印」，即世稱的「元押」，形制各異，印文也各式各樣，異彩紛呈，見〈湯押〉（《璽鑒》73）、「元代花押」（《璽鑒》74），承前述，其實從唐、宋時代開始，「印」就已經有稱為「押」的記載，只是不太普遍而已。

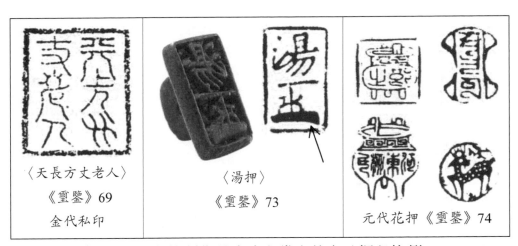

| 〈天長方丈老人〉
《璽鑒》69
金代私印 | 〈湯押〉
《璽鑒》73 | 元代花押《璽鑒》74 |

在辛穀傳世的眾多篆刻作品中也有幾方仿自元押印的例子，如：〈徐望之〉（《篆叢》29-117-6），很顯然是擬仿〈湯押〉（《璽鑒》73）形制的，雖然印文不同，但辛穀取其特徵、形式，通常這樣的私印上面一字使用楷書姓氏，而下面加一花押，形成個人的獨特符號，如最後一畫的粗筆，做為花押草寫的收筆，那是特徵之一，但也有不用橫畫的。辛穀巧妙地將「之」字的捺畫拉長加粗，可探出學習之跡，「徐望之」三字筆畫結體富有書法筆意，可以見得辛穀的書法功力。

〈徐望之〉
《篆叢》
29-117-6

另一方：

　　〈徐押〉（《篆叢》29-017-5）款記：「乙丑四月十八日作，褒海自記。」為辛穀四十歲之作，此印亦為仿自「花押」形式的實例。

〈徐押〉
《篆叢》
29-017-5

　　談到元代篆刻，一定會提及趙孟頫（1254～1322）和吾丘衍（1271～1311），前文略有提到趙孟頫大力倡導淳雅的治印風範；吾丘衍則從理論上剖析篆法，整理出一套文人治印的規準，其所著的《三十五舉》影響深遠，廣為流傳。而另一位文人學士王冕（1310～1359）更是首創以花乳石試刀治印，

因石易於受刀，當時文人競相採用，改變了歷代沿用銅、玉作爲印材的歷史，從此正式進入文人自篆自刻的治印時代。辛穀受趙、吾二人（圓朱文）的影響頗深，尤其反映在中晚期朱文印的創作上，他從兩人身上和宋元人作品中擷取靈感和元素，再融會自我的想法，而鍛造成自己的風格。

（二）仿趙孟頫

元代文人開始注重印章的美學內涵，趙孟頫佔有舉足輕重的地位，他精書法，諸體皆工，受唐朝李陽冰〔註40〕的影響，擅作鐵線篆，筆勢圓轉流暢、線條工細勁健，其用印多親自配篆由印工手鐫，風格和婉雅致，富有書卷氣。吾丘衍風格與之爲近，係承唐宋而提倡的印風，世稱「吾趙」，後世稱爲「元朱文」，亦稱「圓朱文」，兩人所開創篆印稿的風氣，在元以後成爲文人作印的模式，並提升了篆刻的文化品味與藝術審美觀念。辛穀的印作中，據邊款記載仿趙孟頫（水精宮道人）的就有四方，茲分述如下：

〈學英〉（《篆叢》28-043-2），款記：「學英仁兄得趙松雪刻印，甚瘦逸之致，屬仿其意，徐三庚。」此印無紀年，由署款「徐三庚」推爲四十歲左右之作。「學英」二字線質和表中趙孟頫用印相對照，的確相當神似，從疏朗的結體、瘦逸且婉轉的線條以及連邊等特質來看，辛穀仿得恰如其分。

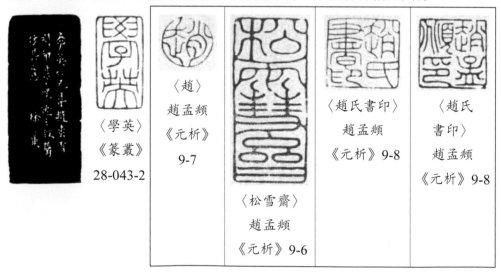

| 〈學英〉《篆叢》28-043-2 | 〈趙〉趙孟頫《元析》9-7 | 〈松雪齋〉趙孟頫《元析》9-6 | 〈趙氏書印〉趙孟頫《元析》9-8 | 〈趙氏書印〉趙孟頫《元析》9-8 |

〔註40〕 李陽冰（生卒年不詳），字少溫，趙郡（今河北趙縣）人，李白族叔。唐朝文學家、書法家，擅長篆書，取法於秦《嶧山刻石》。康有爲《廣藝舟雙楫》云：「篆書大者，惟有少溫《般若台》，體近咫尺，古氣迢正，精采沖融，允爲楷法。」

〈穗知所藏〉（《篆叢》29-185-2），款記：「擬水精宮道人法，襃海。」由
署款「襃海」推測爲辛穀五十二歲前後之作。邊款自述：「擬水精宮道人法。」
從線質上來看，無疑是取法趙孟頫的，惟字體的結構由疏朗轉爲緊密，漸有
自我意識存在，但仍保留圓朱文的圓轉流動、瘦勁妍麗，和適當地連邊，此
風格在辛穀晚期的作品中有更加成熟的創發。

〈穗知所藏〉
《篆叢》29-185-2

　　〈員鑑齋〉（《篆叢》29-147-1），款記：「擬水晶宮道人法，襃海。」推定
爲五十二歲左右之作。浙江古籍出版社《中國歷代篆刻集粹⑧趙之謙・徐三
庚》一書中，第 193 頁所錄這方印的釋文，誤將「員」作「鼎」，據考（見左
圖《金石》503），實爲「員」字解，特舉辨正。此印邊款同樣記錄：「擬水晶
宮道人法。」仔細觀察趙孟頫的圓朱文，線條粗細一致，如同鐵線般均勻，
而辛穀所作的〈員鑑齋〉線條略粗，如「齋」字下方豎畫收筆，局部加重，
平衡了右邊「員」、「鑑」兩字的繁多筆畫，使印面整體感和諧平穩，但那彎
曲對稱的線條表現，仍不脫圓朱文的韻致。

〈員鑑齋〉
《篆叢》
29-147-1

員《金石》503

　　〈吳氏橋孫〉（《篆叢》28-113-4），款記：「擬趙松雪于春申江之牧龍道院，
徐三庚。」此印雖無紀年，但由署款「徐三庚」以及遊歷來判斷，應爲五十
六歲左右。是印將均勻一致的線條，加了些微「抖動」的元素，收筆稍重，
使線質有別於趙孟頫的清麗，反而有種模拙感，可知辛穀在擬仿傳統的過頻

程當中，亦不忘思考著「創變」的可能，其師古人之跡，亦師古人之心，深入探索之後並取捨消化，他對圓朱文的專研，奠定了往後創作獨具個人風格的細朱文印的穩固基礎，可見要創新之前，必先深刻地打進傳統裡。

〈吳氏橋孫〉

《篆叢》28-113-4

（三）仿吾丘衍

與趙孟頫同時期的吾丘衍，篆印涵養頗受當時藝界的讚揚，有「工于篆籀，其精妙不在秦唐二李〔註41〕下」的美譽，所著《學古編》內容以「三十五舉」為主體，闡述篆隸的演變以及對篆刻的識見，甚有創獲，後人常以《三十五舉》稱之，其實所指為同一著作，可謂印學的奠基人。吾氏在理論上提出了以說文為正宗，印章法秦漢的審美觀，和趙孟頫的理念基本上是一致的。

關於吾丘衍的私人用印，據夏溥稱吾衍有「竹素書房」、「吾氏子行」、「我最嬾」、「放懷真樂」、「飛丹霄」、「吾衍私印」、「布衣道士」、「魯郡吾氏」、「貞白」等，此數印吾衍「常在手摩弄之，蓋欲和其四稜，令其古意。」然而，夏溥所述之印現多已不能得見〔註42〕，目前所見吾氏存世作品有〈貞白〉（《歷元》84·2）、〈吾衍私印〉（《歷元》83·6）、〈布衣道士〉（《歷元》84·1）、〈魯郡吾氏〉（《歷元》84·3）等四方。

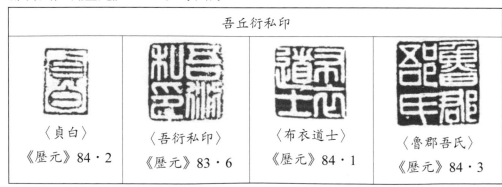

吾丘衍私印			
〈貞白〉《歷元》84·2	〈吾衍私印〉《歷元》83·6	〈布衣道士〉《歷元》84·1	〈魯郡吾氏〉《歷元》84·3

〔註41〕 秦代李斯；唐代李陽冰。

〔註42〕 轉引自 蔡宗憲：《元代印人吾衍研究》，第50頁，2006年6月，中國文化大學藝術研究所美術組碩士論文。

　　篆刻藝術於元初仍屬於「分工」合作的階段，吾丘衍在當時是相當著名的篆印寫稿者，謝杞、錢獻與林玉則是常與吾衍協作之刻印工匠高手〔註43〕。

吾丘衍觀跋　唐‧杜牧〈張好好詩卷〉

釋文：「大德九年吾衍觀」

取自：《徐邦達集二　古書畫過眼要錄　晉隋唐五代宋書法　壹》

吾衍在所著《三十五舉》中，於「二十四舉」曰：

　　「朱文印，或用雜體篆，不可太怪，擇其近人情者，免費詞說可也。

　　〔註44〕」

吾氏認為以小篆入印，不可太怪異，從其觀跋唐‧杜牧行書〈張好好詩卷〉的篆書體來看，所書篆勢結體確實符合自我的審美主張與觀點以身體力行。

　　辛穀在〈瀛臺爪雪〉（《篆叢》28-013-3）和〈小玉帶生居〉（《篆叢》28-013-4）兩方朱文印的款記中分別有「儗吾子行」的記述。〈瀛臺爪雪〉款記：「吾子

〔註43〕引自　蔡宗憲：《元代印人吾衍研究》，第52頁，2006年6月，中國文化大學藝術研究所美術組碩士論文。

〔註44〕吾丘衍：《學古編》，收錄在　韓天衡：《歷代印學論文選　上》，第15頁，1999年8月，西泠印社。

行有是法，辛穀儗之。」此印未紀年，由署款「辛穀」推斷，應是三十至三十八左右之作。「瀛」、「臺」、「爪」、「雪」四字以小篆體勢入印，借鑒了吾丘衍的審美觀點，並稍加入自我的意識，線條上較之吾氏更見流動與圓轉，結體上注重分朱布白的疏密經營，如「爪」字作「」，互為古今字，結體上密下疏，其捺畫自然垂曳而下飄盪，形成一疏朗的空間，其它如「瀛」、「臺」、「雪」三字筆畫雖繁，但其結體下方亦留有適當的空間，使印面繁而不雜，既豐美又閒適。

〈瀛臺爪雪〉《篆叢》28-013-3

另一方朱文印〈小玉帶生居〉，款識：「擬吾子行，為芝九兄丈製，戊午七月二十四日，徐三庚。」為辛穀三十三歲所作，此印為五字印文，作二行「三-二」字佔地分布，以小篆體勢入印，結體穩健，並以浙派刀法奏刀，和小篆體勢互相揉合，從此處亦可看出辛穀將所學、所見融會貫通、互資合參的實力。

〈小玉帶生居〉《篆叢》28-013-4

三、浙派的薰習

綜觀明代中期至晚清的篆刻藝術發展，承襲了元代文人治印的風尚，繼而由文彭〔註45〕、何震〔註46〕開啟了印壇新氣象，後起之輩無不爭相仿效，

〔註45〕文彭（1498～1573）字壽承，號三橋，別號漁陽子、三橋居士，長州（江蘇蘇州）人，為著名書畫家文徵明之長子，曾任南京國子監博士，世稱文國博。經研六書，對文字學深有研究，主張篆刻應以六書為準則。

〔註46〕何震（1530±～1606）字主臣、長卿，號雪漁，婺源（江西）人，與文彭情同師友，時常一起討論六書。

在當時可說是百花齊放的年代，但至後期卻漸漸趨於僵化，原因是固守陳法，習氣過深，終究無法跳脫既有的桎梏。直至清中葉以丁敬爲代表的「浙派」和以鄧石如爲宗的「鄧派」興起，一改舊習〔註47〕另成面目。辛穀初期與中期左右受浙派影響深遠，在諸多印式、印文字法、刀法上都可看出臨習的痕跡，再從邊款的記載去考察，亦可以探尋其對浙派名家的崇仰之心。

（一）丁敬與西泠八家

丁敬面對當時瀰漫著習氣的印壇現實狀況，決定致力於篆刻之道，毅然以秦漢爲歸，採擷眾長，不拘一格。刀法技巧層面，初學何震頗得精髓，再以朱簡〔註48〕的切刀爲法，而有所啓發；自我追求方面：自戰國古璽、秦漢以至元、明以來的各種形制深入體驗、接納，觀其印作技法新，形式也頗豐富，印文多尚方正簡古的謬篆，兼以小篆、古文的體式以適應不同的印式變化。從篆刻學養上的成就，很難想像丁敬一生隱於市廛，「曾舉丙辰鴻博，不就」（錢林《文獻徵存錄》）〔註49〕，實對學術有多方面的修養，專精於金石碑版，又深研金石文字與秦璽漢印，更是秦、漢銅器收藏家和鑒別家，其篆刻可說是上追秦、漢，得小篆精華，亦融會兩漢魏晉方平正直的篆體，或許是因爲這樣的寬容大度，使其能夠兼收各時代的長處，規模大而且沉浸精深，以得清剛渾厚之法。他所作《論印絕句》中有一首云：

> 「古人篆刻思離群，舒卷渾同嶺上雲。看到六朝唐宋妙，何曾墨守漢家文。」

自注「吾竹房（衍）〔註50〕議論不足守」。此詩是他對印學的總主張，其

〔註47〕當時浙江的印風，受林皋一派的影響很大。林皋原是一位有成就的篆刻家，但有些作品工細秀媚，追求形式，流爲庸俗，不少人取其短處，竟成風氣。清‧高積厚在《印述》中說：「近之作者，師心自用，妄竄偏旁，配合不偶，盤曲漫加，魯魚亥豕之訛，尚未審訂，而鳥跡鍾鼎，秦文篆漢，懵焉莫辨；甚至傅會名目，強立體格，風斯下矣。」點出了當時印壇的弊病。

〔註48〕朱簡（？～1631＋），字修能，一字畸臣，安徽修寧人，統覽全譜，面目很多，篆刻著重筆意，有草篆意趣，善用切刀，其有創作印譜，題名《菌閣藏印》，天啓五年（1625）出版。另著有《集漢摹印字》、《印書》、《印經》、《印章要論》、《印品》、《修能印譜》。

〔註49〕孫慰祖：《可齋論印新稿》，第24頁，2003年3月，上海辭書出版社。

〔註50〕吾丘衍（1268～1311）一作吾衍、邱衍，字子行，號貞白、竹房、竹素、布衣道人、眞白居士。太末（浙江龍游）人，家居錢塘（浙江杭州），元代書法家、篆刻家、印學家，精六書，力矯唐宋六文八體失眞之弊，當時與趙孟頫齊名。

不墨守漢印，更能擷取六朝、唐宋諸印作之妙處，而「思離群」則顯示自有我在追求創作的精神。而魏錫曾〔註51〕在《論印詩》中亦曾論及丁敬，具有寬闊眼界與統合資用面目多方的表現，詩云：

「健遜何長卿，古勝吾子行。寸鐵三千年，秦漢兼元明。請觀論印詩，渾渾集大成〔註52〕。」

由以上論述可知，治印乃非僅奏刀之事，從方寸之間可見其中的思想、涵養、創作理念以及美學觀點，這無非是當時對於篆刻藝術的一種本質觀念的澄清。繼丁敬之後而有蔣仁〔註53〕，以遒勁爲特色，同時期的還有奚岡〔註54〕、黃易〔註55〕，奚岡以淡雅爲尚，而黃易印風得漢人風韻，三人與丁敬並稱「西泠四家」。後繼者另有陳豫鍾〔註56〕，以工緻清雅聞名，而同樣享有盛名的陳鴻壽〔註57〕，更以雄健豪邁之氣享譽印壇，陳豫鍾之後出趙之琛〔註58〕，趙氏在藝壇和錢松〔註59〕並駕齊驅，當時人稱「西泠後四家」乃指陳豫

〔註51〕 魏錫曾（1828～1881）字稼孫，號鶴廬。齋堂爲非見齋、績語堂、悌堂。浙江仁和人。篆刻鑒賞家、印譜收藏家，精於印論。

〔註52〕 參考自沙孟海：《印學史》，143～144 頁，1987 年 6 月，杭州市，西泠印社出版。

〔註53〕 蔣仁（1743～1795）初名泰，後更名仁，字階平，號山堂、吉羅居士、女床山民、銅官山民、太平居士，罨畫溪山院長。齋堂爲磨堅室、吉羅菴、吉羅盦。浙江仁和（杭州）人。篆刻師法丁敬，續其蒼樸遒勁印風。

〔註54〕 奚岡（1746～1803）又作奚九，初名鋼，字純章、鐵生、鋛生，號蘿盦、奚道人、鶴渚生、野蝶子、蒙泉外史、蒙道人、散木居士、蘿龕外史、冬花庵主、嵩盦侍者。齋堂爲冬花庵、翠玲瓏館。安徽歙縣人，後居浙江錢塘（杭州）。亦爲畫家華嵒弟子。

〔註55〕 黃易（1744～1807）字大易、大業，號小松、秋盦、邱庵、秋影庵主、散花灘人、蓮宗弟子、寓林後人。浙江仁和（杭州）人。工詩文，善書畫，篆刻受業丁敬。

〔註56〕 陳豫鍾（1762～1806）字浚儀，號秋堂，齋堂爲求是齋。篆刻師法丁敬，邊款文字富有隋、唐人遺風。自藏書畫金石甚富，著有《古今畫人傳》、《明畫姓氏韻編》、《求是齋集》、《求是齋印譜》。

〔註57〕 陳鴻壽（1768～1822）字子恭，號曼生、恭壽、老曼、曼龔、夾谷亭長、種榆道人、曼壽、胥溪漁隱、卍生。齋堂爲種榆仙館、阿曼陀室、一蔾亭、桑連理館。篆刻宗秦漢法丁敬等，著有《種榆仙館印譜》、《桑連理館集》等。

〔註58〕 趙之琛（1781～1852）字次閑、次閒，號獻父、獻甫、寶月山人、寶月山南侍者、寶月山居士、靜觀。齋堂爲補羅迦室、萍寄室、退盦、退庵、夢漚亭。工隸法，善行楷，篆刻精熟多能。

〔註59〕 錢松（1807～1860）本名松如，字叔蓋，號耐青、鐵廬、耐清、老蓋、古泉叟、未道士、雲和山人等。經于書畫篆刻，曾摹漢印二千鈕，其開創之切帶削之頓挫淺刻刀法影響吳昌碩頗多。

鍾、陳鴻壽、趙之琛以及錢松。

丁敬 刻（圖片來源：《明清篆刻流派印譜》，1980年10月，上海書畫出版社）

〈龍泓館印〉	〈書崖〉	〈敬身〉	〈石厂老農印〉

　　董洵〔註60〕於所著《多野齋印說》亦對丁敬有所讚賞：「杭州丁布衣鈍丁匯秦、漢、宋、元之法，參以雪漁、修能用刀，自成一家，其一種士氣，人不能及〔註61〕。」而奚岡也曾在所刻〈遙吟俯唱‧逸興湍飛〉的邊款記述丁敬的獨到之處：「印刻一道，近代唯稱丁丈鈍丁先生獨絕，其古勁茂美處，雖文、何不能及也，蓋先生精於篆隸，益以書卷，故其作輒與古人有合焉〔註62〕。」丁敬的篆刻成就在於好學不倦，師法古人、傳統，又能思考、變通，影響後輩深遠。

其他西泠七家之作			
			圖片來源： 方去疾：《明清篆刻流派印譜》，1980年10月，上海書畫出版社。
〈揚州顧廉〉 蔣仁	〈畫梅乞米〉奚岡	〈小松所得金石〉 黃易	

〔註60〕 董洵（1740～1812），字企泉，號小池，又號念巢，浙江山陰（今紹興）人。工詩，擅寫蘭竹，篆刻熔冶秦、漢及丁敬風貌於一爐。

〔註61〕 董洵：《多野齋印說》，收錄於韓天衡：《歷代印學論文選 上》，第304頁，1999年8月，西泠印社出版。

〔註62〕 韓天衡：《歷代印學論文選 下》，第736頁，1999年8月，西泠印社出版。

〈陳氏浚儀〉 陳豫鍾	〈自然好學〉 陳鴻壽	〈湖村花隱〉 趙之琛	〈楊石頭藏眞〉 錢松

從西泠八家的作品中歸納出浙派的特點：

「以丁敬爲首，『變』的藝術思想」、「篆刻藝術與金石考證學緊密連繫，豐富學識」、「寓蒼莽於平正，以切刀爲用」、「參以隸意，簡邁古樸」、「單刀刻款，各體畢備」。浙派諸家善用切刀，故使線條硬折挺勁、古樸凝重，不僅有精湛的技法，尚飽含著濃厚的傳統底蘊，其創作風格提供給後輩參考運用的資源。

（二）意在鈍丁小松之間

辛穀〈字光甫行九〉（《篆叢》28-015-2），款記：「意在鈍丁、小松之間，戊午七月，薦未道士。」爲徐三庚三十三歲時的作品。直接挑明此印佈局、用刀的想法，在丁敬和黃易之間，先從線質上來比較，辛穀取丁敬的碎切刀法，讓線條呈斷裂狀，見〈字光甫行九〉中的「字」和「光」，並對照丁敬〈丁敬身印〉（《明清》87）中的「丁」字和「身」字中線條的處理；再來是起、收筆的部分，在〈字光甫行九〉中，辛穀的起筆採尖起方收的方式經營，這和黃易〈春淙亭主〉的線條思維有神似之處，而線條粗細介於丁敬和黃易之間，證明辛穀邊款的記述頗有自知之明。字的結構方面，則在方整之中求聚散變化，例如「字」、「甫」、「九」三字可見其稍稍開展的結體形狀，恰好將印面的「空白」作一適切分配，辛穀在前輩身上擷取資源，亦取法先秦古璽的闊邊欄，可見在摹仿傳統的同時，辛穀仍不忘自我意識的判斷與思考。

	〈字光甫行九〉 《篆叢》28-015-2	〈丁敬身印〉丁敬 刻 《明清》87	〈春淙亭主〉黃易 刻 《明清》139

　　白文印〈松左梅右〉(《篆叢》28-153-1) 款記「襃海擬黃小松司馬法。」和朱文印〈興酣落筆〉(《徐譜》79) 款記:「辛穀仿小松黃司馬。」皆爲辛穀擬仿黃小松之作。據了解,黃易在進行篆刻創作之前,會先培養蘊釀印文的藝術構思[註63],亦常把刻印當作檢驗自己學力標尺,可見其從事創作認眞嚴謹的態度。辛穀所刻〈松左梅右〉邊款自述:「仿黃小松司馬法」,除了「松」字篆法採「」,稍作改變,並將「宀」兩側拉長,右側和「梅」字略有破邊,「左」、「右」兩字更是別出心裁,顚倒並置,六條橫線堆疊陳列,如同樹下桌椅茶几,畫意與創意十足。〈興酣落筆〉印文採漢繆篆法,刀法則以浙派短刀碎切成線法運行,文字結體朗朗大方,印文與邊框虛實相生,就風格而言,確與黃易有幾分神似。

〈松左梅右〉
《篆叢》
28-153-1

〈興酣落
筆〉
《徐譜》79

〈一笑
百慮忘〉
黃易　刻
《中譜》1401

〈覃溪鑑藏〉
黃易　刻
《中譜》1402

　　〈四餘讀書室〉(《篆叢》28-039-1),款記:「董遇三餘讀書,朱高安相國益以公餘爲四,今調翁易以老耆生之餘,亦見其耄而好學矣。同治二年七月廿八日,上虞徐三庚客春申浦城記。」以及〈日愛評書兼讀畫〉(《篆叢》28-075-1),款記:「丙寅六月廿有五日,客鹽官作,辛穀。」分別爲辛穀三十八歲和四十一歲的作品,從印文的簡省處理 (如〈四餘讀書室〉中的「書」字、〈日愛評書兼讀畫〉的「愛」字),和線質的經營 (尖頭、方收),以及神韻風格的呈現,很顯然有追隨丁敬和黃易的心意和思想。

[註63] 如刻〈湘管齋〉一印時,他先在雨聲中冥思瀟湘煙雨景色又觀賞水墨芭蕉圖,加深詩的意境,以培養創作感情。這種用賦詩、繪畫的方法,用之於篆刻,使人領會到文學藝術修養的重要。詳 葉一葦:〈論浙派〉,摘自《書譜》第八十四、八十五期‧《中國印學年鑑》。

〈四餘讀書室〉《篆叢》28-039-1　　〈日愛評書兼讀畫〉《篆叢》28-075-1

（三）借法二陳一趙

　　二陳所指的是陳豫鍾和陳鴻壽，一趙則是趙之琛。陳豫鍾（1762～1806）出生於金石世家，對文字學有深入研究，書法得李陽冰法，篆刻師法丁敬，並對治印自有一套見解，他曾於〈趙輯寧印・素門〉連珠印的邊款中闡發治印理念，他說：「書法以險絕爲上乘，製印亦然。要必既得平正者，方可趨之。蓋以平正守法，險絕取勢；法既熟，自能錯綜變化而險絕矣。」（見下表圖示）

陳豫鍾〈趙輯寧印・典承〉兩面印；〈趙輯寧印・素門〉連珠印

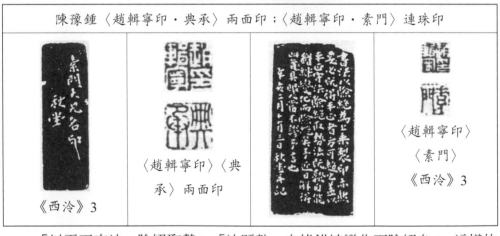

| 《西泠》3 | 〈趙輯寧印〉〈典承〉兩面印 | | 〈趙輯寧印〉〈素門〉《西泠》3 |

　　「以平正守法，險絕取勢」、「法既熟，自能錯綜變化而險絕矣」，這樣的治印理念深深地影響著辛穀，觀辛穀早期至晚期的作品，技法純熟自然不在話下，然又能運用精湛的技藝在方寸之間游刃有餘，不失法度，實是心中有一套自我準則在遵守著，故能錯綜變化而不踰矩。

　　陳鴻壽（1768～1822）和陳豫鍾極爲友好，並常互相切磋討論印藝，其古文修養佳，書法篆、隸、行、草皆擅，篆刻亦服膺丁敬，並與陳豫鍾同受

蔣（蔣仁）、黃（黃易）、奚（奚岡）指點，作品風格雄建。魏錫曾評他：「刀法之缺蝕，亦從來所無。」〔註64〕陳豫鍾說；「篆刻予雖與之同能，其一種英邁之氣，余所不及。」〔註65〕辛穀也對陳鴻壽英邁雄健的刀法深深著迷，曾於〈子嘉〉（《篆叢》28-151-2）朱文印的邊款中自記：「用曼老運刀」，「曼老」指的就是陳鴻壽。

〈傅尒鏌印〉

《篆叢》28-071-1

〈汪彤雲印〉

陳豫鍾　刻

《西泠》6

〈傅尒鏌〉（《篆叢》28-071-1），款記：「客歲寓甬，爲李唐作數十印，頗不稱意，今春道出句餘，復出石屬刻，亦藉作數日盤桓也。丙寅三月，辛穀。」此印爲辛穀四十一歲客居寧波時的作品，從款文中可以想見他製印求好心切以及隨遇而安的處世態度。印面上的章法、布局和右圖陳豫鍾所刻的〈汪彤雲印〉頗爲類似，漢印形式，白文逼邊取浙派風格，這一類的作品，在辛穀的印譜中常見，從碎切刀法、三角點的豎畫、隸化的線質篆法去看，都可以看出承襲的軌跡，但值得一提的是，辛穀常會在小地方展現自我的想法，例如：「印」字的上方結體緊密，和陳豫鍾的「印」字對照，辛穀的自覺性語彙顯而易見，對於「分朱布白」的想法，有自己的原則和堅持。

〔註64〕引自　葉一葦：〈論浙派〉，摘自《書譜》第八十四、八十五期·《中國印學年鑑》。收錄在林文彥輯：《印林雜誌社印論會討論專集之③ 宋元明清篆刻發展研究資料》第32頁。

〔註65〕同上註。

　　〈孟蓮父〉（《篆叢》28-101-1），款記：「戊辰二月，假榻任阜長寓齋，作此以遣。金罍道士徐三庚記。」為辛穀四十三歲的作品。此印無論章法、布局，以及字法都和陳鴻壽極為相像，印文的逼邊、二字一字的排列構思，甚至連「破邊」的位置也幾乎一樣，惟辛穀的橫畫較粗，如「父」字的短橫，參有金農漆書的味道，另外收筆似「懸針」，較陳鴻壽的「父」字來的挺勁。

〈孟蓮父〉
《篆叢》
28-101-1

〈聲仲父〉
陳鴻壽 刻
《西冷》16

　　趙之琛（1781～1852）善書畫，精研金石文字，篆刻師事陳豫鍾，又兼取黃易、奚岡、陳鴻壽各家之長，並將學理與實踐合而為一。對於「師古」，他有深刻的體會，認為：「仿秦印，工整中貴有古橫之氣」；「仿漢人印，不難於形似，而難於神似」；「漢鑄印，工整中有流動之氣，得之非易也」；「漢鑄印，工整中貴有蒼勁刀法，方為能手」；「仿急就章，刻固非易，而篆尤難」；「仿急就章，略參敬身刀法，似得漢人遺意」；「仿漢玉印，貴蒼勁中有秀逸之氣」；「仿明人印，以工整為貴」；「仿（圓）朱文以活動為主，而尤貴方中有圓，始得宋、元遺意。」〔註66〕他取精用宏，將師法傳統的心得理會，記錄在邊款之中。辛穀的印作中，有數方疑從趙之琛之法，邊款雖無記載，但就印面的章法、佈局以及字法、刀法的表現來看，應或多或少受其影響。

〈石董狐〉
《篆叢》28-017-1

〈范梁印信〉
趙之琛 刻
《西冷》65

〔註66〕同上註。另參 韓天衡：《篆刻三百品》，第 215 頁，2009 年 8 月，上海書畫出版社。

　　〈石董狐〉（《篆叢》28-017-1），款記；「董狐，古之良吏也，昔有華董狐・鬼董狐。文壽承亦自號石董狐，仲陶先生篤嗜金石，精於鑒辨，集古今名印，裒輯成譜。庚申春，余客吳趨，走訪於楚竹盦，出所集見示，搜羅之富，洵印叟也，亦可曰石董狐，爰製是印以贈，上虞徐三庚記。」為辛穀三十五歲之作，據邊款記述可知辛穀與收藏家岑鎔〔註67〕（仲陶）相識，且交往甚密，故得以親眼目睹其所藏金石、印石、碑拓…等珍藏，從其齋堂為「晉唐鏡館」、「商周吉金之館」即可想像岑氏搜羅之豐富。又吳熙載（讓之）和岑仲陶友誼深厚，吳曾為岑氏刻了不下百方之姓名、字號、齋館印，推斷辛穀在拜訪岑氏之際，亦觀賞了不少吳讓之的印作，或許因而結下了對熙載追仿的翰緣。

　　此作的印式、篆法、線質皆和趙之琛所刻的〈范梁印信〉類似，從「艹」字頭的結構造形，和外方內圓、頓挫起伏的線質，以及沖、切合用的刀法上窺探，辛穀已深得趙之琛精髓。辛穀將浙派的蒼茫古拙、凝重敦厚、挺勁老辣、波磔澀勁詮釋地淋漓盡致，和前輩們的印作並列一起，絲毫不遜色。

　　〈長生〉（《篆叢》28-131-1），款記：「曉山仁兄鑒之，上虞徐三庚客甬上仿漢。」此作雖無紀年，但從署款：「上虞徐三庚」以及線質、樣貌上來推斷，應與〈石董狐〉刻製時間相去不遠。此類白文印的特色即為下盤穩重，利用隸書的筆意，方筆收尾，又在緊密處將「起筆」削尖，如「長」字下方（箭頭指示處），另外，「長」字最左邊的那一豎畫呈現「三段式」的切筆線條，又，將「生」字省去原本左右對稱（「㞢」）橫畫右端向上彎起的一豎，省去之後，近似楷書之形，也因此印面中線偏左上部得以留出一塊紅地，使人有豁然開朗之感，那是辛穀對字法結體作適度彈性調整與刪繁的展現，再次見識到辛穀的創意變通，讓原本平凡無奇的字座，顯得自然有趣多了。邊欄的處理上也和趙之琛一樣，採殘缺剝蝕的方式，使印面有疏通之氣，不落板滯。

〈長生〉

《篆叢》28-131-1

〈昌黎伯後〉趙之琛　刻《西泠》60

〔註67〕　岑鎔（生卒不詳），字仲陶、中陶、銅士，號仲子、印叟。齋堂為晉唐鏡館、懼盈齋、商周吉金之館、石壽齋、晉飛霜鏡館。清收藏家。

　　徐三庚生在浙東，自然受浙派影響極大。早期（約三十七歲以前），辛穀始終醉心於浙派的追摹，到了三十八歲得以觀賞了鄧石如的印冊，從此由浙而鄧，或浙鄧結合，融而治之，私淑之重，涉獵之廣，非三言兩語可道盡。

四、追崇鄧石如「以書入印，印從書出」的藝術觀

　　鄧石如（1743～1805）爲清代傑出的書法家和篆刻家，談到完白，必然會聯想到他那「剛健婀娜」的篆書體勢，其以隸書筆法寫篆書，康有爲曾說：「完白山人未出，天下以秦分（即秦篆）爲不可作之書，自非好古之士，顯或能之。完白既出以後，三尺豎童，僅解操筆，皆能爲篆。」〔註68〕又說：

　　　　「自隋碑始變疎朗，率更專講結構，後世承風，古法壞矣。鄧完白

　　　　自出，獨鑄篆隸，冶六朝而作書〔註69〕」

　　因爲書法上的成就，完白自然把篆書中內斂而又不失變化的姿態運用到篆刻上，可說是「以書入印」、「印從書出」的開山祖師。儘管完白在篆刻創作中實踐了「以書入印」，但在其所作署名爲山人、樵長（號）的詩、文和款記中，卻尚未找到任何論及「印從書出」的相關文字，因此很難斷定鄧石如具有「印從書出」的「自覺」意識，只能把「印從書出」視爲後人在總結其創作規律時形成的審美觀〔註70〕。而在完白之後，較早具體論及「印從書出」觀念的是李祖望〔註71〕和魏錫曾。在李祖望《鍥不舍齋文集》卷三中，收入《汪孟慈先生海外墨緣冊子答問十六則》一篇，其中一則爲《問刻印》，曰：

　　　　「其法大要於字裡見刀法，字外見筆法。因刀法見筆法，故世稱爲

　　　　鐵筆。然其派不必以南北分，而其流自別，從書法出，得其篆勢，

　　　　如鄧頑白是也。庶不失秦漢古印遺法，董小池諸人猶能之。若字體

　　　　結構必方，是爲浙派，陳曼生諸人是也〔註72〕。」

　　在李祖望的認知裡，熟諳篆刻的人理應不難看出「印中求印」和「印外求印」的區別，他認爲鄧石如「印從書法出」並未落入浙派印人那種「不失秦漢古印遺法」的「印中求印」之法，李氏道出完白「得其篆勢」，以及認爲

〔註68〕引自　沙孟海：《印學史》，156頁，1987年6月，杭州市，西泠印社出版。

〔註69〕（清）康有爲：《廣藝舟雙楫》，107頁，1956年4月，臺灣商務印書館。

〔註70〕引自　黃惇：《中國古代印論史》，257頁，1997年4月，上海書畫出版社。

〔註71〕李祖望（1814～1881）字賓嵎，江都（今江蘇揚州）人。邃于經史、金石、小學、工山水畫，卷軸之氣溢於墨楮。著有《小學類編》。

〔註72〕引自　黃惇：《中國古代印論史》，257頁，1997年4月，上海書畫出版社。

「刀法見筆法」的藝術價值，可見其重視書法的觀點〔註73〕。

同治三年（1864）魏錫曾在《吳讓之印譜跋》中闡述：

「鈍丁之作，熔鑄秦、漢、元、明，古今一人，然無意自別於皖。

黃、蔣、奚別于皖繼起，皆意多于法，始有浙宗之目，流及次閒，

徊越規矩，直自鄶爾。而習次閒者，未見丁譜，目謂浙宗，且以皖

爲訽病，無怪皖人知有陳、趙，不知其他。余常謂浙宗後起而先亡

者此也。若完白書從印入，印從書出，其在皖宗爲奇品、爲別幟，

讓之雖心摹手追，猶愧具體，工力之深，當世無匹。」〔註74〕

無論鄧石如是有自覺的還是無自覺的，從他作品中所呈現出來的「成果」即可說明一切，他終其一生研創的篆刻發見，亦是留給後輩一個重要的啓發和覺醒，更讓時人對篆刻和書法可相互參照、互資共生的理念爲之強化。完白的篆刻初學何震、甘暘、梁袠〔註75〕，可從早期作品一探究竟，但成熟時期的完白已將自己習得的篆書筆意，巧妙發揮於篆刻中，風格強烈氣勢如虹，因而自成一派，世稱「鄧派」。

辛穀對鄧石如印風的學習研究，從其存世有紀年的作品來看，大約始於清同治二年（癸亥）（1863 年），當時辛穀三十八歲，是年所刻作品〈治安〉（《篆叢》28-033-2）、〈竹君畫記〉（《篆叢》28-041-2），在細白文以書入印的篆法、章法和刀法上已具有明顯的鄧氏特點。

〈治安〉
《篆叢》
28-033-2

〈竹君畫記〉
《篆叢》
28-041-2

〈我書意造本無法〉
鄧石如　刻《明清》126

〔註73〕 參考 黃惇：《中國古代印論史》，257、258 頁，1997 年 4 月，上海書畫出版社。

〔註74〕黃惇：《中國古代印論史》，258 頁，1997 年 4 月，上海書畫出版社。

〔註75〕梁袠（生卒年不詳），字千秋，明維揚（今江蘇揚州）人，居南京。以何震爲宗，摹刻何氏之作，形神逼眞，布局自運者，自成一格，入印之語，不拘成法。

〈治安〉（《篆叢》28-033-2），款記：「癸亥春王月二十日，觀完白印冊，適治安仁兄來訪，屬爲檢此，率爾應命，三庚。」此印爲辛穀三十八歲時觀賞鄧完白的印冊之後所刻。大約三十七歲以前，辛穀的作品可說是以浙派面目爲主，在刀法、字法上浸淫之深，可從作品窺見一二。大致上以三十八歲那一年爲分界，辛穀篆刻兼學鄧完白、吳讓之（鄧完白傳人），將〈治安〉白文印和三十八歲以前其他有紀年的作品相較，確實面目一新，從「治」的「水」部首，和「安」字的篆法、線質去析探，以往都是浙派的短刀碎切成線，刀痕較重，筆意較少，至此已將筆法融入刀法之中，彷彿以刀代筆將篆書寫入石面上，是「以書入印」最實在的例子。關於「筆意表現」，明代朱簡在所撰《印經》中有精闢的論述：

> 「吾所謂刀法者，如字之有起、有伏、有轉折、有輕重，各完筆意，
> 不得孟浪。非雕鏤刻畫，以鈍爲古，以碎爲奇之刀也。刀法也者，
> 所以傳筆法也。刀法渾融，無跡可尋，神品也〔註76〕；……」

朱簡所謂刀法的全部涵義即爲「表現筆意」的過程，刀法渾然天成，無跡可尋者，他視之爲神品。而對於完白的白文印作，辛穀也探析出箇中奧妙，在所作〈常秉雲〉（《篆叢》29-093-3），款記：「宋人白文以六朝人爲宗，稍淡逸而已，三庚。」以及〈伯敏所作〉（《篆叢》29-093-1），款記：「完白荒率，由漢鑿印中得來，此儗其意，辛穀。」從兩則邊款記述中推論並指出鄧石如的「細白文」乃源自於「漢鑿印」，這是辛穀的識見，也可說是他的研究發現。他有另一方白文印〈純保〉（《篆叢》29-093-4）邊款記載著：「褧海仿宋人白文法。」雖然說是仿宋人之法，但實際上此法和漢鑿印的淵源一脈相承。

〈常秉云〉

《篆叢》29-093-3

〈伯敏所作〉

《篆叢》29-093-1

〈純保〉

《篆叢》29-093-4

〔註76〕詳 朱簡：《印經》，收錄在 韓天衡：《歷代印學論文選 上》，第138頁，1999年8月，西泠印社出版。

另外，辛穀也曾在邊款中道出對吳讓之的景仰，參見白文印〈汪守安印〉（《篆叢》28-047-1），款記：「完白晚年，蒼渾神理，近代惟儀徵吳讓之能得奇妙，辛穀并記。」款文中辛穀除了對完白的讚頌之外，同時也讚揚了吳讓之，對兩人的崇仰之情，溢於言表。〈貴馨〉（《篆叢》28-047-2），款記：「完白早年白文，以荒率爲旨，因儗其意，三庚。」在〈汪守安印〉和〈貴馨〉兩方印中，辛穀分別提出：「完白晚年蒼渾神理」；「完白早年白文，以荒率爲旨」，若沒有深入析探，恐怕也不敢斷然說出這樣的見解。

〈汪守安印〉和〈貴馨〉雖無紀年，但就其刀法、章法、布局安排以及線質的追求去分析，推斷應是與〈治安〉同時期的早期作品。仔細析賞辛穀此階段的印作，筆畫線條如筆鋒或正或側，撇、豎畫的中後段往往渾圓，尾端則似針尖收筆，短短的線段，卻有如此豐富的變化，蓋從鄧石如篆刻中悟得的「筆意」。

〈汪守安印〉
《篆叢》
28-047-1

〈貴馨〉
《篆叢》
28-047-2

辛穀追崇完白，同時也追摹吳讓之，是故觀其作亦與讓之有相似之處，如白文線「橫畫粗，直畫細」的筆意特質，見〈林中佛子〉（《篆叢》28-049-2）和〈保彝〉（《篆叢》28-049-4）二方細白文印，皆是悟得鄧、吳印法的創作體現。

《篆叢》
28-049-2

〈林中佛子〉

〈保彝〉
《篆叢》
28-049-4

　　另一方白文雙面印〈成達章印・若泉〉（《篆叢》28-109-1）款記：「戊辰長至，坐雨青愛廬，仿完白山人面面印，爲若泉弟，徐三庚。」爲四十三歲時所作，款文中雖記載爲疏密概念，以書入印觀點仿完白山人，但從印面上來看其字的結體、章法、布局與線條的筆法質感和律動，已多有己意。

《篆叢》28-109-1

〈成達章印・若泉〉

〈意與古會〉鄧石如　刻
《中譜》198

五、吳讓之圓朱文印的追摹與發揚

　　吳讓之（1799～1870），詩古文辭皆工，精於金石考證，少隨包世臣學習書法，勤於思考，經常提出問題向包氏請益，四體書無不工，篆隸功力尤深。篆刻宗仰鄧石如，他曾自述學印過程說：「弱齡好弄，喜刻印章，十五歲乃見漢人作，悉心橅仿十年，凡儗近代名工亦務求肖乃已。又五年，始見完白山人作，棄盡其學而學之〔註77〕。」吳讓之的篆刻在完白的基礎上再作新的發展，充分將篆法和刀法的書寫意態表現於印中。吳昌碩於《吳讓之印存》的跋文中對其讚譽有加：「讓翁書畫下筆嚴謹，風韻之古雋者不可度，蓋有守而不泥其迹，能自放而不逾其矩。論其治印亦復如是。讓翁平生固服膺完白，而于秦、漢印璽探討極深，故刀法圓轉，無纖曼之習，氣象駿邁，質而不滯。余嘗語人學完白不若取徑于讓翁，職是故也。」〔註78〕徐三庚取法吳讓之之

〔註77〕吳讓之：《吳讓之印存》自序，收錄於韓天衡：《歷代印學論文選　下》，第595頁，1999年8月，西泠印社出版。

〔註78〕吳昌碩：《吳讓之印存》跋，收錄於韓天衡：《歷代印學論文選　下》，第598頁，1999年8月，西泠印社出版。

時，正值吳氏創作的巔峰時期，辛穀對讓之印作中靈逸、流暢婉轉的文字體態深深著迷，並從浙派的藩籬中突出，在吳讓之的基礎上繼續發揚光大。

〈風流不數杜分司〉（《篆叢》28-005-1），款記：「甲寅之夏，賃湖西僧寮一椽，爲燕習之所，杜門卻掃，蕭然一枯衲也，無事輒弄筆，積債一清，甚快甚快。此印乃燈下隨意奏刀，平初二兄索余刻甚急，因以贈之，聊博一咲耳，徐三庚。」1854 年的夏天（甲寅之夏），徐三庚當時二十九歲，在湖西僧寮租了一個房子，作爲休憩的地方，像個老和尚一般寂靜地生活著，沒事就寫寫字，並將積欠的「作品債」一一完成，……。款文中的記述，透露出當時年僅二十九歲的辛穀，索刻者眾，可見當時他的印藝已達到大眾可接受的水準，而現實生活中，爲了謀生，不得不鬻印爲生，但從字裡行間仍可以感受到辛穀身不由己的感慨。

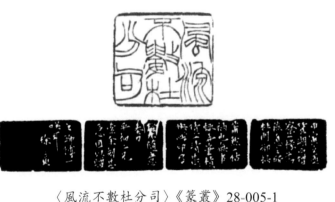

〈風流不數杜分司〉《篆叢》28-005-1

〈花深深處〉
吳讓之 刻
《四知堂》10‧9

〈江都薛氏藏書〉
吳讓之 刻
《四知堂》10‧11

〈風流不數杜分司〉辛穀刻製於二十九歲，是年吳讓之已屆五十六歲，從印文的篆法、線質以及章法上來看，都可窺見辛穀追隨讓翁的軌跡。字與字之間的錯落與挪讓，互相連繫又互相謙讓的印文關係，辛穀都揣摩得極爲透徹。不過在小地方仍可見辛穀的自我創發，如「司」字右邊的橫折勾，多加了「折轉」，「多折轉」的表現，常見於辛穀其它印作中，可視爲其個人特色之一。另外，文字結體「中宮緊束，上密下疏」的展現，較吳讓之（參見

上圖〈花深深處〉、〈江都薛氏藏書〉）還來的明顯，辛穀有意突顯此部分，慢慢轉化爲自我的審美信念，從二十九歲即可看出端倪。

〈日有一泉惟買書〉（《篆叢》28-069-2），款識：「乙丑多月，麗卿仁兄屬製，徐三庚。」辛穀四十歲所作。此印爲橢圓印，布字不易，清‧陳澧《摹印述》中曾說過：「橢圓印作朱文，難工。〔註79〕」但辛穀將七字印文巧妙地各安置其所，但又相繫相生，運用其對空間安排的敏銳度，適度地致字變形將筆畫線條拉長或縮短，如；「有」字和「一」的銜接、「泉」字上方的點「出頭」恰好填補了「惟」與「日」之間的空白，以及「水」的折轉與弧線拉長、「惟」字的「忄」

〈日有一泉惟買書〉
《篆叢》
28-069-2

部善用「多折轉」使與「有」字的「月」呼應、「買」字下方的短撇和點，上緊下疏的延展，七個字看似各司其職，實際上牽一髮而動全身，辛穀的布字功力不在話下。此印的線質基本上還是從吳讓之的細朱文而來，但辛穀並沒有全然摹仿，從布字和結體的呈現，可以看出辛穀的設計巧思。

〈原名際昌
一字醒吾〉
《篆叢》

28-123-2

〈煙雲供養〉
《篆叢》

28-133-2

〈與蘇若蘭
同名〉
吳讓之 刻
《四知堂》
5‧1

〈原名際昌一字醒吾〉（《篆叢》28-123-2），款記：「庚午秋八月，金罍作。」辛穀四十五歲所作。此印圓轉纖細流麗的線質和吳讓之頗爲相似，不過和讓翁相較，辛穀的線條稍稍有粗細的變化，如轉折處，以及筆畫交接處，甚至

〔註79〕詳 陳澧：《摹印述》，收錄於韓天衡：《歷代印學論文選 下》，第377頁，1999年8月，西泠印社出版。

在收筆處，有「迴鋒」的筆勢（如「原」字下方的「小」、「際」字右下方「示」的末端）。字的結體方面，辛穀常會採取「局部壓縮」的造形設計，如「名」字的「口」、「昌」字的「日」、「字」的「子」、「吾」字的「口」，和另一方印〈煙雲供養〉（《篆叢》28-133-2）中「煙」字右下方的「土」、「養」字下方「食」的末端，和吳讓之〈與蘇若蘭同名〉中「同」和「名」的「口」相對照，顯然不同，由此可見辛穀想要在繼承上再行新的創見。

〈煙雲供養〉（《篆叢》28-133-2）一印，款識爲：「上虞徐三庚，爲子祥老伯作山水鈐角之印。時辛未秋八月上澣四日。」是年辛穀四十六歲，款文中的「子祥」老伯，即爲畫家張熊（1803～1886），子祥爲其號，又名張熊祥，字壽甫，亦作壽父，晚號祥翁，青年時代移居上海，參加各種美術活動，喜愛收藏金石書畫，一生所藏古董珍玩有一萬件之多，有「滬上寓公之冠」的稱號。張熊擅長畫山水、花卉，尤擅畫大幅的牡丹，在當時與任熊、朱熊合稱「滬上三熊」，名揚藝林。徐三庚爲其刻山水鈐角之印，平時與之往來，自然和其他書畫家有所接觸與交流，這或明或暗影響著他對藝術的種種思維和識見，以及促使眼界的開拓。

〈陸召南印・子鴻〉
《篆叢》28-109-2

〈吳熙載印〉 吳熙載　刻 《四知堂》 26・13	〈子鴻〉 吳熙載　刻 《四知堂》 25・9	〈子鴻〉 吳熙載　刻 《四知堂》 25・27

〈陸召南・子鴻〉兩面印（《篆叢》28-109-2），款記：「徐三庚爲滌峯仁棣刻，以貽子鴻尊丈鑒。」此印朱文的〈子鴻〉與吳讓之所刻的〈子鴻〉並非指同一人，辛穀爲友人陸召南（子鴻）所刻；而吳讓之則爲黃錫禧〔註80〕（字子鴻）所刻。

〔註80〕黃錫禧（生卒年不詳），字子鴻、勻園，號鴻道人。齋堂爲棲雲山館、栖雲山館、涵青閣。善書畫，工詞。吳讓之爲其刻了將近五十方印。

　　兩面印中的白文〈陸召南印〉和吳熙載所刻的自用印〈吳熙載印〉印文方面同爲四字白文姓名章，篆法頗爲相似，線條方面，橫畫較豎畫粗，有如隸書，筆畫起收皆以尖頭呈現，且同樣是「以方寓圓」的美學概念，惟辛穀的字形結體仍採「局部壓縮」的設計，如「陸」字右下方的「土」和「印」字上方的「爪」，都緊密地靠攏，使周圍餘紅突出，這似乎已成了辛穀中晚期白文印的招牌作法。再觀朱文印〈子鴻〉，和吳讓之所刻〈子鴻〉相對照，弧線相對較少，稍拉直後的「水」部和「子」的「亅」顯得挺勁也較穩定，「鴻」字中間的「工」較吳讓之的要寬些因而疏朗，恰好與「子」字兩側的空白平衡呼應。

第二節　「印外求印」的借鑒與應用

　　本節「印外求印」的界定，指的是取法於非璽印、篆刻形式的其他古代金石文字或各類文字圖像的資料，諸如：封泥、金文鑄銘、刻銘、鏡銘、碑額、刻石、磚文、瓦當……等等，惟封泥雖爲印事而其所存形迹另成新局，故亦列入並論。元吾丘衍在《學古編》(《三十五舉》) 中的「第二十五舉」曰：

　　　　「白文印，用崔子玉寫《張平子碑》上字，又漢器物上並碑蓋、印
　　　　章等字，最爲第一〔註81〕。」

漢器上字，即今人所稱的漢金文。〈張平子碑〉爲漢碑，今已不存在，其風格大約近於漢代繆篆，多近隸法，現存〈漢三公山碑〔註82〕〉(《書藝‧秦漢》128) 和漢碑額上的篆書似之。如果這些都是從印外文字對印內的獲取，那麼這是迄今可看到的最早的「印外求印」論述〔註83〕。

〔註81〕吾丘衍：《學古編》，收錄在 韓天衡：《歷代印學論文選 上》，第 15 頁，1999
　　　　年 8 月，西泠印社。

〔註82〕〈漢三公山碑〉(〈祀三公山碑〉) 全稱〈漢常山相馮君祀三公山碑〉，俗稱〈大
　　　　三公山碑〉，據清‧翁方綱考察，立於東漢元初四年 (117)。清乾隆三十九年
　　　　(1774) 爲元氏縣令王治岐在元氏縣城外訪得。詳 劉正成：《中國書法鑑賞
　　　　大字典㊤》，第 86 頁，1989 年，旺文出版社。

〔註83〕黃惇：〈印外求印與當代篆刻〉，收錄在《現代書畫藝術風格發展 國際學術研
　　　　討會論文集》，第 304 頁，2009 年 7 月，國立臺灣藝術大學發行。

〈祀三公山碑〉（局部）《書藝・秦漢》128

　　清中期以前篆刻的創作方式，還是以戰國、秦、兩漢時期之古代璽印作爲摹仿創作的規範，於印式和篆法，大抵上都以擬古爲圭臬，即所謂「印中求印」的研創方法。一般講到「印外求印」即刻會聯想到趙之謙〔註84〕，但其實在其之前的印人亦已有偶作，而長趙悲盦三歲的徐三庚，亦有許多「印外求印」之作，只是名氣不及趙氏，而鮮少人重視之。例如在辛穀所刻朱文印〈登庸印信〉（《篆叢》），款記：「迂翁鑒之，徐三庚仿漢印范于都門，丁丑八月。」爲五十二歲在北京所作，款文中所云：「印范」（印範），其實是今日所說的「封泥」，當時學界尚未能辨別而致混。清・朱象賢〔註85〕於所編纂的《印典》卷第七中，對鑄印時由土模翻製的「印範」有詳細的解說：

〔註84〕趙之謙曾於《苦兼室論印》中云：「刻印以漢爲大宗，胸有數百顆漢印則動手自遠凡俗。然後隨功力所至，觸類旁通，上追鐘鼎法物，下及碑額、造像，迄于山川花鳥，一時一事覺無非印中旨趣，乃爲妙悟。」又云：「印以內，爲規矩；印以外，爲巧。規矩之用熟，則巧生焉。」趙之謙所說的「印內」實際上是指以漢印爲大宗的傳統印章，其認爲漢印是印人的基本底子，趙悲盦視漢印爲功力和規矩，因爲「隨功力所至」、「規矩之用熟」才能「觸類旁通」進而「印外求印」。

〔註85〕朱象賢（？～1733＋），字行先，號清溪子，清溪（今江蘇吳縣）人。受業於楊賓、沈德潛。

「印範，用潔淨細泥，和以稻草燒透，俟冷，搗如粉，瀝生泥漿調
之，塗于蠟上，或曬乾，或陰乾，但不可近火。若生泥爲範，銅灌
不入，且要起窠（深空也）。熟泥中粘糠秕、羽毛、米粞等物，其處
必吸（銅不到也）。大凡蠟上塗以熟泥，熟泥之外再加生泥，鑄過作
熟泥用也。〔註86〕」

鑄造銅印時所用的內模、外範，與在土塊上鈐印遺留的封泥是不同的東
西。文獻中提及「封泥」名稱，最早見於《後漢書‧百官志》，其少府屬官有
守官令一人，注曰：

「主御紙筆墨，及尚書財用諸物及封泥。」

封泥之制爲人們認識較晚，道光年間在四川、山東等地出土的封泥曾被
人誤認爲是「印範」。清代劉鶚編著《鐵雲藏陶》，始爲其正名爲封泥〔註87〕。

據孫慰祖先生考察〔註88〕，辛穀所刻〈登庸印信〉是目前所見率先將封
泥文字形式引入篆刻創作的印家，往後受「封泥」影響而有創獲的有吳昌碩、
趙古泥等印人〔註89〕。以下就徐三庚「印外求印」之印例，茲以類別分述如
下：

一、封泥、斗檢封

魏晉以前，所有書信文牘大多寫在長而薄的竹木簡片或絲帛上面，把若
干條竹木簡用麻繩或細皮革編起來，叫作「冊」。爲了防止在傳遞中的尺牘或
是箱存的物品被私拆偷窺或盜取，便製作一種方形木槽，或使用上下可以密
合的木槽（叫作「印槽」或「封泥匣」，也稱作「檢」），檢上有槽，繩子順著
槽捆紮，然後用一塊粘土置放在槽和繩的結合處，再用璽印壓蓋在泥團上封
住，這種封檢過的泥團，稱爲「封泥」（《篆刻》42），和現代用火漆密封文件，
鈐蓋印記的情況類似〔註90〕。

〔註86〕 朱象賢：《印典》，收錄在 韓天衡：《歷代印學論文選 上》，第 265 頁，1999
年 8 月，西泠印社。

〔註87〕 趙明：《古印陶、封泥代表作品技法解析》，第 6 頁，2006 年 5 月，重慶出版
社。

〔註88〕 參見 童辰翊‧孫慰祖：《徐三庚印譜》序，1993 年 3 月，上海書店出版。

〔註89〕 陳信良：《印外求印──近現代篆刻創作發展考察研究》，第 103 頁，2005 年
6 月，國立臺灣藝術大學造形藝術研究所中國書畫組碩士論文。

〔註90〕 參考 林文彥：《認識書法藝術⑥ 篆刻》，第 41、42 頁，1997 年 4 月，國立臺
灣藝術教育館。

 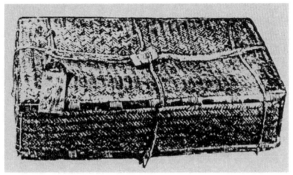

長沙馬王堆一號漢墓出土的〈軑侯家丞〉封泥匣及竹笥 《篆刻》42

〈登庸印信〉（《徐譜》60），款記：「迂翁鑒之，徐三庚仿漢印范于都門，丁丑八月。」爲辛穀五十二歲所作。封泥以秦漢爲大宗，由於原印是陰文（白文），鈐在泥上便成了陽文（朱文），又因爲鈐蓋當下的擠壓、以及時間長短的風乾、還有運送中的碰撞，加之年代久遠，自然剝蝕脫落致使邊緣殘缺破損，形成框邊異趣等許多因時因地或人爲的種種變數，使得封泥面貌自然極富天趣，如封泥〈周喜之印〉（《陶封》35・133）和〈勮陽丞印〉（《可齋》107・49）。

觀辛穀所作〈登庸印信〉，其篆法結構基本上是從漢印而來，值得注意的是，「登」、「庸」、「印」、「信」四字的線條斷續不工，邊欄殘破碎裂，以及左邊框有意識的凹陷，使得「印」、「信」兩字連了邊，顯然辛穀尚未著意於封泥周欄粗細變化之趣，但已把握住封泥因受擠壓而使邊欄與文字相黏的特色，也見識到辛穀爲取封泥的風韻特質，而調整以往慣用的刀法和字法，可見其師古的用心。

〈登庸印信〉
《徐譜》60

〈周喜之印〉
《陶封》35・133

〈勮陽丞印〉
《可齋》107・49

〈師亮長壽〉（《篆叢》29-169-6）此作無紀年亦無署款，從線質、章法、佈局等方面來看，推斷刻製年代應與〈登庸印信〉相去不遠，此印式爲朱文

漢印，亦或可稱為仿自封泥，粗細不等或曲或直的線條，自然地有如擠壓後的軟泥，有些線條甚至有「滲出」的現象之感，如「師」字的「帀」局部、「亮」字的轉折處、「長」字的上面一橫以及「連邊處」，還有「壽」字的「寸」旁都有作出封泥的神采，另外左粗右細的邊欄、有斷、有續、有破邊，經營地恰到好處。對於「邊欄」的經營，有可「擊邊」（敲碎）亦有不可擊者，需留心辨之，若故造破碎，則甚為突兀，過與不及皆不妥當。

〈師亮長壽〉
《篆叢》29-169-6

　　〈妙吉羊菴〉（《篆叢》29-171-6）亦無紀年無署款，同樣也是依朱文漢印或即取法封泥而發想的創作，但此作較前兩方保守一些（例如長橫畫較為平整、邊欄也無作擠壓之痕），刀法略參用浙派，再以自我的思維去作刻畫與調整，其取封泥之風神入作，經咀嚼消化，再作部分取捨，是創作的方法，也是可供學習的方向。

〈妙吉羊菴〉
《篆叢》29-171-6

　　〈頌侯〉（《篆叢》28-081-4），款記：「頌庚先生屬仿古斗檢封，褎海。」此印未紀年，由署款「褎海」推斷約為五十二歲之作。明・方以智〔註91〕在《印章考》中曾解說「斗封檢」的由來：

> 「古以泥封檢而印之，曰斗封檢。《周禮・司市》注：璽節章，如今斗檢封矣。疏曰：按漢法，斗檢封，其形方，上有檢封，其內有書，則周時印章上書其物識事而已。《說文》：檢，書署也。徐曰：書，函之蓋也。三刻其上，繩緘之，然後填泥題書而印之。《漢書》：金泥玉檢。《後漢・公孫瓚傳》：皂囊施檢後，用紙作粘，粘而印之，疏為省事〔註92〕。」

　　觀辛穀所作〈頌侯〉，印文兩字皆從小篆而來，結構疏密有致，線條婉轉清麗，與圖示斗檢封〈官律所平〉（《漢金377》）體格近方、線質略粗的漢篆，風味迴然不同。〈官律所平〉四字以田字格界開，而「頌」、「侯」二字中間亦有界格，可知辛穀應當僅仿其印式而已，其他部分則以自我想法去呈現。

〔註91〕　方以智（1611～1671），字密之，又字無可，號鹿起、墨歷、浮山愚者，安徽桐城人，明末清初思想家，博學多識，詩文書畫均負盛名，於篆刻亦精能。

〔註92〕　方以智：《印章考》，收錄在　韓天衡：《歷代印學論文選　上》，第152、153頁，1999年8月，西泠印社。

〈頌侯〉

《篆叢》

28-081-4

斗檢封

〈官律所平〉

〈鼓鑄爲職〉

《漢金》377

二、春秋金文王子申盞盂

〈子嘉〉（《篆叢》28-151-2），款記：「擬周王子申殘皿盍篆法，遂用曼老運刀，金罍記。」是印乃仿「周王子申殘皿盍篆法」，按考爲春秋時期青銅器〈王子申盞盂〉。（參見下方圖示）

〈子嘉〉《篆叢》28-151-2

圖9：〈王子申盞〉蓋及盞内銘文，《兩罍軒彝器圖釋》著錄。

〈王子申盞〉

圖片來源：《海峽兩岸春秋鄭公大墓青銅器學術研討會論文集》，2001年8月，台北，國立歷史博物館。

「嘉」《小校》1800

圖片來源：清·劉體智　主編：《小校經閣金文拓本》18卷，1935年，臺灣大通書局印行。

〈子嘉〉中的「嘉」字，辛穀借鑒青銅器〈王子申盞盂〉內的銘文，並將結體稍作改變，例如「嘉」字中間的橫畫往左邊伸展，使與左邊欄連邊，恰形成「S」形姿態，將印面略分爲二，使原本方形的印式，多了活潑的動勢。另外「子」字並未採用一般小篆結體，而改以金文篆形「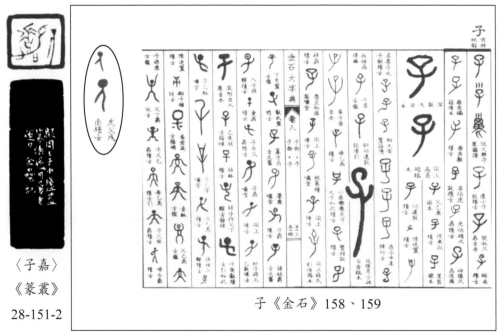」入印，上方改以倒三角形設計，三個角尖恰與「嘉」字的尖起尖收的線質相呼應，「子」字的連邊，讓印面更加穩定。

〈子嘉〉
《篆叢》
28-151-2

子《金石》158、159

辛穀在邊款自述：「遂用曼老運刀」，魏錫曾與陳豫鍾曾先後推崇曼老（陳鴻壽、陳曼生）的刀法與篆刻，辛穀亦心慕其中，故在款文中道出，並實踐在印作上。陳鴻壽擅長以爽利又縱恣沉雄的刀法運刀（參考〈西泠釣徒〉《明清》161），辛穀仿其刀法並揣其神韻，「子」、「嘉」二字的線質，流暢中又帶澀進，展現筆勁與力道。

〈西泠釣徒〉
陳鴻壽 刻
《明清》161

三、漢碑額

東漢碑刻通常冠有題額，有用篆書也有用隸書的。在日常文書字體逐漸演進成八分隸書以後，篆書在璽印等金石刻鑄職工群中仍傳承應用，成爲純飾用文字，在文字造形與線質表現亦呈現多樣化異趣，在襲仿與獨創的統合

中展現出漢人豐厚的造形表現〔註93〕。徐三庚所刻朱文大印〈禹寸陶分〉（《篆叢》28-135-1），款記：「上虞徐三庚仿漢碑額，為梓楣老仁兄作于森寶書樓，時辛未秋九月戊子朔。」為辛穀四十六歲時所作，是目前其有紀年中所見最早署明「仿漢碑額」的印例。

〈禹寸陶分〉《篆叢》28-135-1

　　款文中未詳載仿自哪個漢碑額，茲就「漢碑篆額的書風」考察以及將與辛穀所作〈禹寸陶分〉交相比較對照，發現其所謂的「仿漢碑額」不只仿於一種，初步研判是出於印象式的統合參用，辛穀應當是取資於〈尹宙碑額〉的線形，另參用〈西嶽華山廟碑額〉以及〈韓仁銘碑額〉部分的婉轉筆調，再與自我「緊其密，展其疏」的結體融會於一爐，因而造就了此印作。

　　刻於東漢熹平六年（177）的〈尹宙碑額〉原額題為〈漢故豫州從事尹君之銘〉，篆書二行十字，出土時僅存「從」、「銘」二字。另外「從」、「銘」二字也較諸碑稍大，篆法使轉靈活，線條華美飛動，下垂處有如懸針擺盪。依圖示〈尹宙碑額〉和辛穀所作〈禹寸陶分〉的「起筆」和「線形」對照表中所見，〈禹寸陶分〉的起筆有一小段露鋒，帶點側鋒再折按，如同毛筆書寫的筆意，對照〈尹宙碑額〉的起筆，頗為近似。而「線形」

「從銘」〈尹宙碑額〉
《書藝‧秦漢》138

〔註93〕引自　林進忠：《認識書法藝術①篆書》，第107頁，1997年4月，國立臺灣藝術教育館。

方面，〈禹寸陶分〉有許多垂曳的筆畫，和〈尹宙碑額〉中「從」、「銘」懸針
筆畫的神采類似，都是中段肥碩，尾部尖收，線條表情極為豐富。

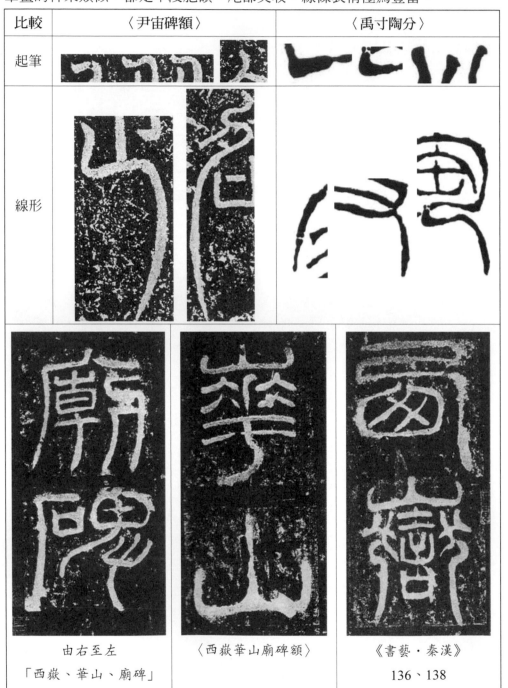

比較	〈尹宙碑額〉	〈禹寸陶分〉
起筆		
線形		
	由右至左 「西嶽、華山、廟碑」	〈西嶽華山廟碑額〉	《書藝‧秦漢》 136、138

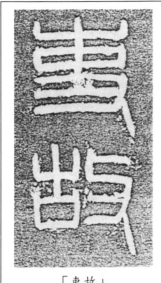

「吏故」

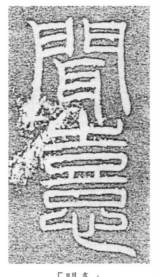

「聞熹」

「長韓」

〈韓仁銘〉（局部）

　　刻於東漢延熹八年（165）的〈西嶽華山廟碑〉，原在陝西華陰華岳廟內，相傳於明嘉靖 34 年（1555）毀於地震，僅有宋拓數本流傳。額題爲「西嶽華山廟碑」，篆書二行六字，其點畫流暢，結體勻稱，既有〈孔宙碑額〉端莊流麗的神采，又有〈韓仁銘碑額〉篆法清秀的美感，是漢碑額中的佳品；刻於東漢熹平四年（175）的〈韓仁銘碑額〉，額題爲「漢循吏故聞熹長韓仁銘」，篆書二行十字，篆法清勁秀逸，寫意極濃，有繆篆「方」的神韻，實又寓方爲圓，筆畫線條疏密得當，流暢婉通，既舒和又典麗，亦是眾多漢碑額中的逸品。

　　辛穀所刻〈禹寸陶分〉中「禹」、「寸」、以及「陶」字「阝」的寫法，都有婉轉流麗的筆調，今局部截取〈西嶽華山碑額〉、〈韓仁銘碑額〉與〈禹寸陶分〉結構相似的部分，互相比對與分析，發現三者皆形方神圓，另又刻意將「口」旁，與眾多的橫畫，作「扁」形，意即將空白壓縮，平行疊置，使有端莊典雅的氣勢。

比較	〈西嶽華山碑額〉	〈韓仁銘碑額〉	〈禹寸陶分〉
線條的婉轉度			

〈頭陀再世將軍後身〉（《篆叢》28-137-1），款記：「金罍擬漢碑額篆于滬
罍漚寄室，壬申五月。」為辛穀四十七歲時所刻，自述：「擬漢碑額」，將此
作放大來析察，從線質與結構上來看，較近似於〈尹宙碑額〉的篆法，例如
上密下疏的結體，以及筆法的講究，最明顯的特徵就是懸針收筆的垂曳形象，
皆可窺見一二。

〈頭陀再世將軍後身〉
《篆叢》28-137-1

〈放懷楚水吳山外得意唐詩晉帖閒〉（《篆叢》29-033-1），款記：「金罍仿
漢碑額篆於甬東。」此作和上述〈禹寸陶分〉與〈頭陀再世將軍後身〉兩方
印明顯相異，如線條較為細勁，如鏽掉的鐵線般，另外就是大部分的起、收
筆沒有那麼尖頭，其收筆處較近似於〈孔宙碑額〉的線形，為中後段稍粗。
文字結體方面疑有合參〈韓仁銘碑額〉，再加入自我的篆法，可知辛穀取徑僅
求神似，不求形似。

〈放懷楚水吳山外得意唐詩晉帖閒〉
《篆叢》29-033-1

「泰山」
〈孔宙碑額〉（局部）
《書藝·秦漢》134》

〈韓仁銘〉（全）《書藝・秦漢》246

四、漢晉磚文

　　古甎（磚）文之著錄始於宋，洪氏《隸續》中收漢永平、建初等甎文，而不及瓦。清代以後，祕藏日出，瓦甎並重，乃有專輯之書。其專錄甎文者，始於道光時嚴福基之《嚴氏古甎存》，而以陸心源〔註94〕之《千甓亭古專圖釋》，端方〔註95〕之《陶齋藏甎》為最富。亦有二者並錄者，則以高鴻裁之《上匋室甎瓦文攈》為最精博〔註96〕。〈吉祥長壽〉（《篆叢》28-093-2），款記：「辛穀仿晉專文字。」為辛穀仿晉磚文字的作品。清代晚期大量金石圖籍的出版，種類之豐富，成為印人參考取材的資料，辛穀也從中獲取創作靈感。〈吉祥長壽〉以古磚文字入印，四字均於晉朝古磚中可見（參考《千甓》19・9・3、《千甓》19・8・1、《千甓》19・7・2），字法沒有太大改變，但文字結構上則秉持著中宮緊束，上密下疏的原則，如「吉」字中宮收緊，上面一豎往上出頭，中間一橫則向左右伸展；「祥」字則採上面緊密，下方疏朗的結體；「長」字幾乎是密處，惟一的「散」在「捺」畫，此「捺」背部拱起，和「壽」字的長弧鈎互相呼應；「壽」字的筆畫結構也是較古磚上的文字來的緊湊。〈吉祥長壽〉四字布局有屈有伸，有俯有仰，有疏有密，各適其宜。另外，辛穀於線質的經營亦十分講究，其充分掌握住古磚文字斑剝的效果，故在線條細節處以及邊欄的局部，製造些許剝蝕感，頗得神韻。

〔註94〕 陸心源（1834～1894），字剛甫、剛父，號存齋，晚號潛園老人。齋堂為穰梨館、皕宋廔、千甓亭。著有：《金石錄補》、《千甓亭古專圖釋》、《穰梨館過眼錄》、《皕宋樓藏印》。

〔註95〕 端方（1861～1911），字午橋，號陶齋、匋齋。齋堂為逸休堂。著有：《陶齋藏器目》、《陶齋吉金錄》、《陶齋藏石記》、《匋齋藏印》。

〔註96〕 詳 朱劍心：《金石學》，第58頁，1995年7月，臺灣商務印書館股份有限公司。

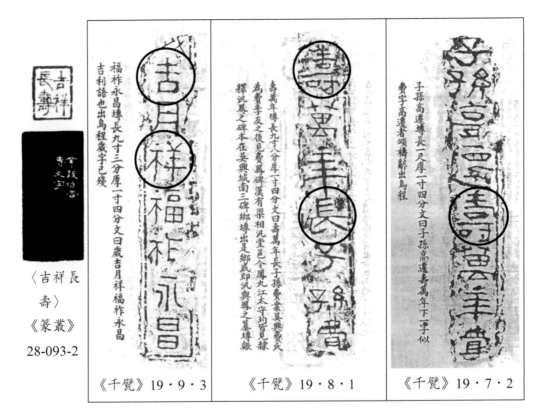

〈吉祥長
壽〉
《篆叢》
28-093-2

| 《千覽》19‧9‧3 | 《千覽》19‧8‧1 | 《千覽》19‧7‧2 |

五、瓦當

　　瓦當是中國古代大型建築物上一種建築附件，它既承接瓦緣，作保護檐端之用，又有美化建築之功能。瓦當的形狀有圓形和半圓形兩種，其文字內容大多為吉語，字體風格多樣，筆勢有圓轉亦有方折，其特點是文字結體隨勢而布〔註97〕，隨形而走。徐三庚的作品中就有取法瓦當文字入印的例子，如：〈樂〉（《篆叢》28-161-5）、〈徐〉（《篆叢》28-165-1）、〈延年〉（《篆叢》28-161-6）、〈東海〉（《篆叢》29-121-2）。

　　辛穀所作朱文印〈樂〉，其文字和形式皆從瓦當而來，「樂」字篆法可說和瓦當〈樂〉（《瓦紋》187）如出一轍，惟下方「木」字筆畫結構稍微靠攏，邊框略作不規則狀，其他幾近相同。

〔註97〕參考 符驥良：《篆刻技法入門》，第 136、137 頁，2008 年 1 月，上海書畫出版社。

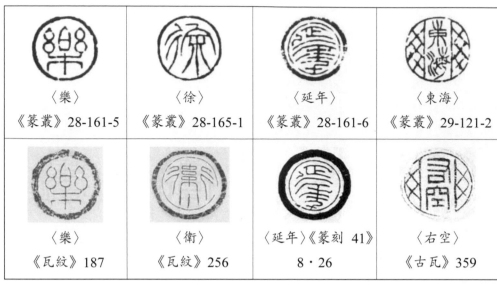

〈樂〉	〈徐〉	〈延年〉	〈東海〉
《篆叢》28-161-5	《篆叢》28-165-1	《篆叢》28-161-6	《篆叢》29-121-2
〈樂〉	〈衛〉	〈延年〉《篆刻 41》	〈右空〉
《瓦紋》187	《瓦紋》256	8・26	《古瓦》359

〈徐〉圓形朱文印，亦是採用瓦當「隨形布字」的特質而作，如「徐」字的「彳」部和瓦當〈衛〉（《瓦紋》256）的「彳」一樣隨勢而走，右偏旁的「余」亦是如此，文字結體則以自我篆法「中宮收緊，尾部舒展」，部分筆畫以「懸針」收筆，疑參用〈尹宙碑額〉和〈天發神讖碑〉的線形。

而〈延年〉和瓦當〈延年〉（《篆刻 41》8・26）無論是在形式、篆法，或是結構、布局上，可說幾乎一樣，但辛穀仍於細部作自覺性的改變，如線條的等距疊放，並適度地增長筆畫，使其乍看似文字又似圖騰，極具設計感，另外邊框還作了斑駁的效果，趣味十足。

另一方〈東海〉朱文印和其他三方不同之處在於其兩側多了雕刻鏤紋，此印作靈感係從瓦當〈右空〉（《篆刻 41》15・63）的形式樣貌而來，辛穀仿其樣式，再以自我文字篆法入印，而成創新之作。

六、鏡銘

〈周公不師孔子孔子亦不師周公〉（《篆叢》29-065-5），款記：「子知仁兄屬刻陳元方語，三庚擬竟文應之，時庚辰人日同客穗城。」此印於《中國篆刻叢刊》（小林斗盦 編：《徐三庚二 中國篆刻叢刊 第二九卷 清 23》，1984年 5 月 20 日，東京，二玄社出版。）所輯中未見邊款拓文，而於王北岳先生所藏《石璽齋藏徐三庚印拓》附七第三方，則錄有邊款。由款記中可知此作為辛穀五十五歲客居廣州（別稱穗城）時所製。辛穀於邊款自述：「擬竟文應

之」，按考竟文即「鏡〔註98〕銘文」，參考圖示〈長毋相忘鏡〉，對照辛穀所刻〈周公不師孔子孔子亦不師周公〉，以正圓形式作了十三字迴文印，爲了讓文字在印面空間適切得宜，印文「孔子」僅出現一次，又，「孔」字中的「子」和單字「子」有合文符，除了避免重複之外，布字上亦省去不少問題。另外，仔細端詳此印的章法布局，較近似於瓦當（參考《篆刻 41》14・57）的文字排列方式，圓形印布字本來就不容易，但辛穀毅然捨去文字間的「界線」，突破其形制，少了「界格」，字與字間挪讓與連繫的拿捏，都在考驗著創作者的美感思維和筆刀功夫。

〈周公不師孔子孔
子亦不師周公〉
《篆叢》29-065-5

〈長毋相忘鏡〉

釋文由上左下右爲：「與天無極 與地相長 驛（怡）樂如言
長毋相忘」
取自：孫慰祖、徐谷富：《秦漢金文匯編》，365 頁，1997
年 4 月，上海書店出版社。

　　〈周公不師孔子孔子亦不師周公〉的印文字形與小篆相近，但辛穀大部分還是按照自我的篆法在創作，由此可知，辛穀款記雖然自述訪自鏡銘文，但他並沒有盲目擬仿，另還參照了瓦當的布字形式，可見其在創作的過程當中，一直都在思考與取捨，其學習的變通思維，值得藝術創作者借鑒和參考。

〔註98〕　鏡即鑑也。《說文》云：「鏡，取景之器。」《玉篇》云：「鑑，鏡屬也。」後
　　　　人亦通用之。大率漢魏以上稱鏡，如「尚方作竟」之類；唐宋間稱鑑，如「靈
　　　　鑑」、「寶鑑」之類。昔周武王銘詞云：「以鏡自照見形容，以人自照見吉凶」
　　　　遂開鏡銘之始。朱劍心：《金石學》，第 165 頁，1962 年 6 月，臺灣商務印書
　　　　館股份有限公司。

瓦當《篆刻 41》14．57

　　〈安且吉兮〉(《篆叢》28-089-2)，款記：「嘉壽仁兄出示六朝竟拓本，屬提此四字製印，亦善頌之意也，時丁卯九夏，上虞徐三庚記。」為辛穀四十二歲所作，從邊款中可知此印為辛穀擬六朝鏡銘而作的，遵照意思擷取「安且吉兮」四字。據圖「南北朝方枚神獸紋鏡」所示，疑辛穀有可能看過如鏡面上的三方枚陽文印式的資料，取法田字格形式並以陽文作白文，字形略扁，而且結構緊密，留有多處紅地，線條尖起尖收，連邊處拿捏得當，邊欄的殘破使印面多了鏽蝕感。

〈安且吉兮〉
《篆叢》28-089-2

南北朝　方枚神獸紋鏡

三方枚均有陽線之銘文四字：「出門大吉」、「三岡巨龍」、「□□□□」(不明)。
圖片來源：《中國歷代銅鏡鑑賞》，143 頁，臺灣省立博物館 印行。(註：截取圖釋文為「三岡巨龍」)

　　清中葉以來地下出土文物日益豐富，文人匯集，考證金石資料的風氣漸盛，徐三庚善用資源，將其納入創作中的思維，是當代性的，應不容小覷。

七、三國吳天發神讖碑

　　〈天發神讖碑〉又名〈三段碑〉、〈天璽紀公碑〉，三國東吳天璽元年（西元二七六年）刻立於南京南方的嚴山，文字爲每字十公分左右大字，起筆重壓狀若鷹爪，折角方銳，豎筆曲勁尖出，可說在石刻文字中卓然別立獨樹一格，那種奇偉雄強的文字造形，即使被評爲「牛鬼蛇神」、「神秘莫名」都不足以適切傳述〔註99〕。徐三庚曾對此碑下過深刻的功夫，用筆亦多取法於此，自運書作與臨摹之作更是廣爲世人所知，書印互用相生。

〈惟庚寅吾以降〉
《篆叢》
28-007-2

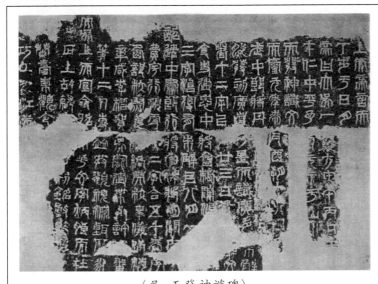

〈吳　天發神讖碑〉

圖片來源：伏見冲敬解說：《書跡名品叢刊》第一二配本，1959年5月，二玄社。

　　〈惟庚寅吾以降〉（《篆叢》28-007-2），款記：「擬皇象書，爲春疇仁兄鑒，上虞徐三庚記。」款文中所云「皇象書」即指「天發神讖碑」，此碑書者未悉何人，相傳爲皇象〔註100〕或蘇建〔註101〕，但皆爲臆測。辛穀對〈天發神讖碑〉

〔註99〕林進忠：《認識書法藝術① 篆書》，第111頁，1997年4月，國立臺灣藝術教育館。

〔註100〕皇象（生卒年不詳），字休明，三國吳時廣陵江都（江蘇揚州）人。官至侍中、青州刺史。精篆、隸、章草書，師法杜操，時人謂之「書聖」，又以其書與嚴武棋、曹石興畫等並稱「八絕」。著有書論《論草書》。

的熱衷與喜愛，反映在書印上，〈惟庚寅吾以降〔註102〕〉六字印文皆把握住〈天
發神讖碑〉篆法結體，隸書體勢的特色，「惟」字「忄」部與「隹」的豎畫，
筆力雄健，末端的尖垂筆隨著宛轉的弧度往右送去，形成外靜內動的氣息；
「庚」字則上方下圓，對稱的結體，上密下疏，沉著穩健的刀法，如利刃森
森，筆筆到位；「寅」字同樣也是上密下疏的結體，疏處可走馬，密處密不透
風，但仍掌握住方起方折，懸針收筆，不過辛穀在細微處仍稍作改變，例如
在長畫的中後段會偏鋒加粗，使線條既剛強又渾厚，「惟」、「以」都可明顯看
出此特質；「吾」字兩橫如錐畫沙，筆力雄強渾厚，第二橫與「降」字搭筆，
使字間有了連繫，而率意的收筆有如拼圖般恰與「庚」字左邊的凹處互補，
可見辛穀的空間規劃極為神妙；「降」字的「阝」部和對照圖中「陳」字的「阝」
部筆法與結體頗為相似，尤其是那串連在一起的「口」，以及崩落剝蝕的質感，
詮釋地恰如其分，另外，「降」字的捺畫，像是一把無柄的鐮刀佇立在地面上，
仿彿能感受到其力道與氣勢，而這一筆也起了穩定印面的作用，和「寅」字
中的左畫、「庚」字中的右畫彎向同一方，與「惟」字、「以」字的長豎畫，
以及「寅」字的右畫、「庚」字的左畫互相抗衡，整方印面的布局有「庚」字
的隸化豎筆，以及「降」字的懸針豎畫，使有柱子支撐了印面，其他的長弧
筆則多了活潑的動勢。

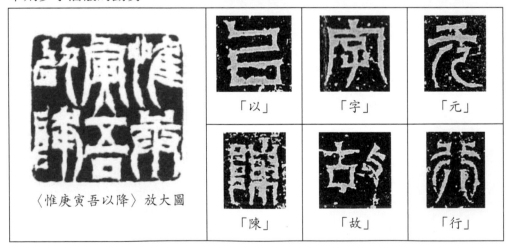

〈惟庚寅吾以降〉放大圖

「以」　「字」　「元」

「陳」　「故」　「行」

〔註101〕蘇建（生卒年不詳），三國吳時書法家，曾官至中郎將，傳《禪國山碑》為蘇
　　　　建所書，此碑又稱《封禪國山碑》，碑呈微圓形，篆書，四面環刻。傳說江
　　　　蘇宜興善卷洞曾於西周幽王時突然裂開，至吳天璽元年（276）其洞再次裂開，
　　　　吳帝孫皓假托祥瑞，封禪刻石，建立此碑。
〔註102〕語出《楚辭》卷第一《離騷經》。

〈天發神讖碑〉局部放大圖

　　〈心在山林〉（《篆叢》28-007-1），款記：「心在山林。蔡子春疇屬篆此印，其所感深矣。甲寅秋，虎林客徐三庚記。」爲辛穀二十九歲於浙江杭州所作。此印和〈惟庚寅吾以降〉一樣是爲蔡春疇所刻，文字篆法一樣是取自〈天發

神讖碑〉。印文「心在山林」中的「在」字和「山」字於〈天發神讖碑〉可見，從此朱文印的線質來析探，四字的起筆與收筆確實掌握了〈天發神讖碑〉切刀方折落筆（有如釘子頭）和方折收筆（如「在」字的「土」旁、「山」字的兩個「人」和橫畫），以及部分的懸針垂收（如「心」字的最後一筆、「在」字的豎畫、「林」字的右捺），線質方面，則可察覺辛穀爲摹此碑的神韻，講求沉著、斑駁、虛實線條質感的用心。辛穀所刻「在」字和〈天發神讖碑〉的「在」字結構不盡相同，他將「在」字的第三畫作了向右上斜的調整，使「土」旁得以在那斜畫下盡情發揮，除了將「土」字的二橫壓縮之外，又拉長豎畫，形成有疏有密的空間，此伸縮自如之法同樣也運用在「林」字身上，如雙木皆「引頸」長盼，右邊「木」字頸部的空間，正好讓給了「在」字那左弧筆；其他「心」字重心在上，「山」字方面辛穀選擇了「屾」的字形結構，和「心」字互補相輔相成。此方印還有令人玩味的地方，在於刻在邊款的白文「心在山林」，將它放大析賞，赫然發現此四字更加接近於〈天發神讖碑〉的風韻，如「山」字與「林」的結體，較印面上的朱文忠於原碑，而線質上的追求更爲傳神，有如原碑拓本的翻版，盡得神髓。

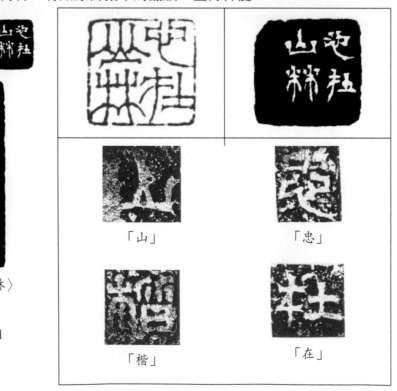

〈心在山林〉

《篆叢》

28-007-1

「山」　　　「忠」

「楷」　　　「在」

〈白門史致道仲庸父章〉（《篆叢》28-055-2），款記：「辛穀仿王象字，乙丑二月。」為辛穀四十歲所作。款識：「仿王象字」意即擬仿〈天發神讖碑〉。觀此印作，辛穀借鑑了〈天發神讖碑〉方起尖收，氣勢奇屬、雄峻等經典特徵。此朱文線條雖細，但將其放大來檢析欣賞，每一筆一畫都用心經營，切刀波磔起伏，刀痕清晰，生機勃發，變幻莫測。左右邊框纖細虛靈，不僅四周邊欄求得變化，也使承載著繁多筆畫的印面，得以疏朗透氣。

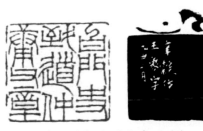

〈白門史致道仲庸父章〉

《篆叢》28-055-2

第三節　自我風格的開發與鍛造

清代著名的詩人、散文家袁枚（1716～1797）曾有兩句論詩的話：「後之人未有不學古人而能為詩者也。然而善學者，得魚忘筌；不善學者，刻舟求劍〔註103〕。」本著藝術創作相通的血緣關係，放眼望去，古今中外學而有成的藝術家，每一位皆「學必師古人」，並深入地「師其心」，再脫胎換骨成為自我。意即先從優秀的經典傳統中打基礎，再從穩固的基礎上出發尋求新靈感，累積與儲存新養料，進而創造出自己的藝術風貌。

一、以古為師博採期（四十二歲以前）

析察徐三庚四十二歲以前的作品（以有紀年為主），可以發現此時期的他已上探戰國、秦漢魏晉、宋元以至明清，再旁涉天發神讖碑、漢鏡文等以印外求印，青年時代的辛穀可謂廣收博取不主一家，面目多變，為他日後風格的養成奠定穩固的根基。

〔註103〕袁枚：《隨園詩話》卷二，第 49 頁，1982 年第二版，中華書局。

徐三庚二十八歲至四十二歲有紀年之作			
〈濬川〉28 歲	〈藍尗詩畫〉28 歲	〈懷讓草堂〉28 歲	〈風流不數杜分司〉29 歲
〈心在山林〉29 歲	〈吉祥雲室〉30 歲	〈悔存〉30 歲	〈竹報平安〉30 歲
〈瞿永瑞印·春晶〉33 歲	〈竹如意居〉33 歲	〈郝氏子豐珍藏書畫之章〉33 歲	〈小玉帶生居〉33 歲
〈字光甫行九〉33 歲	〈石董狐〉35 歲	〈海角畸人〉36 歲	〈無長物齋〉36 歲
〈王引孫印〉37 歲	〈上元孫文川伯澂甫珍藏金石書畫記〉37 歲	〈治安〉38 歲	〈譙國〉38 歲

〈張子祥六十以後
之作〉38 歲　　〈子安〉38 歲　　〈甘谿〉38 歲　　〈四餘讀書室〉38 歲

〈馨〉38 歲　　〈竹君畫記〉38 歲　　〈二十餘年成一夢
此身雖在堪驚〉38 歲　　〈陸長林印〉39 歲

〈吳江葉鏞印信〉40 歲　　〈季眉〉40 歲　　〈劉維墉印〉40 歲　　〈白門史致道仲庸
父章〉40 歲

〈志不在溫飽〉40 歲　　〈烏程費以群〉40 歲　　〈不足爲外人道〉40 歲　　〈謹誠〉40 歲

〈三碑鄉民〉40 歲　　〈尊罏秋思〉40 歲　　〈清河〉40 歲　　〈胡钁印信長壽〉40 歲

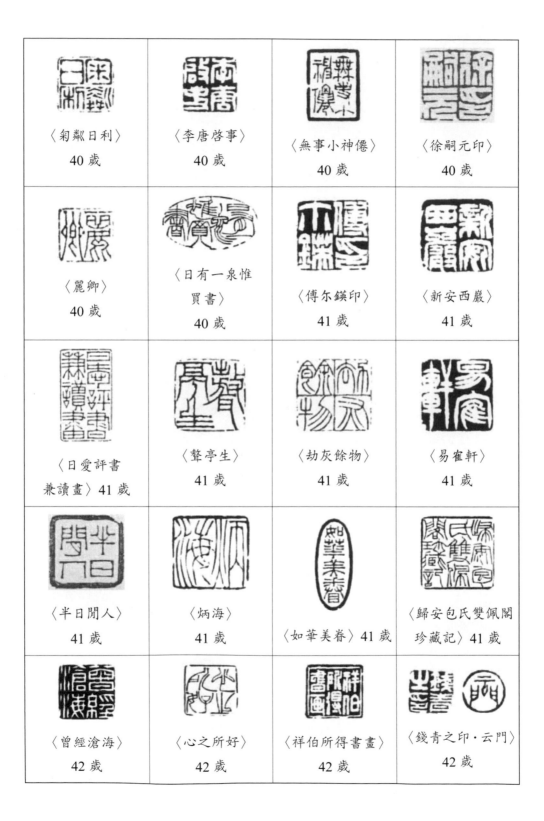

〈菊鄰日利〉 40 歲	〈李唐啓事〉 40 歲	〈無事小神僊〉 40 歲	〈徐嗣元印〉 40 歲
〈麗卿〉 40 歲	〈日有一泉惟 買書〉 40 歲	〈傅尔鍈印〉 41 歲	〈新安西巖〉 41 歲
〈日愛評書 兼讀畫〉41 歲	〈聲亭生〉 41 歲	〈劫灰餘物〉 41 歲	〈易雀軒〉 41 歲
〈半日閒人〉 41 歲	〈炳海〉 41 歲	〈如華美眷〉41 歲	〈歸安包氏雙佩閣 珍藏記〉41 歲
〈曾經滄海〉 42 歲	〈心之所好〉 42 歲	〈祥伯所得書畫〉 42 歲	〈錢青之印‧云門〉 42 歲

〈常欠讀書債〉 42 歲	〈安且吉兮〉 42 歲	〈上虞周泰〉 42 歲	〈潛谷〉42 歲

圖片來源：
● 小林斗盦：《徐三庚一 中國篆刻叢刊 第二八卷 清22》，1984 年 4 月 20 日，東京，二玄社。
● 童辰翊・孫慰祖：《徐三庚印譜》，1993 年 3 月，上海書店。
● 巴東 主編：《欣得印彙藏印》，2010 年 5 月，國立歷史博物館。

　　承如第二章述及，辛穀生平常爲書畫家刻印，因而結交了許多書畫印界的朋友，亦常相聚一起鑒賞談論書畫印作以及金石拓本，以致二、三十多歲的辛穀，藝壇界和金石收藏界之友已甚廣矣，這對於其創作以及眼界的開展助益良多，故辛穀早期作品印式多變，既有古典風味又善於變革，是相當有天賦的藝術家。觀辛穀此時期的印作類別：舉凡有仿戰國古璽形式，如二十八歲所刻的〈藍尗詩畫〉、四十歲所刻的〈謹誠〉；秦系璽印田字格的應用則有三十三歲所刻的〈竹如意居〉、三十六歲刻的〈無長物齋〉、三十七歲的〈王引孫印〉、四十一歲的〈劫灰餘物〉，另外還有日字格的半通印，如三十八歲的〈譙國〉、四十歲刻的〈清河〉，值得注意的是，辛穀雖是仿秦系印式，但他其實僅取部分參用，其它的字法結體、線質經營、開闔設計……等都將所學化合爲用，可知早期的辛穀已具備靈活的思維，參見圖〈竹如意居〉（《篆叢》28-011-1）所示，款記：「芝九五兄先生滬上風雅士也。戊午夏，余晨夕過從，相與討論，獲益不淺，頻行，出是索刻，遂爲奏刀，以誌它日相思之券。即希教我爲幸，上虞徐三庚弟辛穀甫。」從款文可知辛穀在上海遊歷之時，認識許多文人雅士，時常相與討論，辛穀亦自述「獲益不淺」， 不斷地吸收新知和謙遜勤奮地學習是辛穀創藝生涯中最大的優勢。

　　其三十三歲時所刻的〈竹如意居〉就是結合田字格式、戰國晉系闊邊、細朱文，以及融合浙派風格、沖切刀合用的最佳印例；而兩漢白文印式有二十八歲所作的〈濬川〉、三十歲所刻的〈竹報平安〉、四十歲所刻的〈吳江葉鏞印信〉、〈劉維墉印〉、〈三碑鄉民〉、〈蕈鱸秋思〉、〈胡钁印信長壽〉、〈李唐啓事〉、〈徐嗣元印〉以及四十一歲刻製的〈傅尓鍈印〉、〈新安西巖〉，朱文漢

印則有三十六歲的〈海角畸人〉、四十歲的〈菊縱日利〉，大體上以擬仿爲主，但於細部，誠如所見，辛穀仍不忘運用所學得的知識技能，以及自我想法的思辨，即「有所變，有所不變」，所以可以看到他所作的漢印幾乎隱含著新元素，但又不失其法度。

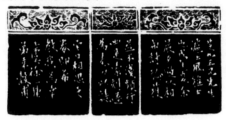

〈竹如意居〉《篆叢》28-011-1

如〈竹報平安〉，款記：「咸豐五年正七月辛穀。」此爲辛穀三十歲所刻，此粗白文印，字內結密，有時豎畫還緊迫相逼（如「竹」字的豎畫），線條碎切淺刻，如鑄鐵鍛打，形方神圓，印面邊緣狀似斷垣殘壁斑斕自然極富天趣。另一方〈三碑鄉民〉，款記：「穀士〔註104〕仁棣將歸岩谿，索刻是印，以爲它日之券云。乙丑夏六月十有四日，徐三庚時同客滬上。」爲辛穀四十歲時客居上海爲友人費以群所作，此印四字，兩密（「碑」和「鄉」）兩疏（「三」和「民」）對角相稱，「三」字和「民」字重心上提，留下大塊餘紅，整方印筆法舒暢，行刀灑脫，氣息靈動，有浙派風味。

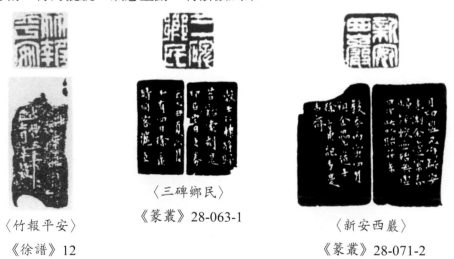

〈竹報平安〉

《徐譜》12

〈三碑鄉民〉

《篆叢》28-063-1

〈新安西巖〉

《篆叢》28-071-2

〔註104〕費以群（1844～?），烏程（今浙江紹興）人，費丹旭次子，字穀士、鵲侍、慰士，號三碑鄉民，工畫仕女。徐三庚爲其所刻〈三碑鄉民〉係因費氏將回去湖州岩溪，希望辛穀幫他刻個「三碑鄉民」，以作爲憑據之用。

　　〈新安西巖〉（《篆叢》28-071-2），款記：「月印盟兄自新安來浙，余適富春歸，評較畫，殆無虛日，作此以貽，並希教我，丙寅四月朔，金罍道士徐三庚記于復古齋。」爲辛穀四十一歲刻製，此作似模擬漢鑄白文，渾穆高古、氣勢汪洋，線條質感粗細有致，鋒芒畢露，浙鄧合參的刀法、字法，方中寓圓，印文編排上自然錯落，「西」字的扁體將空間讓出，使筆劃繁複的「巖」字得以拉長身軀，和「新」、「安」兩字和諧並置，大方得體，另外辛穀在印面上方刻意留一長紅，有如粗邊，使四字白文更顯得立體奪目。

　　本章第一節於「浙派的薰習」中已述及，辛穀因出身浙江，當時受「浙派」的直接影響並不足爲奇，所以此學習階段在刀法、字法、線質上，皆可看見許多浙派名家的影子，如先前析論的〈竹如意居〉、〈字光甫行九〉、〈石董狐〉、〈王引孫印〉、〈四餘讀書室〉，另外還有〈徐嗣元印〉和〈傅尒鍈印〉，最明顯的特色即爲短碎切刀法，以及「三角點」的學以致用。而到了三十八歲所刻的白文印〈治安〉，則帶有鄧石如的遺意，次年三十九歲所刻的〈陸長林印〉以及四十一歲刻製的〈易奮軒〉都是因析賞了完白印冊之後，受其薰染有感而發所作的。參見圖〈陸長林印〉，款記：「甲子嘉平月，丹翁有幕溪之行，作此誌別，並博一哂，徐三庚記。」是辛穀三十九歲時爲友人所刻，作爲臨別的贈禮。一般作白文印有「白文用漢，朱文用宋」的觀念，即刻白文用漢印平整方正之法，刻朱文則用宋元（圓）朱文之法，但鄧石如卻顛覆明代以來「白文用漢」的傳統，將宋元以來以小篆入朱文印的理念發展到白文印上面，遂以刀代筆，以石爲紙，開闢了一條創立個人篆刻風格的重要途徑：不是簡單的以書入印，而是「以我書入我印」〔註105〕。辛穀宗尙完白「印從書入」的藝術觀在第一節已論述，辛穀將個人書法結體、筆意（見附圖）移至印面，線條中段飽滿渾厚，兩頭稍尖，印面上的四字白文彷彿手寫般極富筆意，在線質表現上書和印如出一轍，可見辛穀在三十幾歲（早期）即已實踐「以我書入我印」的篆刻藝術觀。另外，此時期即已出現多加「折轉」的審美意識，見「印」字最後一筆，白文朱文皆能見得，可視爲辛穀的個人風格之一。

〔註105〕參考 韓天衡 主筆：《篆刻三百品》，第 191 頁，2009 年 8 月，上海書畫出版社。

〈陸長林印〉
《篆叢》
28-045-1

附圖　徐三庚篆書（局部）
取自《近代日本の書》

〈易雀軒〉
《篆叢》
28-077-2

　　〈易雀軒〉（《篆叢》28-077-2），款記：「利叔年丈之高祖竹坡先生，與張文漁徵士交，贈以二雀，徵士不欲，其來之易也，乞沈歸愚尚書撰募雀疏，并屬梁山舟學士書券，先生因作易雀軒，同治丙寅秋，三庚客虎林，利丈屬刻此印，以志先世逸事〔註106〕。」為辛穀四十一歲所作，此印線條和線質與上述白文印〈陸長林印〉基本上相去無幾，惟篆字結體較之更為緊密，而每一個字又都有其疏處，如「易」字緊其「日」與「勿」的三撇、「雀」字則將「宀」的兩側拉長，「佳」的豎畫即為其疏處，其餘皆緊密相依，「軒」字的

〔註106〕利叔年丈高祖竹坡先生，和張文漁徵士是好朋友，贈送兩隻鶴給張氏，但張文漁不希望如此 輕易地得到這兩隻鶴，於是請求沉歸愚尚書撰募雀疏，並請梁山舟學士書券，竹坡先生因此 將書齋命名為「易雀軒」，同治丙寅年秋日，三庚客居虎林，利叔年丈囑咐刻此印，以記錄這 則先世的軼聞趣事。

「車」部取字形較繁複的「」與「干」搭配，並於「田」處盡情地緊其密，而於豎畫又恣意地展其疏，偏旁「干」字亦是重心在上，下方疏闊。四十一歲左右的辛穀，所作白文印明顯與二、三十歲時的風格拉開距離，自我思維一點一滴的灌注在印面上，悄悄發軔與漸漸茁壯當中。

〈心之所好〉
《篆叢》
28-087-2

　　辛穀的朱文印則較白文印要早一點展露自我的想法，於二十九歲所刻的〈風流不數杜分司〉即可看出（參見本論文第 93 頁），四十歲所刻的〈日有一泉惟買書〉（參見本論文第 94 頁）也是異曲同工之妙，而到了四十二歲的〈心之所好〉（《篆叢》28-087-2），款記：「丁卯夏四月，徐三庚。」強烈的自我個性特質，在此表露無遺。四字印文，其線條無所不用其極地折轉、彎曲、壓縮，使之在方寸空間展頭露足，似乎在昭告天下「這就是我」的宣言。學者沙孟海先生曾於所著《印學史》「近代細朱文諸名家」的篇章中指出，辛穀的朱文成就在白文之上〔註107〕。

　　四十二歲以前的辛穀，作品面貌豐富且廣泛，創作量也較中晚期為多，尤以四十歲至四十二歲為創作的高峰，遂以「以古為師博採期」為題，表述此時期的創作表現，透過分析，可更進一步地整理歸納出四點辛穀此階段的心路歷程：

　　（1）從豐厚的傳統中取得資產

　　（2）累積觀念、經驗和技能

　　（3）依循傳統但不忘取捨

　　（4）自我培養、修煉與探求

〔註107〕沙孟海：《印學史》，第 172 頁，1987 年 6 月，西泠印社。

二、與古爲新轉化期（四十三歲至五十歲）

四十三歲至五十歲這個階段的辛穀，繼續與傳統爲伍和對話，值得學習與效法的是，他不僅保留傳統的內涵，同時還進行轉化以求創變，如在四十五歲時所刻的〈周氏伯安〉（《篆叢》28-115-1），款記：「是作神似漢人，伯安 [註108] 善鑒別，是然爲否。庚午二月，徐三庚記，爲然倒製。」款中自述：「是作神似漢人」，翻開傳世的漢印圖例資料，所見漢印線條的主流是以方爲主，但又具有彈性，即在不改變文字結構的前提下，線條形態所具有的可塑性。辛穀看準了這點，於是強化了漢印「外方神圓」的「圓」與「神」，這是他將識見轉化的成果。

〈周氏伯安〉

《篆叢》

28-115-1

〈顧壽藏印〉（《篆叢》28-151-1），款記：「子嘉仁兄屬仿漢人印。辛未秋，上虞徐三庚。」爲辛穀四十六歲時所刻，邊款記載顧壽藏（字子嘉）屬仿漢人印，但觀此印作可知，辛穀只取四字漢印的方正形式，其餘皆是學以致用，融會貫通的轉化。如從線質來看，辛穀參以〈天發神讖碑〉方折起筆，懸針收筆的特色，並運用浙派切刀徐進的方法，表現筆畫「屋漏痕」的意味，另外加入自我的想法，將滿白文的印式稍作改變，挪移筆畫之間的聚散關係，使疏可走馬，密不透風。唐・孫過庭於所著《書譜》云：「至如初學分布，但求平正；既知平正，務追險絕；既能險絕，復歸平正 [註109]。」篆刻創作亦是如此，如何轉化不失法度，追求險絕但不怪異，從辛穀的作品中可窺探出他企圖達到此境地的心情。

〔註108〕周泰（生卒年不詳），字伯安、伯盦，山陰（今浙江紹興）人，善山水，有名於時。丁卯（1867年）秋九月，徐三庚爲其刻正方連邊細朱文印。

〔註109〕華正人：《歷代書法論文選（上冊）》，第116頁，1997年4月，華正書局。

〈顧壽藏印〉

《篆叢》

28-151-1

徐三庚四十三歲至五十歲有紀年之作		
  〈孟蓮父〉43 歲	 〈阮靜山印・古香〉43 歲	 〈青愛廬〉43 歲
  〈成達章印・若泉〉 43 歲	 〈臣尔鏶印〉 44 歲	 〈慕堂〉 44 歲
  〈邵友濂印〉 44 歲	 〈周氏伯安〉 45 歲	 〈費以群印〉 45 歲

〈程良驥印〉
45 歲

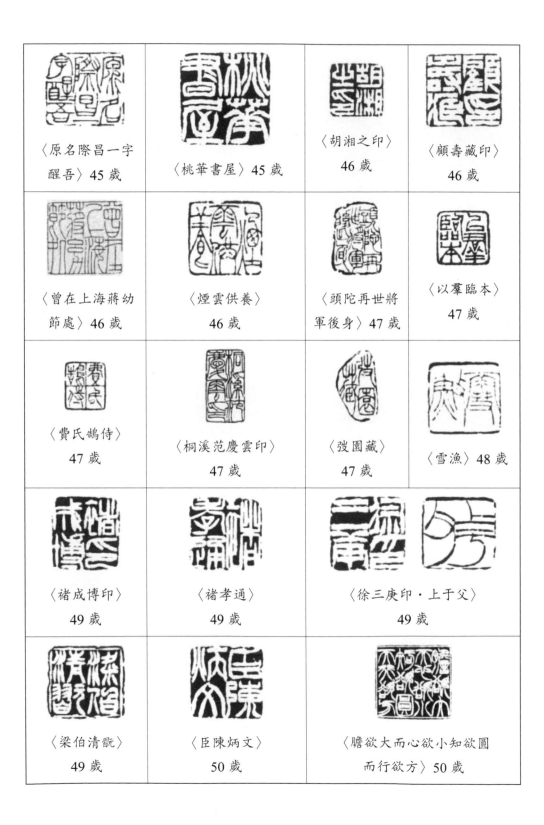

〈原名際昌一字醒吾〉45 歲	〈桃華書屋〉45 歲	〈胡湘之印〉46 歲	〈顧壽藏印〉46 歲
〈曾在上海蔣幼節處〉46 歲	〈煙雲供養〉46 歲	〈頭陀再世將軍後身〉47 歲	〈以羣臨本〉47 歲
〈費氏鵠侍〉47 歲	〈桐溪范慶雲印〉47 歲	〈發園藏〉47 歲	〈雪漁〉48 歲
〈褚成博印〉49 歲	〈褚孝通〉49 歲	〈徐三庚印・上于父〉49 歲	
〈梁伯清翫〉49 歲	〈臣陳炳文〉50 歲	〈膽欲大而心欲小知欲圓而行欲方〉50 歲	

〈臣鍾毓印・雪媵〉50 歲　　　　　　　〈禹寸陶分〉46 歲

圖片來源：
● 小林斗盦：《徐三庚一　中國篆刻叢刊　第二八卷　清 22》，1984 年 4 月 20 日，東京，二玄社。
● 小林斗盦：《徐三庚二　中國篆刻叢刊　第二九卷　清 23》，1984 年 5 月 20 日，東京，二玄社。
● 童辰翊・孫慰祖：《徐三庚印譜》，1993 年 3 月，上海書店。

〈桃華書屋〉
《篆叢》28-125-1

　　〈桃華書屋〉（《篆叢》28-125-1），款記：「庚午十月，爲壽仙弟，三庚。」爲辛穀四十五歲時所作。此印的尺寸比以往都來的大，盛年時期的辛穀常作大印，然大印布字不易，辛穀卻能在自我的小篆書體基礎上，取法〈天發神讖碑〉的切筆篆勢特質，如作小字一樣鋒勢備全，從「桃」字「木」部的橫畫切筆入篆，方中帶圓，「華」字的「艸」字頭和「書」字中的兩斜長點，皆可看到起始切筆的筆意，並以中收外疏、跌宕婀娜的自我書風化合，採用沖切並舉的刀法，使渾厚樸實的線質中同時又帶點澀進，由於聚散分明的線條

結構佈局，印面上構成了巧妙的分朱布白，如箭頭所示的紅色塊面，似乎等分似的分隔兩地遙相呼應，符合了「均衡」、「和諧」美的形式原理，形成了辛穀獨特的白文印風。

〈徐三庚印・上于父〉

兩面印

《篆叢》29-003-1

〈徐三庚・上于父〉兩面印（《篆叢》29-003-1），款記：「歸築室西莊，山下匠石麻列，雅道中輟，來甬上索書者坌至，檢匜中印不得，與褚叔寅過陳香畦裹米室，亂石碨磊攜此石回，時冰日射窗，心手交適，蔡劍白、唐勛伯慫恿奏刀，石聲犖犖，晡時畢，晠諸君，僉謂突入漢人堂室，此石得坿不朽，山中奇石不可勝計，吾與諸君獨賞是石，可咲也。同治甲戌至日，金罍自識。」此爲辛穀四十九歲時所刻的自用印，邊款記述客居寧波時求取書作的人聚集很多，檢視匜中卻找不到印章可用，拜訪了友人後帶回此印石，當時心手舒暢，友人們鼓勵奏刀，刻畢後又一同欣賞等的趣聞記事。

在此兩面自用印中，可以看見辛穀的白文印和朱文印已更臻成熟灑脫，如白文印〈徐三庚印〉的形式觀念係從漢印而來，但打破滿白文的布字規律，將「三」字的上面二橫往上逼邊，和第三橫產生了「紅」溝，亦正好與「庚」字和「印」字中的留紅互相生輝，而白文以切沖刀並進而行，爽勁生辣，刀口痕跡一任自然，恰到好處的留紅，襯托出白文的蒼茫氣度；朱文印〈上于父〉三個字由直線、斜線和弧線所構成，設計意味濃厚，但由於辛穀深諳書法，線條質感如同書寫般耐人尋味，如「上」、「于」二字的橫畫，起筆後中間微微往下彎再行收筆，「父」字的第一畫採用「回鋒」，而其餘兩斜弧線則由「中鋒」轉「側鋒」，再以「出鋒」收筆，印面中的三條弧線姿態靈動，辛

縠以筆法入刀法，使印面飄逸而不失端重，秀妍而不致流滑。

〈臣鍾毓印・雪膆〉（《篆叢》29-035-1），款記：「雪膆仁兄鑒，乙亥嘉平月，徐三庚作面面印于春申浦。」為辛縠五十歲時所刻。

〈臣鍾毓印・雪膆〉《篆叢》29-035-1

此兩面印的朱文和白文亦可堪稱為此時期的代表作，辛縠亦更加地確定自己所要走的路子。除了從古典傳統中打下穩固的基礎外，三十八歲那一年得以觀完白印冊後，從此受其「以書入印，印從書出」的觀念影響深遠，是方印的創作即是在此觀念中再演化出屬於自我的面目以及獨特的藝術觀。

辛縠此白文印〈臣鍾毓印〉和下方圖示鄧石如所刻〈金石刻畫臣能為〉的線條質感係一脈相承，每一筆一畫在穩定中求變化，橫畫粗壯渾厚、濃潤而飽滿，豎畫相較之下略細，其它的斜線、弧線、曲線則隨著字形而走勢，如「毓」字中「母」的倒 S 曲筆，轉折處似毛筆書寫般反射性地變細，使線條流轉生動，而「毓」字右下方那三畫動態一致的曲筆猶如水波，活絡了整個印面。文字結體疏密交替，產生韻律之美，如「臣」字和完白的「臣」一樣，將中間的長方口壓扁，使上下部留下大塊紅地，整個字如同紅白門窗頗具趣味，另外，辛縠習把「印」字上方的「爪」旁三畫緊密靠攏，流暢的筆意，顯見其刀工了得。

朱文印〈雪膆〉，從第一筆橫畫就展現了辛縠的書法功力與內涵，逆鋒行筆、略頓，提筆中鋒，逐步頓挫而行，收筆處略按，輕提空收，有習書經驗的同好一定對此運筆節奏不陌生。而整方印最引人注目的地方，要屬「對稱」形式原理的運用，如「雪」字的「雨」左右各兩點對稱並列兩側，「彗」字上端呈 V 形托住上方的「雨」；「膆」字亦然，不言自明。

鄧石如〈金石刻畫臣能爲〉取自《書譜》第八十九期

〈膽欲大而心欲小知欲圓而行欲方〉(《篆叢》29-031-1)，款記：「光緒紀元乙亥中秋，上虞徐三庚。」爲辛穀五十歲所作。

〈膽欲大而心欲小知欲圓而行欲方〉《篆叢》29-031-1

　　印文一語似乎點出了其治印的創作理念或處事的態度思維，意即任事要勇敢，思慮應周密，不能偏頗。在治印方面，此時期的辛穀大膽地從古典傳統中脫出，蛻變成屬於自己的個人風貌，盛年的他拋開一切束縛，恣意地展現文字的萬種風情，筆、墨、刀法的先備知能與技能在方寸之間展露無遺，全印基本以「中鋒」、「偏鋒」行筆爲主，橫畫略粗以穩定畫面是辛穀的一貫作風，並利用弧筆曲線以產生節奏韻律，墨隨筆走，提按控制得宜，側妍之中不失雄強大方之氣。如此極富強烈個人風格與裝飾意味濃厚的印風，深深地影響了日本篆刻家初世中村蘭臺中年時期的作品〔註110〕。

　　從早期（四十二歲以前）到中期（四十三歲至五十歲），辛穀不斷地吸收、容納、分離、組合再變通，由古典璽印中、浙派諸家裡轉而學習鄧派的過程，善於借鑒，又勇於創新，終於鍛造出屬於自家的新格局。

〔註110〕參考本論文「第五章 徐三庚的成就和影響——結論」第212頁。

三、別開生面自我成熟期（五十一歲至六十歲以上）

清・周應愿〔註111〕《印說》〈變化〉章云：

> 「大凡擬議，便是揀辯古今是非；變化，便是揩磨自己明白。明得
> 自己，不明古今，工夫未到，田地未穩；明得古今，不明自己，關
> 鍵不透，眼目不明。要知古今即是自己，自己即是古今，才會變化。
> 〔註112〕」

周公謹以辯證的思維看待古今和自己，繼承和創新，著力點乃在於「變」，即「入古出新」的觀點。他還首開「印品」之先例，於〈大綱〉章中寫道：

> 「文有法，印亦有法；畫有品，印亦有品，得其法，斯得其品。……
> 法由我出，不由法出，信手拈來，頭頭是道，如飛天仙人，偶游下
> 界者，逸品也。體備諸法，錯綜變化，莫可端倪，如生龍活虎，捉
> 摸不定者，神品也。非法不行，奇正迭運，斐然成文，如萬花春谷，
> 燦爛奪目者，妙品也。去短集長，力追古法，自足專家，如范金琢
> 玉，各成良器者，能品也。〔註113〕」

以周氏「印品」的品評標準來觀賞辛穀中晚期的成熟之作，從繼承傳統中再行創變，其作品如周氏所云「法由我出」、「信手拈來，頭頭是道」、「體備諸法，錯綜變化」、「生龍活虎，捉摸不定」，為了鍛造個人風格，辛穀從各種刀法中凝鍊出和自體小篆搭配融洽的切、削、沖、鑿…等諸法合用，使線質面面精到，其又在印面布局上展現動靜之美，「奇正迭運」讓人目不暇給。在此時期，辛穀完全地展示了一個鮮明的「自我」。

徐三庚五十一歲至六十歲以上有紀年之作			
〈子寬〉52 歲	〈梅生〉52 歲	〈黃建笇印〉52 歲	〈楊文瑩印〉52 歲

〔註111〕周應愿（1544±15/生年不確），字公瑾、公謹，吳江（今屬江蘇吳江）爛溪
　　　　人。所著《印說》高度 總結了篆刻藝術的創作理念。
〔註112〕引自 黃惇：《中國古代印論史》，第 51 頁，1994 年 6 月，上海書畫出版社。
〔註113〕引自 黃惇：《中國古代印論史》，第 49、50 頁，1994 年 6 月，上海書畫出版
　　　　社。

〈登庸印信〉
52 歲

〈骳骳〉
52 歲

〈長州謝榛日利〉
53 歲

〈槱湄〉
53 歲

〈徐三庚印〉〈褎海〉53 歲

〈蒲華印〉
54 歲

〈光煜長樂〉
56 歲

〈庚辰翰林〉
56 歲

〈秀水蒲華作英〉56 歲

〈褚成博印〉
56 歲

〈尋常百姓家主人〉56 歲

〈震澤徐氏藜光閣所藏書畫〉57 歲

〈不繫舟〉
58 歲

〈臣郭傳璞〉
58 歲

〈磨兜鞬〉
58 歲

〈海秋〉59 歲

〈下官賣字自給〉
60 歲

〈蓮葉硯齋〉60 歲

〈千泉一尺室〉
60 歲

〈兆季長壽〉61 歲

〈秋山純印〉62 歲

〈儉爲〉62 歲

〈龔心釗印〉
63 歲

〈懷熙〉
63 歲

〈仲勉選藏津品〉
64 歲

〈泉爲龔釗所得〉
64 歲

圖片來源：
● 小林斗盦：《徐三庚二 中國篆刻叢刊 第二九卷 清23》，1984 年 5 月 20 日，東京，二玄社。
● 童辰翊・孫慰祖：《徐三庚印譜》，1993 年 3 月，上海書店。
● 童衍方：《藝苑清賞——晏方品珍》，2006 年 5 月，上海書店出版社。

〈子寬〉（《篆叢》29-037-2），款記：「光緒丁丑春王月，坐似魚室對梅作此。時將之都門，疊記。」爲辛穀五十二歲之作。

〈子寬〉
《篆叢》
29-037-2

〈梅生〉
《篆叢》
29-039-2

　　朱文印〈子寬〉兩字完全以小篆入印，並以自我書風布字，線條有虛有實，在辛穀晚期較粗的朱文印中常出現虛實相生的線質表現，「子」、「寬」兩字穿插相依，既互相連繫，又互相謙讓，結體方面文字重心仍然偏中上部，下部則疏朗，「寬」字「宀」部上的小點雖無連邊但同樣和「寬」字下方「儿」的右畫起了穩定印面的作用。邊欄上粗下細，又殘破斷裂，使氣韻循環不已。

　　〈梅生〉（《篆叢》29-039-2），款記：「丁丑春王月，作于似魚室，時將之都門，褒海。」為辛穀五十二歲所刻。初看此印，第一眼即會被那「梅」字上方如刀叉狀的線條造形，以及「木」字與「每」字下方如長腿般的豎畫、弧線，還有「生」字上方如花束般的長畫給吸引，此印極具圖案裝飾之美。在視覺藝術領域裡，例如繪畫，有人喜歡在構圖上展現個人風格，像是對稱式構圖、垂直線構圖、斜線構圖、三角形構圖、S形構圖、十字構圖……等；而有的人則會在色調上營造個人的獨特氛圍，因為喜愛而慣用，久而久之即成了辨識個人的標誌。辛穀則是從文字章法上以「展頭伸腳」、「疏密分明」等特質，建立屬於個人的符號。

　　〈觥觥〉（《徐譜》60-1），款記：「蕢浹屬徐三庚作，丁丑九月望。」為辛穀五十二歲所刻。

〈長州謝榛日利〉

《蘭臺》42-153

〈觥觥〉《徐譜》60-1

　　〈觥觥〉此類的朱文印作，是辛穀最爲擅長的細朱文作品，亦是成熟時期的代表面目，承上述所分析的「展頭伸腳」、「疏密分明」等特色之外，辛穀還喜愛將小篆結體的局部改造爲個人化的符號標誌，如「觥」字中「火」類似「火」字的造形，前文所析賞五十歲所刻製的〈臣鍾毓印・雪塍〉兩面印，其中朱文印〈雪塍〉〔註114〕即有此例，其它印作中亦常出現，不僅如此，有時還書印合參，體現在書法作品中。

　　〈長州謝榛日利〉（《蘭臺》〔註115〕42-153），款記：「皈龍契友索仿漢，上虞徐三庚客鄂渚記之，戊寅午月。」「大迂圓眞逸〔註116〕良藏。」爲辛穀五十三歲時所刻，全印最大的特色在於那眾多豎畫並列，爲破除平板以求變化，辛穀常以「併筆」法突出疏密、朱白對比，如「州」字那三點化作長點和三豎畫以不同層次依序排列，形成上密下疏的布局，疏處又和舒闊的「日」字相呼應，其它如「榛」字的「木」部和「利」字的「禾」旁亦都採用併筆形式，視覺效果強烈，印面上部的「長」字和「謝」字也不甘示弱，都有局部併筆和下部呼應，另外「利」字「刀」部的神來之筆，其任意垂下帶點慵懶的筆調，反而有畫龍點睛之妙。還有一處值得提的是，此印的留紅「上逼邊，下寬綽」，使印面不覺壅塞，每一個字皆各司其職，又互相依存。

〔註114〕詳　本節「二、與古爲新轉化期（四十三歲至五十歲）」第 139 頁。
〔註115〕《蘭臺》爲書籍《初世中村蘭臺展》之簡稱，收錄於此的徐三庚白文印〈長州謝榛日利〉，多了「大迂圓眞逸良藏」七字邊款，此印爲日本篆刻家圓山大迂所珍藏。
〔註116〕詳　本論文「第五章　徐三庚的成就和影響——結論」第 205 頁。

〈海鷗〉《篆叢》　　　　〈海鷗〉印頂文字「樂」

29-155-1　　　　　取自《印裡印外 下》

第 257 頁

　　〈海鷗〉（《篆叢》29-155-1），款識：「褎海。」此印未紀年，由署款「褎海」用期推斷，應為五十二歲以上之作，是印為學者孫慰祖先生所藏，據孫慰祖先生考察，〈海鷗〉為磚印，印頂尚存一篆書「樂」字陽文銘（參見上方圖示），可知係由漢磚剖解而成做為印材的〔註 117〕。印文純用自我的小篆結體，以書入印，筆畫線條有骨有肉，多為藏鋒起筆，垂露收筆，中段細而婉轉，如「海」字的「水」部、「鷗」字「鳥」部的長線條，其同樣也是採用「併筆」法布局，使疏密有致，而彎曲處則有大小不等的留紅，「區」字旁穩坐如山，有動中取靜之感。此印雖以磚刻成，線條表現可說無懈可擊，亦可謂點石成金穎異不凡。

　　五十三歲的辛穀在這一年為自己刻了兩方巨印，即白文〈徐三庚印〉（《篆叢》29-047-1）和朱文〈褎海〉（《篆叢》29-049-1）。

〈徐三庚印〉《篆叢》29-047-1

〔註 117〕孫慰祖、俞豐：《印裡印外──明清名家篆刻叢談（下）》，第 257 頁，2000 年 8 月，汶采有限公司。

　　對篆刻家來說，自用印的創作可以游刃恢恢，無拘無束，傾力爲之。〈徐三庚印〉款記：「似魚室主自製」，爲辛穀客居武昌時所作。此印篆法篆隸相參，如「徐」字中的「余」，從「人」和「示」，係從隸書中演化而來，經辛穀妙手變通，融會入印，成爲自我的特定用篆。是印用刀猛利，沖削並進，刀痕畢露，切刀兇狠而凝重，整體印風生辣剛健，而「徐」字「彳」部的圓弧之筆，和「印」字上方「爪」以及「庚」字上端的弧筆，互相呼應，緩和了急進切刀法所形成的視覺緊張和壓迫感。章法布局方面，「徐」、「庚」二字筆畫較「三」、「印」二字來的繁複，四字正好分別以對角線方式入座，絲毫不覺得失衡，「三」字的大塊留紅，除了平衡了筆畫不均的問題之外，又使畫面張力十足。

　　此印有浙派凌厲切刀波磔起伏之痕，又有鄧派富有筆意之跡，可說浙皖交融，自在天成，印格奇氣橫溢，氣勢恢宏，實爲辛穀此時期的經典之作。

　　朱文印〈褱海〉（《篆叢》29-049-1）款記：「戊寅七月，自製于鄂渚，似魚室主。」和上述白文印〈徐三庚印〉成對。

〈褱海〉《篆叢》29-049-1

　　此印以自我的小篆結體入印，「中宮緊束，上密下疏」，線條逆鋒起筆，起收不露鋒芒。印面二字幾乎以弧線構成，線條虛實相生，筆斷意連，斑蒼拙樸亦不失遒勁，粗寬斑駁的邊欄將兩字襯托地更爲挺拔，明‧沈野《印談》云：

> 「大印難於小印，大印之細文者尤難，字多者難，太少者尤難，全在力量。〔註118〕」

〔註118〕（明）沈野：《印談》，收錄在　韓天衡：《歷代印學論文選　上》，第69頁，1999年8月，西泠印社出版。

承如沈野所說，治大印的關鍵在於「力量」，常云：「人書俱老」，篆刻亦然，〈徐三庚印〉、〈褒海〉兩方印不僅於印文中體現了筆畫線條的力與美，辛穀更將多年來的創藝心血與內涵，鎔鑄其中，足以堪稱此時期的代表作。

〈秀水蒲華作英〉（《篆叢》29-103-1），款記：「辛巳葭月，褒海客滬上，將之里門，倚裝作此。」為辛穀五十六歲時為好友蒲華所刻。

〈秀水蒲華作英〉

《篆叢》29-103-1

此印印文以蒲華的字「秀水」和「作英」並列兩側，將筆畫較多的「蒲華」二字座落在印面中間，成了「中心繁複，兩側疏朗」的印文布局。全印融合了浙派的刀法，亦部分參用了浙派諸家線條經營的特色，如「水」、「蒲」、「華」的收筆處漸粗成「方收」，亦結合了鄧派的宛轉弧線，如「秀」、「水」、「華」、「作」、「英」等字，皆可看見辛穀學習的藝術軌跡。除了從前人的特長中取徑之外，最可貴之處在於辛穀懂得思考如何將已習得的技法、觀念、思維再進化演變為自己的面貌，如〈秀水蒲華作英〉是印中的「水」字和「蒲」字中的「水」部旁，係從吳讓之的「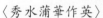」〔註119〕部寫法演變而來，可以看到辛穀將「水」字的結體更加地往中心緊縮，似下端的三豎從中心點發散出去，視覺張力十足，而這樣強烈的特殊的結體，也成了辨識辛穀作品的依據之一；另外印文中只要出現二橫或二橫以上的橫畫，辛穀幾乎會將其緊密靠攏，使二橫併筆成一組，如「蒲」字中「甫」的橫畫和「華」字中的二橫，皆採用此法，使印文結體疏密分明，設計意味濃厚，儼然又成為辛穀的創意手法之一。

〔註119〕出自吳讓之朱文印〈觀海者難為水〉中的「水」字。

〈尋常百姓家主人〉（《篆叢》
29-107-1）款記：「日本大迁子貽予印泥，
作是印報之。辛巳褒海記。」此印爲辛穀
五十六歲時刻與日本學子圓山大迁〔註
120〕以作爲受印泥之惠的回禮。辛穀成熟
時期朱文印最大的特徵即「自由地靈活運
用方寸空間」，觀此印文，字數排列由右至
左依序爲「二－二－三」，乍看三、五行，
實際僅三行，行與行之間穿插且相依，如

〈尋常百姓家
主人〉
《篆叢》
29-107-1

「尋」字下跨至「常」字彎曲處的缺口，又和「百」字緊緊相繫，而「百」
字略低，上方大片留白，和印面下方疏朗的空間相呼應，「姓」字中的「生」
旁展頭縮足，二橫併筆復見於此處和「主」字，「家」字中「豕」上端橫撇交
接處的團紅和「主」字的三角點，恰與多筆畫的「尋」、「常」二字抗衡。

　　〈震澤徐氏藜光閣所藏書畫〉（《篆叢》29-125-1），款記：「樂民主人儲藏
卷軸甚富，自顏其經廔曰藜光閣，壬午冬雨徠頤塘，出石索刻，眎其架，如
入嬋嬽，爰爲製記，似魚室主。」〔註121〕爲辛穀五十七歲時所刻。

〈震澤徐氏藜光閣所藏書畫〉　　　　《篆叢》29-125-1

　　二〇一一年二月二十五日至四月十七日期間，於國立歷史博物館「田黃
賦-」百方田黃珍藏展」中展出了此印，田黃石爲脫離石脈而獨立成塊，長期
埋於土壤中，色澤溫潤晶瑩，質地細密，其量少且精深受世人喜愛〔註122〕。〈震

〔註120〕參考本論文「第五章　徐三庚的成就和影響——結論」第 205、206 頁。
〔註121〕徐仲虎（樂民主人）收藏的書畫捲軸豐富，自己爲書齋題額爲「藜光閣」，壬
　　　　午冬天，雨天來西　安頤塘，拿印石來求印，看他書櫃上的藏書琳瑯滿目，於
　　　　是爲他製印並記，似魚室主人。
〔註122〕田黃石，向有細、結、溫、潤、潔、嫩、膩、凝、靈等九德美稱，又兼具「福」、
　　　　「壽」、「黃」等漢字吉祥涵義，亦是清皇室對田黃石鍾愛有加的緣由。

澤徐氏藜光閣所藏書畫〉刻在潔淨溫潤的田黃石上，
成熟穩健的刀痕盡現眼底，印文雖多，但辛穀刻來落
落大方，游刃有餘。此印字數排列由右至左依序爲「三
－四－四」，打破行列的界線，文字間錯落有致，絲毫
不凌亂。全印亦展現了所有屬於辛穀個人的風格特
質，如「二橫以上即併筆」、「水」字的「從中心發散」、
「火」字形的應用、「直曲相生」…等特色。左圖朱文
印〈萬里江山鴻爪偏一天風月馬蹄寬〉（《篆叢》
29-025-4）雖未紀年，但從上述的幾項獨具個性的特點
去析探，可以推斷應是辛穀中晚期成熟之作。

〈萬里江山鴻爪偏一
天風月馬蹄寬〉
《篆叢》
29-025-4

　　〈泉爲龔釗所得〉（《晏方》160），款記：「己丑花朝褒海作于春申浦，時
年六十有四。」辛穀六十四歲之作，收錄在童衍方編著的《藝苑清賞——晏
方品珍》一書中，此印爲該書作者所收藏，是辛穀傳世的篆刻作品中，目前
所見最晚期的。據童衍方的考察，辛穀治印頗爲勤奮，惟晚年作品甚少，故
有人認爲辛穀晚年目力已衰，難以治印。直到此印輾轉
至其手上，經過研究比對，確爲辛穀所作，據此，童衍
方認爲辛穀即使已屆齡六十幾歲，但仍持續刻印直至終
老，又依此細朱文小印來看，每一筆一畫皆不馬虎，仍
然細勁典雅，絲毫不若目力衰退者所爲。

　　辛穀從經典傳統中深入探求，不斷地修煉、轉化以
發掘自我，其創藝的過程積累著極其豐厚的養分基礎，
裡面的觀念、典範、技巧以及前人的經驗裡都是其學習
參考的憑藉，也是創造自我的資產，但他不被傳統所囿，
故終能自成面目。

〈泉爲龔釗所得〉
《晏方》160

第四章　徐三庚的書法

　　徐三庚傳世且較可靠的書法作品並不多，並散見於各類書篆書籍和眞僞相參的拍賣圖錄之中，目前發現有紀年最早爲四十一歲，所見之作幾乎是篆隸作品，對於前期風格的探究，資料仍顯不足。而學界針對他的書法評述大多僅以三言兩語即草草帶過，而且往往大同小異，亦未見有關他的書學理論或其他相關著作問世，故其作品中的跋文即爲較具可信度的研究依據。本章第一節主要以辛穀書法作品題跋中曾提及的鄧石如、還有取法金農漆書的自運之作，以及臨習參用〈郭有道碑〉、〈天發神讖碑〉、〈張猛龍碑〉……等作品與原碑文進行比對分析研究，希冀從中探尋其師法學習的對象與其擷取吸收的部分；第二節就辛穀代表性的自我書風作品，以及書印互用相生的實例提出探析。

第一節　師法學習初探

一、取法漢魏碑版

（一）〈郭林宗碑〉

　　〈郭林宗碑〉又名〈郭有道碑〉、〈郭泰碑〉，東漢建寧二年（169）正月所立，原石在山西介休，久佚。全文四六三字，有序有銘〔註1〕，蔡邕

〔註1〕　本篇風格雅麗，詞句鎔鑄經典而自然渾成，結構嚴謹，敘事賅要。無怪乎中郎（蔡邕）本人亦曰：「吾爲碑銘多矣，皆有慚德，唯郭有道無愧色耳。」不僅因爲郭泰德行高超，符合中郎碑文之讚譽：也爲本篇乃中郎碑傳文中藝術價值最高之一篇，誠可視爲其代表作。引自劉香蘭：《蔡邕及其碑傳文研究》，第3～33頁，1990年6月，國立政治大學中文研究所碩士論文。

〔註2〕所撰。漢碑多不署撰書姓名，惟郭有道碑蔡邕文著於史籍，但究爲誰書尙無明文〔註3〕。今重書本、重刻本有三：傅山本、鄭簠本、斧鑿本〔註4〕，傅山和鄭簠所書立於郭墓之側。

　　徐三庚〈臨郭林宗神道碑帖〉的款文記述：「予家藏舊搨郭有道神道碑，失於辛酉之變，不勝惋惜。茲日本弟子秋山儉爲屬橅二百九十七字，自謂頗得漢人神髓，而剛健婀娜之氣，未能出其模範，不識鑑者足爲然否。光緒十四年歲在戊子華朝，褒海徐三庚記。」此爲辛穀六十三歲時所作，文中所說的辛酉之變即「辛酉政變」，又稱「北京政變」，發生在咸豐十一年，農曆辛酉年（1861 年），當時辛穀三十六歲，可知其在早年即已收藏〈郭有道碑〉的搨本，並多次臨摹練習，而於六十三歲時，爲書與日本弟子秋山儉爲作爲臨習用，憑著當初深入專研的識見和練習的功夫，再度書寫，通篇氣韻流暢，顯然已將此碑消化殆盡，了然於心手。

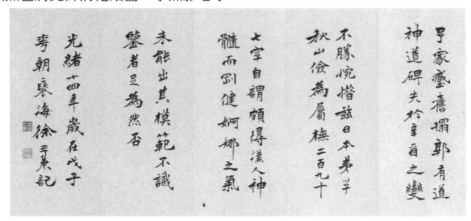

徐三庚〈臨郭林宗神道碑帖〉跋文

〔註2〕蔡邕（133～192），字伯喈，漢獻帝時曾拜左中郎將，故亦稱「蔡中郎」，陳留圉（今河南杞縣南）人。東漢文學家、書法家。通經史、音律、天文、善辭章，工篆隸，尤以隸書著稱，能總結前人用筆經驗，結構嚴整，點畫俯仰，體法百變，有「骨氣洞達，爽爽有神」的稱譽，在當時及後世影響頗大。

〔註3〕郭碑之文出於蔡邕，代無疑議，而是否出於蔡筆，則其說不一。引自何寶善：《漢郭有道碑考》，第 227 頁，1995 年 5 月，後守拙軒出版（再版）。

〔註4〕十六行本，行三十二字，在山東省濟寧小金石館。晚清翻刻，遍佈斧鑿與石花，碑賈以此充原 石拓本，玩家紛紛受騙，後因此石背面爲武氏祠畫像石，顯係晚清人作僞。碑文君諱「泰」刻作「太」與傳本有異。（按：《後漢書》作者南朝劉宋范曄爲避父諱，改「郭泰」爲「郭太」，故書寫「郭太」必在南朝以後通行）引自仲威《中國碑拓鑒別圖典》，第 78 頁，2010 年 5 月，文物出版社。

釋文：「予家藏舊搨郭有道神道碑，失於辛酉之變，不勝惋惜。茲日本弟子秋山儉爲屬橅二百九十七字，自謂頗得漢人神髓，而剛健婀娜之氣，未能出其模範，不識鑑者足爲然否。光緒十四年歲在戊子華朝，裘海徐三庚記。」

圖片來源：《徐三庚と日中の書法交流展圖錄》，35 頁，2011 年 1 月 11 日，謙愼書道會發行。

徐三庚〈臨郭林宗神道碑帖〉（局部）；

蒲華題記：「徐袖海橅漢碑。戊子二月，蒲華。」

釋文：「先生誕膺天裒，聰睿明哲，孝友溫恭，仁篤慈惠，夫其器量弘深，姿度廣大，浩浩焉，汪汪焉，奧乎不可測已，若乃砥節厲行，直道正辭，貞固足以幹事，隱括足以矯時，遂考覽六經，探綜圖緯，周流華夏，隨集帝學，收文武之將墜，拯微言之未絕，于時纓綏之徒，紳佩之士，望形表而景附，聆嘉聲而響和者，猶百川歸巨海，鱗介之宗龜龍也，爾乃潛隱衡門，收朋勤誨，童蒙賴焉，用祛其蔽，州郡聞德，虛己備禮，莫之能致，群公休之，遂辟司徒掾，又舉有道，皆以疾辭，將蹈鴻厓之退迹，紹巢許之絕軌，翔區外以舒翼，超天衢以高峙，稟命不融，享年四十有二，以建寧（二）年正月……。」

圖片來源：《徐三庚と日中の書法交流展圖錄》，30～35 頁，2011 年 1 月 11 日，謙慎書道會發行。

徐三庚〈臨郭林宗神道碑帖〉（局部）

〈郭林宗碑〉（局部）

　　辛穀所書〈臨郭林宗神道碑帖〉和上圖所示〈郭林宗碑〉（局部）相對照，其神貌與原碑已有本質的區別，因為辛穀溶注了自我的理解和情意，將〈郭林宗碑〉（以下簡稱〈郭碑〉）有粗有細的線條表現得更為分明，又將〈郭碑〉中一波三折的「橫畫」和「捺畫」詮釋得更為生動，並將一貫橫勢發展的〈郭碑〉隸書，改以有縮有放的多變姿態，辛穀借〈郭碑〉的基礎，再行發揮創意，未見過原碑的人，若先觀賞了辛穀此書之作，或許會以為是「徐家」隸書，倘真如此亦不足為奇。

　　此〈臨郭林宗神道碑帖〉隸書冊，經門下弟子秋山儉爲帶回日本之後，很快地傳播出去，受此書影響最巨者，當屬日本書法家西川春洞〔註5〕了。

（二）〈天發神讖碑〉

　　立碑於三國吳天璽元年（267）七月的〈天發神讖碑〉在宋時已斷爲三段（故有「三段碑〔註6〕」之稱），篆書，上段二十一行，行五字，「詔遺」一行六字，「大吳」一行七字，中段十七行，行七字，下段存十行，共存二百餘字。清嘉慶十年（1805）三月燬於火，搨本逐難得，北京故宮博物院有宋搨本。

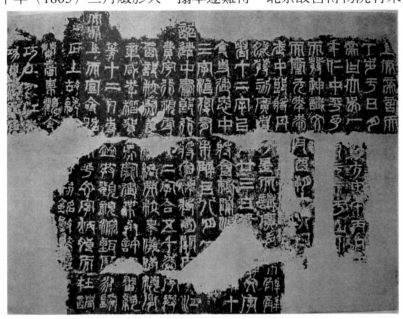

〈天發神讖碑〉

圖片來源：伏見冲敬解說：《書跡名品叢刊》第一二配本，1959年5月，二玄社。

　　此碑文字以怪誕離奇聞名，結體用篆法，字形取方，且多雜隸書體勢。宋・黃伯思《東觀餘論》：「若篆若隸，字勢雄偉。」清・楊賓《大瓢偶筆》：「王僧虔稱其沉著痛快；袁昂稱其如歌聲繞梁，琴人捨徽。今觀其筆法生澀險勁乃至如此，其不用挑法，挑撥平硬，非篆非隸，弇州指爲八分。」張叔未謂其：「雄奇變化，沉著痛快，如折古刀，如斷古釵，爲兩漢以來不可無一，不能有二之第一佳迹。」〔註7〕康有爲於《廣藝舟雙楫》亦評述此碑：「筆力

〔註5〕詳 本論文「第五章 徐三庚的成就和影響」第209頁。
〔註6〕參考本論文「第三章 徐三庚的篆刻」第119頁。
〔註7〕引自 劉正成：《中國書法鑑賞大辭典㊤》，第137頁，1989年，旺文出版社。

偉健冠古今」、「其偉驚世」、「篆隸之極」〔註8〕以上集評可說皆是對〈天發神讖碑〉的讚譽和推崇，可見此書雖今古雜會，若篆似隸，識者認爲其沉著痛快的筆法以及奇姿百態、方折盤旋的造形，給予後人多向度的審美啓示，並激其膽識，開其眼界。徐三庚不僅辛勤臨摹進而自運創作之外，還多次取資入印〔註9〕，他是從這裡獲取「變法」靈感的識者，並且亦是將它發揮地淋漓盡致的書篆家。

徐三庚〈臨天發神讖碑〉四屏。

釋文：「以秦月廿三日，遣（□□）解文字。令史建忠（中）郎將·會稽陳治（□□□），解十三字。治復有（□）未解。以八月（一）日（□□），詔遣中書郎行。大將軍·神將軍·關內侯·九江費宇行視，更得二解字。合五十秦字。宇與西部校尉姜（□羅）絡，典校皋儀，備（□），梅胤，章咸，李楷，賀（□），吳寵，建業丞許（□），尉番約等十二人，吏往竝共觀視深甄。歷（□）永歸大吳。節吳天璽紀功碑百十字。丁亥六月二十五日，客春申浦。摹似儉爲學弟清鑑，上虞罳嗁散人徐三庚褎海甫撝汗記之。」

圖片來源：小林斗盦 監修：《胡澍·徐三庚》，50、51頁，二玄社。

〔註 8〕 （清）康有爲：《廣藝舟雙楫》，收錄在華正人：《歷代書法論文選（下冊）》，1997年4月，華正書局。

〔註 9〕 參考本論文「第三章 徐三庚的篆刻」第119～124頁。

　　辛穀〈臨天發神讖碑〉將原碑文字的「方起方折」、「方圓並濟」、「懸針收筆」等用筆方法以及「方弧相參」的結構形式，表現得唯妙唯肖，可說盡得神髓。他從此處取得許多參考的資源，以及發現可再發揮的靈感：

　　1. 用筆—「方起方折，外方內圓」，遇到長畫則「隨勢彎曲」，或順勢而下，「化懸針爲飛白〔註10〕虛筆」。

方起方折，外方內圓				
徐三庚 臨	自	三	日	會
〈天發神讖碑〉				

隨勢彎曲				
徐三庚 臨		德	東	龍
〈天發神讖碑〉				

〔註10〕　（唐）張懷瓘《書斷》卷中云：「案飛白者，後漢左中郎將蔡邕所作也。王隱、王愔並云：飛白變楷制也。本是宮殿題署，勢既徑丈，字宜輕微不滿，名爲飛白。王僧虔云：飛白，八分之輕者。雖有此說，不言起由。案漢靈帝熹平年，詔蔡邕作〈聖皇篇〉。篇成，詣鴻都門上。時方修飾鴻都門，伯喈待詔門下，見役人以堊帚成字，心有悅焉，歸而爲飛白之書。」收錄在華正人：《歷代書法論文選（上冊）》，第 150 頁，1997 年 4 月，華正書局。普遍對「飛白」的認知則是以含墨量較少的筆（又稱渴筆、枯筆）或逆筆書寫造成筆毛與紙面摩擦時所產生的黑白相參不均的筆墨效果。

　　〈天發神讖碑〉多以「懸針」或狀似「薤」的尖尾收筆，辛穀將之轉化為「飛白」順勢而下，和粗而飽滿的橫畫虛實相應，饒富筆情墨趣。

化懸針為飛白虛筆			
徐三庚　臨	十	中	氜	儀
〈天發神讖碑〉	十	中	圓	儀

　　2. 結構——「上部方整，下部舒展」，「橫畫粗而緊密」。

上部方整下部舒展，橫畫粗而緊密			
徐三庚　臨	宇	房	寅	壽
〈天發神讖碑〉	宇	房	寅	壽

　　下方圖示為徐三庚〈臨天發神讖碑〉（局部），與〈天發神讖碑〉（局部）相較之圖，清楚可見辛穀加強橫畫成粗筆，遂使結構較原碑文字來得更為緊密，而許多長畫也盡情地彎曲展勢，姿態更為豐富。除了結構形式的獲取，筆墨內涵方面，辛穀仍不忘加入自我思想與情感，如「漲墨」與「枯筆」並用，「疾」、「澀」互見，又筆筆到位不假修飾。此作為辛穀六十二歲所書，足見其已至人書俱老的境界。

徐三庚〈臨天發神讖碑〉（局部）　　〈天發神讖碑〉（局部）

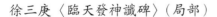

（三）〈張猛龍碑〉

　　〈張猛龍碑〉全稱〈魯郡太守張府君清頌碑〉，北魏正光三年（522）正月立。正書，清・王昶《金石萃編》載：「碑高八尺四寸，廣三尺七寸」。此碑爲北魏碑刻中的名品，清・楊守敬《學書邇言》：「整煉方折，碑陰則流宕奇特。」又於《平碑記》云：「書法瀟灑古淡，奇正相生，六代所以高出唐人

者以此。」〔註 11〕清・康有爲《廣藝舟雙楫》則云：「〈張猛龍碑〉結構爲書家之至，而短長俯仰，各隨其體。」又：「導源衛氏，而結構精絕，變化無端。」又：「〈張猛龍碑〉爲正體變態之宗。」又：「〈張猛龍碑〉如周公製禮，事事皆美善。」〔註 12〕康氏將其列爲「精品上」，又曾自述：「吾於行書取〈蘭亭〉，於正書取〈張猛龍〉，各極其變化也。〔註 13〕」由以上品評可知康有爲對此碑的極高評價。

碑額題「魏魯郡太守張府君清頌之碑」十二個大字（參見下頁〈張猛龍碑〉碑陽圖示），分作三行，其字純用方筆，稜角（當是刀痕）森然，結體險峻異常，高古雄肆。碑文筆畫起始如斷金切玉，又方、圓兼之，結體方面，沙孟海先生於《中國書法史圖錄》分期概說中，將北朝碑刻大致分爲「斜畫緊結」和「平畫寬結」兩個類型，〈張猛龍碑〉屬於前者，它隨字賦形，不拘囿於方正，往往將密處縮得極緊，又將某點畫伸得特長，在一縮一伸的空間裡，使密處更覺其密，便覺所伸之筆一往無前，可謂伸縮自如意氣縱橫，痛快淋漓。

〈張猛龍碑〉（局部）

圖片來源：季刊《書道ジャーナル》2002 冬 68 號（通卷三二一號）【特集 張猛龍碑】

〔註11〕 引自 劉正成：《中國書法鑑賞大辭典㊤》，第 254 頁，1989 年，旺文出版社。
〔註12〕 （清）康有爲：《廣藝舟雙楫》，收錄在華正人：《歷代書法論文選（下冊）》，1997 年 4 月，華正書局。
〔註13〕 （清）康有爲：《廣藝舟雙楫》，第 777 頁，收錄在華正人：《歷代書法論文選（下冊）》，1997 年 4 月，華正書局。

古代歷史文化 研究輯刊

二十編

王明蓀 主編

第 25 冊

徐三庚篆刻書法藝術研究

顏瑛慧 著

國家圖書館出版品預行編目資料

徐三庚篆刻書法藝術研究／顏瑛慧 著 — 初版 — 新北市：花
木蘭文化事業有限公司，2018〔民 107〕
目 4+304 面；19×26 公分
（古代歷史文化研究輯刊 二十編；第 25 冊）
ISBN 978-986-485-557-5（精裝）
1.（清）徐三庚 2. 篆刻家 3. 藝術評論
618   107012010

ISBN-978-986-485-557-5

9 789864 855575

古代歷史文化研究輯刊
二十編　第二五冊　　　　　ISBN：978-986-485-557-5

徐三庚篆刻書法藝術研究

作　　者　顏瑛慧
主　　編　王明蓀
總 編 輯　杜潔祥
副總編輯　楊嘉樂
編　　輯　許郁翎、王筑　美術編輯　陳逸婷
出　　版　花木蘭文化事業有限公司
發 行 人　高小娟
聯絡地址　235 新北市中和區中安街七二號十三樓
　　　　　電話：02-2923-1455／傳真：02-2923-1452
網　　址　http://www.huamulan.tw 信箱 hml810518@gmail.com
印　　刷　普羅文化出版廣告事業
初　　版　2018 年 9 月
全書字數　140223 字
定　　價　二十編 25 冊（精裝）台幣 66,000 元
版權所有・請勿翻印

徐三庚篆刻書法藝術研究

顏瑛慧 著

作者簡介

顏瑛慧簡歷

學歷：

國立臺灣藝術大學　書畫藝術學系　碩士

日本大東文化大學　書道學科　交換留學一年

私立中國文化大學　廣告學系　創意表現組

國立嘉義高級中學　美術班

1983 年出生於臺灣雲林。國中美術教師。一直以來關注著藝術與人文的古往今來，喜愛藝文帶給人的各種情感釋放。小學三年級開始習字，從此與書篆藝術締結美好緣份。對於書法情有獨鍾，常和學生探討文字結構之美，並在課堂中宣揚書法藝術的獨特美感。希望藉由日常文字的書寫，能保留、傳達手寫字的自然溫暖。

提　　要

　　影響清代後期篆刻發展最劇的當屬丁敬（1695 ～ 1765）和鄧石如（1743 ～ 1805），丁敬師法秦漢，兼取眾長，善用切刀為法，不主一體；鄧石如不以秦漢古璽為滿足，而自求於書法的融入，主張「以書入印，印從書出」的創作要詣。丁、鄧的推陳出新，為晚清的篆刻藝術，開出了光明的大道。晚清時期的標誌為「銳意變法、表現個性」的自覺追求，即不蹈故常的求異思維。徐三庚（1826 ～ 1890）印風和書風的養成，與這樣的時代背景密不可分。他的篆刻作品面貌多元，除了戰國、秦漢魏晉、宋元璽印等的擬仿以至明清流派的學習，尚還探求金石碑版文字，以印外求印；書法方面，尚碑但不拘泥，尤受〈天發神讖碑〉的影響深遠，以「中宮緊束，上密下疏」的結體舒展其勢，並秉持「以我書入我印」的理念，印風突破平方正直的規範，其用筆起伏跌宕多姿的意趣和篆隸相參的筆情，在後期的印文創作中表現得尤為充分。儘管徐三庚的創作風格獨樹一幟，在當時也頗負盛名，但鋒芒卻不若吳讓之（1799 ～ 1870）、趙之謙（1829 ～ 1884）乃至吳昌碩（1844 ～ 1927）那樣發光發熱。歷來論者對於他的作品評價褒貶相參，但都僅用三言兩語便蓋棺論定，較失客觀性。不論他在篆刻書法史上的地位如何，其「解放思想，勇於創造」的精神和貢獻不容小覷。

　　本論文共分為五個章節進行探究：第一章 研究動機與目的、研究內容與範圍、研究方法與流程以及主要研究引用資料的敘述與分析；第二章 針對徐三庚的生平與時代背景、交友與遊歷，作一綜合論述；第三章 探討徐三庚篆刻的研習歷程與創意表現特質，並嘗試將其創藝歷程約略分期；第四章 徐三庚的書法學習初探、自我書風特質的析賞，以及書印互用相生的探討；第五章 將徐三庚的篆刻和書法藝術特質作一總結，以分析徐三庚的成就、影響和啟示。

〈張猛龍碑〉碑陽

圖片來源：季刊《書道ジャーナル》2002 冬 68 號（通卷三二一號）【特集　張猛龍碑】

徐三庚〈楷書蘭亭敍冊〉（局部）

蒲華題籤：「徐辛穀楷書蘭亭敍。儉爲仁兄囑題。蒲華署籤。」
趙引之題記：「上虞徐褒海師書蘭亭集敍。儉爲仁棣屬署。慈谿趙引之。」
釋文：「永和九年，歲在癸丑，暮春之初，會於會稽山陰之蘭亭，脩禊事也，群賢畢至，少長咸集，此地有崇山峻嶺，茂林脩竹，又有清流激湍，應映帶左右，引以爲流觴曲水，列坐其次，雖無絲竹管弦之盛，一觴一詠，亦足以暢敍幽情，是日也，天朗氣清，惠風和暢，仰觀宇宙之大，俯察品類之盛，所以游目騁懷，足以極視聽之娛，信可樂也，夫人之相與俛仰一……。」
圖片來源：《徐三庚と日中の書法交流展圖錄》，46～49頁，2011 年 1 月 11 日，謙慎書道會發行。

　　〈楷書蘭亭敍冊〉是徐三庚以魏楷書東晉・王羲之的〈蘭亭敍〉，跋文記述：「晉王逸少蘭亭敍，書與日本弟子秋山儉爲學之，光緒乙亥春，徐三庚記。」若按辛穀所記，此書完成於光緒乙亥春（1875），是年辛穀五十歲，但根據考察，秋山白巖（儉爲）是在日本明治十九年（1886）遠渡至上海拜辛穀爲師〔註14〕，當時辛穀已屆齡六十一，故書此作應當已是六十一歲以後的事了，推斷辛穀很有可能將「丁亥」（1887）誤寫成「乙亥」。

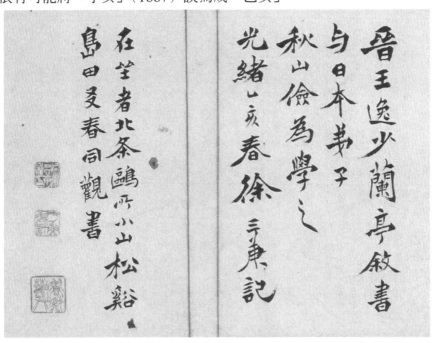

徐三庚〈楷書蘭亭敍冊〉跋文

釋文：「晉王逸少蘭亭敍，書與日本弟子秋山儉爲學之，光緒乙亥春，徐三庚記。」「在坐者北條鷗所、小山松谿、島田友春同觀書。」
圖片來源：《徐三庚と日中の書法交流展圖錄》，55 頁，2011 年 1 月 11 日，謙愼書道會發行。

　　〈楷書蘭亭敍冊〉頁首有蒲華的題籤，和趙引之的題記。通篇風神足可感知似以〈張猛龍碑〉的風格自運寫成，每遇有和〈張猛龍碑〉文中一樣的字，辛穀不論是在形方面的揣摹上或是在神釆的領會裡，都表現地極爲精妙，足以顯示他曾對〈張猛龍碑〉下過很大的功夫。清・錢泳《書學》總論中對「臨古」有一番見解：

〔註14〕參考本論文「第五章　徐三庚的成就和影響──結論」第 207 頁。

「米元章、董思翁皆天資清妙,自少至老筆未嘗停,嘗立論臨古人
書不必形似,此聰明人欺世語,不可以為訓也。吾人學力既淺,見
聞不多,而資性又復平常,求其形似尚不能,況不形似乎!譬如臨
〈蘭亭序〉,全用自己戈法,亦不用原本行款,則是抄錄其文耳,豈
遂謂之臨古乎!」

　　米、董所論係「創作導向」之言,而錢泳則道出「學習導向」者的「臨
古」,基本要求是「形似」,若連「形」都抓不著、達不到,則遑論「神似」
的追求了。析賞辛穀的〈楷書蘭亭敍冊〉,可看到他是精研吸收並資活用,已
將〈張猛龍碑〉的精髓吸收消化,突破形似的框架,進階至「形神兼備」的
層次上。

二、向時賢學習

（一）鄧石如

鄧石如〔註15〕（1743～1805）曾自述習篆的變革過程：「余初以少溫（李陽冰）為歸，久而審其利病，於是以〈國山〉石刻、〈天發神讖碑〉文、〈三公山碑〉作其氣，〈開母石闕〉致其樸，〈之罘〉二十八字端其神，〈石鼓文〉以暢其致，彝器款識以盡其變，漢人碑額以博其體，舉秦、漢之際殘碑斷碣，靡不悉究。閉門數年，不敢是也。」〔註16〕而對完白推崇備至的清‧包世臣於〈完白山人傳〉也曾說：

> 「山人篆法以二李為宗，而縱橫闔闢之妙，則得之史籀，稍參隸意，殺鋒以取勁折，故字體為方，與秦漢當額文為尤近。其分書則遒麗淳質，變化不可方物。結體極嚴整，而渾融無迹，蓋約〈嶧山〉、〈國山〉之法而為之。」〔註17〕

據考鄧完白早年身處僻鄉，經梁巘〔註18〕介紹至江寧梅鏐〔註19〕家，獲觀所藏秦漢以來的金石善本，舉凡〈石鼓文〉、〈嶧山碑〉、〈泰山刻石〉、〈漢開母石闕〉、〈敦煌太守碑〉、〈天發神讖碑〉、〈城隍廟碑〉、〈三墳記〉等臨摹各百本，寒暑不輟，積極為學的態度令人感佩。其書從李陽冰上溯李斯，繼而遍臨秦漢碑碣及彝器款識，盡收古今之長，視野之廣當時無人能出其右。除了各體書法獲有極高成就之外，篆刻方面在當時亦是堪稱執牛耳的領導地位，故清‧康有為總結其書「上掩千古，下開百祀」，實對於清朝以來的書壇和印壇發展均具有舉足輕重的影響。

完白山人的篆書以柔韌而易使轉、起倒的長鋒羊毫書寫，「筆從曲處還求直，意入圓時覺更方」尖、方、圓筆並用，豐富了篆書的用筆，其晚年的篆書線質，圓勁且粗實密厚，呈現高古典雅的氣勢。

〔註15〕鄧石如的其他相關論述可參考本論文第三章第87～92頁。

〔註16〕（清）吳育《完白山人篆書雙鉤記》引山人自述，刊於 穆孝天、許佳瓊：《鄧石如研究資料》，第245頁，1988年1月，人民美術出版社。

〔註17〕（清）包世臣：《藝舟雙輯‧完白山人傳》，第72、73頁。

〔註18〕梁巘（清乾隆、嘉慶年間），字聞山、文山，號松齋。安徽亳州人。乾隆二十七年舉人，工書，名於當時，與錢塘梁同書、會稽梁國治有「三梁」之稱。

〔註19〕梅鏐（生卒年不詳），字既美，號石居，齋堂為半千閣、清素堂。江寧人，梅珏成之五子。鄧石如曾為其刻〈半千閣〉正方朱文印、〈清素堂〉長方朱文印。

完白另一值得關注的特點即「融隸入篆」的創見，他以隸書「精而密」的結字方法作篆書，巧妙地將「疏與密」兩個矛盾元素統合在一個整體中，於藝術創作的形式上，首先提出了「字畫疏處可以走馬，密處不使透風，常計白以當黑，奇趣乃出。」的觀點，而徐三庚不僅在書法上承襲了這一理念，更具體呈現在篆刻創作上，並將它發揚光大〔註20〕。

辛穀四十一歲客居蘇州吳趨時所書的篆書冊，是目前所見有紀年的較早作品，款跋記述：「鄧完白書張子西銘筆灝遒勁，直超漢人，余見而愛之，適蓉亭仁兄屬書是冊，偶臨一過，愧未似其一二。丙寅秋杪上虞弟徐三庚記於吳趨之吟蓮仙館。」此爲辛穀臨寫鄧石如之作〈張子西銘〉篆書冊，鄧完白篆此書時年齡已屆六十三歲〔註21〕，亦是他人生的最後一年，是年完白仍收程蘅衫爲門下弟子，並爲他寫了這件作品〔註22〕讓他臨習。

鄧石如〈白氏草堂記〉

（贈仲甫先生六條屏）（局部）

圖片來源：《明清書道圖說》，二玄社。

〔註20〕 參考本論文「第三章 徐三庚的篆刻」第87～92頁。

〔註21〕 〈張子西銘〉篆書冊題跋紀年爲「嘉慶十年」干支紀年爲乙丑（1805年），爲鄧石如卒年。

〔註22〕 〈張子西銘〉篆書冊款跋：「嘉慶十年秋中節在□石山房，程蘅衫學余書，爲書此銘與之，完白山人鄧石如。」

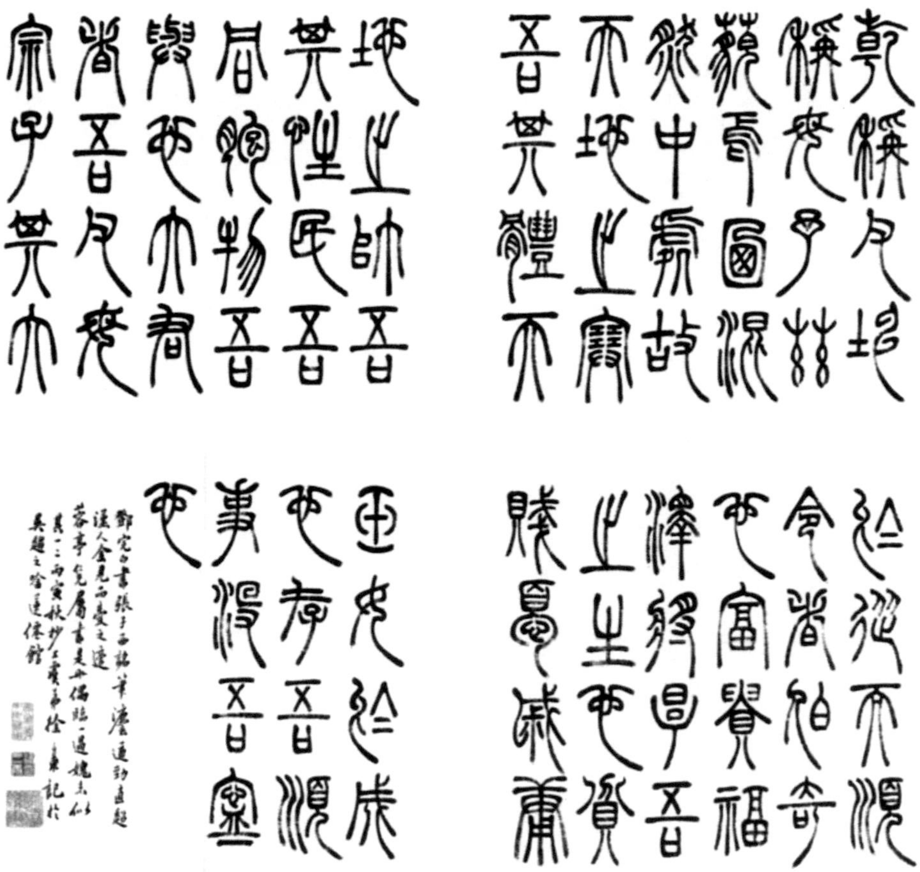

徐三庚臨鄧石如〈張子西銘〉篆書冊（局部）

圖片來源：《上海敬華 2001 年春季藝術品拍賣會》中國古代書畫-262

　　辛穀在款跋中提到「鄧完白書張子西銘筆瀍遒勁，直超漢人」，顯然「筆
法遒勁」是他臨習此作的原因，也是他欲追求的目標。六十三歲的鄧石如書
〈張子西銘〉（參見下方圖示）線條筋力雄壯，骨氣峻潔，如「乾」、「稱」、「父」、
「坤」、「母」、「子」等長畫；而轉折處方圓並濟，明・項穆《書法雅言》〈規
矩〉篇云：

　　　「圓爲規以象天，方爲矩以象地。方圓互用，猶陰陽互藏。所以用
　　　筆貴圓，字形貴方，既曰規矩，又曰之至。是圓乃神圓，不可滯也；
　　　方乃通方，不可執也〔註23〕。」

<hr />

〔註23〕華正人：《歷代書法論文選（下冊）》，第 485 頁，1997 年 4 月，華正書局。

徐三庚　臨鄧石如〈張子西銘〉
篆書冊（局部）

鄧石如〈張子西銘〉篆書冊（局部）

釋文由右至左爲：「乾稱父坤稱母子茲」
圖片來源：《鄧石如書法篆刻全集》卷
二，241～284頁，1994年5月，安徽美
術出版社。

　　辛穀點出完白山人「筆法遒勁」直超漢人，故在臨寫當下，勢必秉持著
此一信念在運行，將辛穀所寫的〈張子西銘〉和完白所寫的相照比對，辛穀
似跟從完白以中鋒用筆爲根基，筆畫線條既圓潤又剛勁，如棉裹鐵，毫剛而
墨柔，體方而神圓，圓活流暢，又有微妙的收放變化，結體較完白稍緊縮，
形亦略長，仍充分體現了完白此篆書作品的特質。但辛穀似乎不以此爲滿足，
還於款文裡寫下「偶臨一過，愧未似其一二」的感嘆之詞，除了抱持著謙遜
的態度師法鄧石如之外，對於鄧完白不管是於篆刻上「印從書出」的理念或
是書法上「遒勁」、「剛健婀娜」的特質，都是心摹手追的目標。

　　（二）金農

　　金農（1687～1763），原名司農，字壽門，又字吉金，號冬心，別號稽留
山民、曲江外史、龍梭仙客、百二硯田富翁、昔耶居士、心出家庵粥飯僧、
三朝老民……等。浙江仁和人。弱冠從學於何焯〔註24〕門下，乾隆元年，經
推薦赴都應博學鴻詞科之選，未中之後，遊歷了山東，並前往曲阜觀摹孔廟
的漢碑，作了一組《魯中雜詩》，其中一首爲「會稽內史負俗姿，字學荒疏笑

〔註24〕何焯（1661～1722），初字潤千，更字屺瞻，號義門、無勇，晚號茶仙、香案
　　　　小吏。其博覽群書，經通經史百家之學，長於考訂。亦善書法，喜晉唐法帖，
　　　　宗歐、褚各家，尤愛作蠅頭小楷。與姜宸英、汪士鋐、陳奕禧並稱四大家。

馳騁，耻向書家作奴婢，華山片石是吾師。」流露
出以漢碑爲宗的藝術主張。其客居揚州時期，以賣
書畫爲業，性逋峭，世以迂怪目之，爲「揚州八怪」
之一。他博學多才，不僅工書畫，亦精鑒賞喜收藏，
又善詩詞。金冬心的書法擅長碑派，從漢隷中獨創
風格，又得〈國山〉、〈天發神讖〉兩碑奇古字法，
截取毫端，作擘窠大字，自稱「漆書」。

　　金農早期（五十歲前）的隷書圓筆居多，橫畫
幅度較大，字形結體方整而偏扁，墨色濕潤居多，
此時已見楷隷和漆書雛形的作品；中期的漆書，方
筆多且橫畫幅度較平直，重要的是，此時期的字形
趨向「縱式」發展，墨色也較濃燥，具飛白效果，
並出現「筆畫橫粗豎細」、「倒薤法〔註25〕」的明顯
特徵；到了晚期，其隷書表現以自謂「渴筆八分」
之漆書體爲主，扁筆方切，有如刷書，線條邊緣毛
燥，墨色濃燥乾渴，飛白效果明顯，「倒薤」狀的
筆畫也更加成熟醒目，通篇章法佈局安排富有波浪
起伏變化〔註26〕。（參考〈度量如海涵春育格言隷
書軸〉）

金農〈度量如海涵春育格
言隷書軸〉

圖片來源：《明清書道圖
說》，二玄社。

　　辛穀〈漆書衛恆字勢帖〉款云：「儉爲學弟屬儗百二硯田富翁法，稍變其體
勢，適坐中盆梅開盛，素蘭含葩，聊以消客中之誚。光緒戊子春王月廿又八日，
記于滬上。嘗嚛老人徐三庚，時年六十三歲。」儗「百二硯田富翁法」即擬「金
農」漆書之法，此作擬自金農晚期成熟的漆書風格，辛穀承襲了金農以扁筆似
帶刷書的用筆方式以及輕顫澀進的線條，還有末端拉長尖收並愈見枯虛如「薤」
的「倒薤法」，然辛穀稍微調整了金農因刷筆重疊以致形成黑墨塊的橫畫，改以
緊密相疊但不相黏爲原則，又如「倒薤」的長畫偏直長且尖銳，亦輔有部分同
樣線質的上揚之筆，辛穀自述：「稍變其體勢」，或許如此。

〔註25〕　薤，蔬類植物，百合科，氣如蔥，葉像韭而中空。「倒薤」意指如薤之倒垂，
　　　　六國古文中的懸針與垂露筆法，收筆作尖鋒狀，就像薤倒垂而下，於是此種
　　　　筆法就被稱爲「倒薤法」。
〔註26〕　詳　蔡麗芬：《金農書法藝術研究》，154～183頁，2003年1月，國立屏東師
　　　　範學院視覺藝術教育研究所碩士論文。

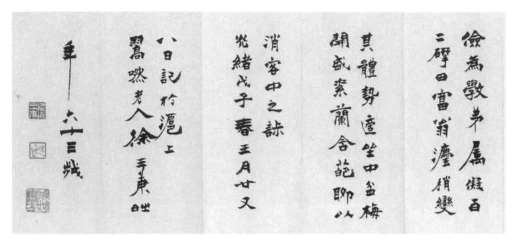

徐三庚〈漆書衛恆字勢帖〉款文

圖片來源：《徐三庚と日中の書法交流展圖錄》，45 頁，2011 年 1 月 11 日，謙慎書道
會發行。

徐三庚〈漆書衛恆字勢帖〉（局部）

釋文：「衛巨山字勢·黃帝之史，沮誦、倉頡者，眺彼鳥跡，始作書契。紀綱萬事，
垂法立制，帝典用宣，質文著世。爰暨暴秦，滔天作戾，大道既泯，古文亦滅。魏文
好古，世傳丘、墳，歷代莫發，真偽靡分。大晉開元，弘道敷訓，天垂其象，地耀其
文。其文乃耀，粲矣其章，因聲會意，類物有方。日處君而盈其度，月執……」
圖片來源：《徐三庚と日中の書法交流展圖錄》，40、41 頁，2011 年 1 月 11 日，謙慎
書道會發行。

第二節　自我書風特質與書印互用相生

一、篆隸作品的風格特質

（一）篆書

1. 篆書七言對聯

釋文：「關西上將咸歸李，典午才人多在吳。」

款文：「丙子麥秋袖海徐三庚。」

收錄於《明清名家書法大成》22 第六卷清代書法四

　　此件篆書七言聯的作品爲辛穀五十一歲時所書，通篇用筆多取〈天發神讖碑〉的意境，對於〈天發神讖碑〉的臨習與參用應當始於四十歲以前〔註27〕，即辛穀於早期就已醉心於此碑的風格特質，並用心專研以摹其形揣其神，除了原碑刀鑿方起尖收的特色之外，辛穀善用毛筆與紙張產生的摩擦枯筆飛白效果，這是原碑所無法呈現的筆趣，辛穀深入其中取法原碑的銳利刀痕和筆畫結體，並稍加潤飾，如豎畫的起筆有如「鵝頭」昂首（「上」、「將」、「咸」、「典」、「午」、「才」、「人」、「在」），尾端收筆千姿百態，有的如「懸針」（「在」），有的如「蘭葉」（「關」、「典」、「午」、「人」、「多」），有的順勢而下，不作迴鋒，任由墨量自然送到終點，故每一筆畫的線質都不盡相同（如：「歸」、「吳」）；橫畫方面則較原碑來的寬且粗，起始方折亦如金農漆書之橫畫刷筆，遇二橫以上則緊密靠攏（「關」、「咸」、「歸」、「點」、「在」），使成「橫畫緊密，豎畫舒朗」的個人結體風格。

　　從下方表格中，可以藉由對照發現辛穀在參用〈天發神讖碑〉時，如何去作「取捨」與「變通」，如「歸」字的左旁，上方橫畫爲了要和右邊「帚」的橫畫有一致性，索性將原碑的斜撇改成橫，使「歸」字的整體結構爲上部方整，除此之外，又將「止」旁最左邊的豎畫自覺性地拉長，使之與右邊的眾豎畫平衡、協調，整個字幾乎以非「橫」即「豎」的線組合而成，具繁複中求統一的美感，亦是辛穀的藝術特質。

徐三庚			
〈天發神讖碑〉			

2. 篆書五言對聯

釋文：「永言綿月宇，廣步上蘭皋。」

〔註27〕 朱文印〈白門史致道仲庸父章〉，款記：「辛穀仿王象字，乙丑二月。」爲辛穀四十歲所刻，取〈天發神讖碑〉筆意入印，參考本論文「第三章　徐三庚的篆刻」第124頁。

款文：「集吳皇象書，奉魯孫仁兄大人大教，時己卯乍秋，上虞弟徐三庚記於滬瀨寓齋。」

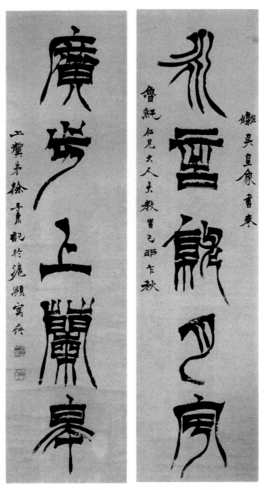

收錄於《清代書法藝術鑑賞》

此作爲辛穀五十四歲時於上海所書，款中自述：「集吳皇象書」同樣也是取法〈天發神讖碑〉，惟有〈天發神讖碑〉的遺風而自我的想法意識更加地明顯，如在篆文結體上，運用誇張的聚散疏密與內縮伸張的變化，使畫面佈局張力十足，長畫的優美弧度正好與粗而平實的橫畫相抗衡；善用「搭筆」、「疊筆」使墨量增加，形成「漲墨」效果（如「永」字的上方、「宇」字的「于」二橫起筆、「步」字的中心處、「蘭」字的左上方），除了強化文字的結構性之外，辛穀亦展現了其自由發揮篆書文字彈性空間的美感創作知能。

3. 篆書八言對聯

釋文：「應變知微探讀賞要，遠心曠度瞻智宏材。」

款文：「煥之仁兄觀詧大人五羊名士也，天懷挺特、舉止安詳，季布重于嗾諾，平仲善于締交，與予游十餘稔，樹色雲姿唔時多樂。茲屬書楹帖，爰集文選句，儗皇象書法于春申浦上之海天頻寄廬，即稀指謬，幸甚、幸甚！丙戌團圞節，上虞小弟徐三庚褒海甫記。」

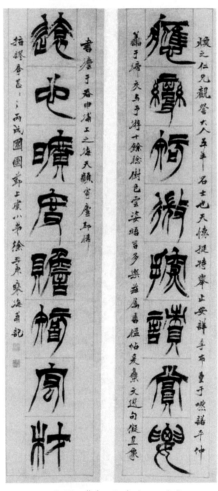

收錄於《中国清朝の書》

此篆書八言對聯爲辛穀六十一歲時所書，款中記述：「儗皇象書灋」，承上所論及取法〈天發神讖碑〉的作品頗多，除了可知辛穀對此碑情有獨鍾之外，還可看出他取法於此的每件作品，其書寫表現亦愈來愈嫻熟老辣，以至游刃有餘之境地。

　　其文字結體與用筆方面，不若之前盡情地巧妍嫵媚，例如長畫的弧線自然彎曲生姿，有的實筆（上聯「應」字「心」的最後一畫、下聯單字「心」的長畫），有的則實虛相生，即在收筆而筆意未完結時，順勢將筆送出，形成一小段飛白虛筆（如「知」字最後一筆、「探」的「手」部長畫、「要」和「遠」最後一筆、「智」、「宏」、「材」等字），此亦爲辛穀收筆的特質之一；而有的虛筆隱藏在字中（如「讀」字「賣」旁上方的左撇、「賞」字中「貝」的短橫、「心」、「曠」、「材」等字），儘管每一個字都有多寡不等的「虛筆飛白」，卻不覺其有任何作態，反而有唐‧張懷瓘於〈論用筆十法〉中所說的「遲澀飛動〔註28〕」無凝滯之勢，同時亦造就了極具個人特色蒼斑盡致的線條質感。

4. 篆書五言對聯

釋文：「雲氣生虛壑，江聲走白沙。」

款文：「言章仁兄大人雅鑒，壬午重九徐三庚。」

收錄在《明清書道圖說》

〔註28〕　（唐）張懷瓘：〈論用筆十法〉，收錄在華正人：《歷代書法論文選（上冊）》，第197頁，1997年4月，華正書局。

　　此篆書五言聯爲辛穀五十七歲時所書，有別於〈天發神讖碑〉的切筆篆勢，而沿襲秦漢以來篆書用圓筆的規律，但仍有幾筆以偏鋒書寫（「生」字的最後一筆、「江」字與「白」字的二橫），線條粗細參差，宛轉流暢。

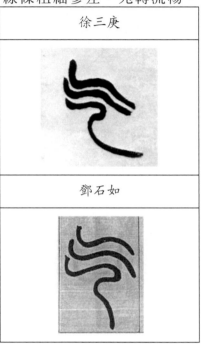

鄧石如〈贈肯園先生四體書冊〉（局部）

圖片來源：《鄧石如書法篆刻全集》卷一

　　此篆書的風格係從鄧石如那邊變法而來，參考左圖鄧石如〈贈肯園先生四體書冊〉（局部），完白此作結體採縱勢，如上圖所示「氣」字，辛穀保留鄧書圓轉多姿的線條，另將結體調整爲橫勢，上方橫畫又較之緊密疊置，通篇佈局則有縱有橫，如「雲」字、「氣」字、「江」字結體略扁，而「生」字、「沙」字結體稍長，布白方面亦有巧思，秉持其一貫明顯的疏密對比，並以隸筆寫篆書，線條粗不臃腫，細不纖弱，無雕琢習氣。

5. 篆書〈出師表冊〉

釋文：「臣亮言，先帝創業半年，而中道崩殂，今天下三分，益州疲敝，此誠危急存亡之秋也，然侍衛之臣，不懈于內，忠志之士，忘身于外者，蓋追先帝之殊遇，欲報之于陛下也，誠宜開張聖聽，以光先帝遺德，恢弘志士之氣，不宜妄自菲薄，引諭失義，以塞忠諫之路也，宮中府中，俱爲一體，陟罰臧否，不異同，若有作姦犯科，及爲忠善者，宜付有司，論其刑責，以昭陛下平明之治，不宜偏私使內外異法也。侍中、侍郎、郭攸之、費禕、董允等，此皆良實，志慮忠純，是以先帝簡拔，以遺陛下，愚以爲宮中之事，事無大小，悉以諮之，然後施行，必能裨補闕漏，有所廣益，將軍向寵，性行淑均，曉暢軍事，試用于昔日，先帝稱之曰能，是以眾議舉寵以爲督，愚以爲營中之事，事無大小，悉以諮之，必能使行陣和穆，優劣得所也，親賢臣遠小人，此先漢所以興隆也；親小人遠賢臣，此後漢所已傾頹也。先帝在時，每與臣論此事，未嘗不歎息痛恨于桓靈也。侍中、尚書、長史、參軍，此悉貞亮死節之臣也，願陛下親之信之，則漢室之隆，可計日待也。臣本布衣，躬耕于南陽，苟全性命于亂世，不求聞達于諸侯，先帝不以臣卑鄙，猥自枉屈，三顧臣于草廬之中，諮臣以當世之事，由是感激，遂許先帝以驅馳，後值傾覆，受任于敗軍之際，奉命于危難之間，爾來二十有一年矣，先帝知臣謹慎，故臨崩寄臣以大事也，受命以來，夙夜憂歎，恐託付不效，以傷先帝之明，故五月渡瀘，深入不毛，今南方已定，兵甲已足，當將帥三軍，北定中原，庶竭駑鈍，攘除姦凶，興復漢室，還于舊都，此臣之所以報先帝，而忠陛下之職分也，至于斟酌損益，進盡忠言，則攸之禕允之任也，願陛下託臣，以討賊興復之效，不效則治臣之罪，以告先帝之靈。若無興德之言，則責攸之禕允之咎，以彰其慢。陛下亦宜自謀以諮諏善道，察納雅言，深追先帝遺詔，臣不勝受恩感激。今當遠離，臨表涕泣，不知所云。」

款文：「『禕』字說文所無，因後漢人名未敢遽改，多從俗；『諮』當作『咨』爲是；『駑』說文亦無，竝作『奴』；以竢博覽者改之是幸。儉爲學弟歸日本，恩恩書之。光緒丁亥乍秋，汗下如雨以記。上虞鬶嗽散人徐三庚褒海甫時同客春申浦上。」

圖片來源：《徐三庚と日中の書法交流展圖錄》，10～21頁，2011年1月11日，謙慎書道會發行。

　　此篆書〈出師表冊〉爲辛穀六十二歲時爲即將回日本的門生秋山儉爲而書的，應當是作爲臨習用。辛穀的篆書至此已是成熟晚期之作，其特質爲篆法結體中宮緊束，如遇有可垂曳的筆畫，則密其上而疏其下（如：「不」、「于」、「忠」、「忘」、「身」、「于」、「光」、「帝」、「德」、「恢」、「氣」等字），內擪外縱，使勢得以舒展。

筆法特徵方面，強調頓挫起伏的意趣和篆隸相參的情致，有時收筆處乾枯如輕拂紙面而過，有時又如蓋印泥似地力透紙背，形成濃、淡、乾、溼的筆情墨趣，又線條粗細相參，屈曲多姿，與在篆刻中出現的「多折轉」（見上圖右邊第二行的「忠」字），同樣也呈現在書法中，可見其「書印合參」的創作理念。橫畫起筆多用隸法，或藏或露，有時藏入則露出，有時露入則回收，中段通常略細，係行筆時提按的力道跟著心思在走，豎畫亦然，而長撇則更千變萬化，有時粗細一致，僅靠墨量作變化，有時在後半段側壓加粗後再順勢成虛筆飛白，有時則是轉折處纖細，收筆尾端處渾圓飽滿（如下圖示中第三行「志」的「心」最後一筆以及第四行第一個字「氣」的最後一畫）。

徐三庚　篆書〈出師表冊〉（局部）

　　辛穀的篆書，常以側鋒取勢，故面目多變，表情豐富，瀟灑自如，流美婉約，著實體現了其舒展飄逸的書風。

（二）隸書

1. 隸書七言對聯

釋文：「愛書護似連城璧，藏硯多於負郭田。」

款文：「鏡波仁丈大人鑒定，時癸酉午月，上虞井罍徐三庚書于穗城。」

收錄在《小莽蒼蒼齋藏 清代學者法書選集（續）》

　　此隸書七言聯爲辛穀四十八歲時於廣州所作，此書雖多用隸法寫成，但仍能看到如〈天發神讖碑〉的遺意，如「愛」字、「書」字、「負」字的切筆篆法，字形外方神圓，縱勢橫勢互用，眾多橫畫並置時，起筆相搭相疊，使布白饒富變化。此作較多濕墨行筆，又輔以乾擦調劑，可謂暢快淋漓、樸雅蒼勁。

2. 隸書八言對聯

釋文：「十字長存延陵碑石，千年刻紀武梁祠堂。」

款文：「鐵耕敷弟補壁，時庚辰重九後日，襃海徐三庚，記於春申浦上。」

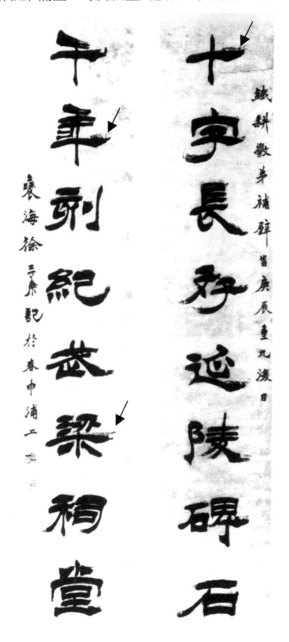

收錄在《明清書道圖說》

　　此爲辛穀五十五歲時所書，線條蒼勁渾厚，使人有蒼茫之感的原因在於其用筆初始如錐畫沙，沉著緩慢，一波三折至末端收筆時按壓再率意提起，在這一按一提的過程當中，筆腹微傾造成如春風「拂掠」、「輕抹」的痕跡（見上方圖示中箭頭處），此用筆特徵是辛穀特有的個人線條語彙，摹仿不易。

　　觀此書作的橫畫又更加緊密了，幾乎密不透風，如「字」、「長」、「陵」、「年」、「祠」等字。細察此隸書作品，結體端莊，意態爽秀，書風近似孔廟中著名三碑〔註29〕之一的〈乙瑛碑〉（參見下方圖示），〈乙瑛碑〉爲後漢八分書中奇麗書風代表作之一，字體平正謹嚴，筆畫骨肉勻適，世人多愛此碑。辛穀雖無記述說明此作擬自何處，但就作品上的呈現，仍然有些蛛絲馬跡可循，例如「字」中的「子」旁與「存」字中的「子」，和〈乙瑛碑〉中「子」的結體幾乎相同，其它如「捺」畫的波磔，戰行右出，按壓後所出現的顯著銳角，辛穀亦承襲之，通篇結字有橫勢也有縱勢，風姿綽約，峻逸整美。

乙瑛碑（局部）收錄在《中國書法藝術 秦漢》，文物出版社。

〔註29〕即指〈史晨前後碑〉、〈禮器碑〉、〈乙瑛碑〉。

3. 隸書七言對聯

釋文：「胸無畛域心長坦，腹有詩書氣自華。」

款文：「梅谿仁兄大人大雅鑒之，時庚辰冬仲，上虞徐三庚褎海甫記於春申浦。」

收錄在《中國真蹟大觀　清 12》

　　此隸書七言聯為辛榖五十五歲時所書，和上述的隸書八言聯為同時期之作，故可看出仍有〈乙瑛碑〉的風韻，惟在小地方辛榖不忘加入自我的想法，

如橫畫一反逆入平出的規律，遇有「勹」篇旁時，橫畫往右下傾斜下壓，罩住下方的空間（見「胸」字）；而「自」字的撇也不按牌理出牌，反向爲之，可見其巧思。

4. 隸書八言對聯

釋文：「道識虛遠表裡融通，風標秀舉清暉映世。」

款文：「位西尊兄大人正是時辛巳花朝，襃海弟徐三庚集文選句。」

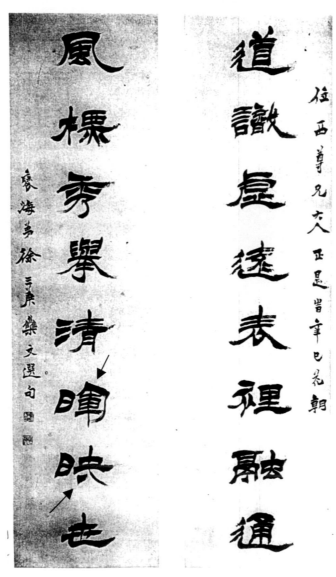

收錄於《金石家書畫》第二集

　　此作為辛穀五十六歲時所書，用筆方圓並濟，線條粗細相參，點畫峻健，有筋有肉，澀進暗轉，如「道」、「遠」、「通」等字的「辵」部和「世」字的最後一筆，宛通圓轉活絡通篇結構的行氣、動勢。另外，承如上述隸書七言聯中小地方的巧思，於此作亦可發現（參見上圖箭頭所示），足見他慧心獨運。

5. 隸書四言對聯

釋文：「不因人熱，聊以自娛。」

款文：「鄰煙老兄教之，弟徐三庚書。」

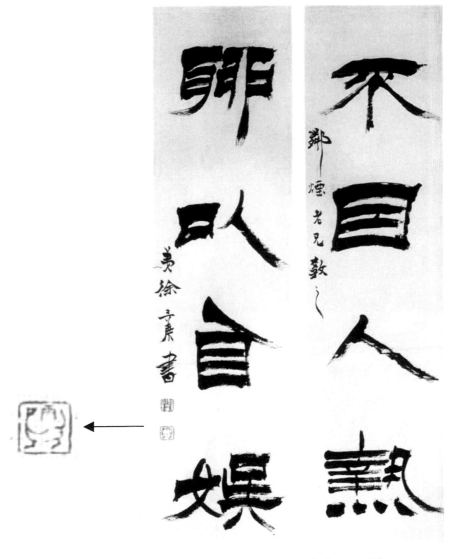

收錄在《清代書法藝術鑑賞》

　　此作爲辛穀爲書畫家秦祖永所書，款文雖無紀年，但由鈐印的肖形章〈丙戌〉〔註30〕可推知是年干支紀年爲「丙戌」，光緒十二年，西元一八八六年，辛穀已屆六十一歲。從篆書到隸書再由隸到篆，可以發現辛穀的篆書和隸書似乎已彼此合參交融，但眞要二分法時，又可分辨出來。主要是因爲辛穀採用篆體隸意的用筆，彼此互相化合，即保有篆書的體勢，又採用隸書豐富多樣的筆畫形質。辛穀崇仰的鄧石如是「融隸入篆」觀點的創建者，但完白的「融隸」是指融隸書緊密的結體特質入篆體，使篆書筆畫間疏密分明，形成「疏處可走馬，密處不透風」的形式美；而辛穀的「融隸入篆」則不僅承接完白的思想理念，更在此基礎上再加強「融隸書筆法」的創意思維，發揮隸書筆畫各種生動的形態，突出筆畫的書寫運動形勢，故辛穀的篆書有隸意，其隸書有篆意。

　　明・項穆《書法雅言》〈常變〉篇云：

> 「夫字猶用兵，同在制勝。兵無常陣，字無定形，臨陣決機，將書審勢，權謀妙算，務在萬全。然陣勢雖變，行伍不可亂也；字形雖變，體格不可逾也。〔註31〕」

辛穀的篆隸書體無定式，因爲在其書寫的過程中已溶注了自我的理解、情感和技巧，在情意的驅動下，心手達情，隨情而綽其態，故使每一筆一畫都各異其形，各具其采，但又異而不亂，如項穆所言「體格不可逾也」，可謂從心所欲而不逾矩也。

二、書印互用相生

（一）篆書四言對聯

釋文：「煙霞問訊，風月相知。」

款文：「滌峯仁棣大人鑒，徐三庚儗皇象書。」

〔註30〕參考本論文「第三章　徐三庚的篆刻」第 55 頁。

〔註31〕（明）項穆：《書法雅言》，收錄在華正人：《歷代書法論文選（下冊）》，第 486 頁，1997 年 4 月，華正書局。

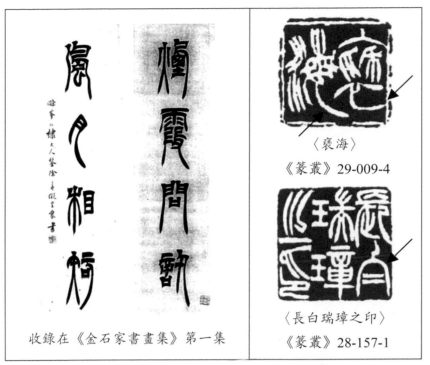

收錄在《金石家書畫集》第一集

〈襄海〉
《篆叢》29-009-4

〈長白瑞璋之印〉
《篆叢》28-157-1

　　此作辛穀雖自述：「儗皇象書」，但仔細觀察，此書的用筆除了起始採用切筆運行之外，其它如結構、體勢、線質都和〈天發神讖碑〉拉開了距離，此作的風格神韻反而較近似於鄧石如所書的〈贈肯園先生四體書冊〉（參見下頁圖示），從「風」字的結構，如外殼「几」波動的線條，以及拉長身軀成縱勢的結體，還有渾樸遒勁的線質，都可探出承襲完白的軌跡。

　　但辛穀非等閒之輩，他總能從取法對象的優點和特質中脫出再另闢蹊徑，走出屬於自己的路。例如他將完白老人「疏可走馬，密不透風」的理念再發揚光大，實踐在自己的書法和篆刻裡。從「煙霞問訊，風月相知」這件四言對聯中可以看到，辛穀擷取〈天發神讖碑〉的方筆於橫畫，再融合鄧完白的圓筆於豎畫，並稍變其法，如在長豎畫和長撇的尾端加粗，使渾厚飽滿，

鄧石如〈贈肯園先生四體
書冊〉（局部）

圖片來源：《鄧石如書法篆刻
全集》卷一

這樣的線質表現也體現在篆刻上，在白文印〈褻海〉（《篆叢》29-009-4）中，「褻」字和「海」字的長畫和整體線質，都和書法如出一轍，猶如以白色墨水在紅色紙張上書寫一般；另外一方白文印〈長白瑞璋之印〉（《篆叢》28-157-1）則熔〈天發神讖碑〉的方筆與完白的渾圓線質於一爐，如「白」、「瑞」、「璋」的切筆橫畫，長豎、長撇則採用渾厚飽滿的線條質感，方圓中和，自然融洽。是「書印互用相生」的最佳實例。

（二）篆書冊──東方朔等漢代人物傳贊（局部）

釋文：「葛繹內寵屈氂王子千秋時發宜春鵰仕敝義依霍庶幾云」

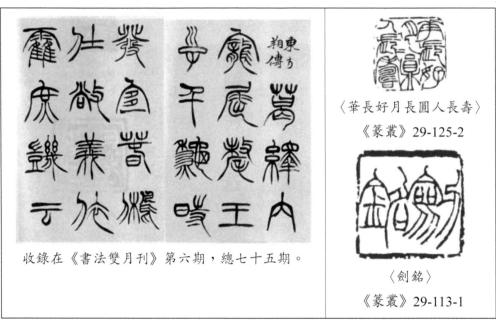

收錄在《書法雙月刊》第六期，總七十五期。

〈華長好月長圓人長壽〉
《篆叢》29-125-2

〈劍銘〉
《篆叢》29-113-1

　　徐三庚於五十八歲（光緒九年，西元一八八三年）時所書的篆書冊，全冊共計二十九開，紙本，縱三十二釐米，橫十九釐米，內容為漢代人物的傳贊，由朵雲軒所收藏。

　　上圖中所示為篆書冊局部，細觀辛穀此作，有別於以往習仿的〈天發神讖碑〉切筆篆法和完白的篆書體勢，經過不斷地研習苦練，並結合自己的欣賞識見，於是創造了屬於自我的篆體書風。其篆書風格個性強烈，富有裝飾性，如線條筆畫皆有提按、輕重的變化，透過粗細相參，展現了書法書寫性的韻律，再輔以視覺性的「轉折」、「彎曲」，豐富了線質的面貌。辛穀將個人書風移植到篆刻中，參考上方圖示朱文印〈華長好月長圓人長壽〉（《篆叢》

29-125-2），此印除了傳承了宋元以來連邊朱文的系統之外，其餘則展現了綽約姿媚、神采飛揚、方中帶圓的個人風格，由於印文多，筆畫亦較爲繁複，更可看出其圓轉飄逸的線條形態，如「華」字左右對稱垂曳的長畫、「月」字的多折轉和篆書冊中「屈」字和「秋（龝）」字的「折轉」理念一致，印文中橫畫平行緊密疊置，而斜畫亦平行且宛轉，書法亦然，書印可謂合而爲一。另外一方二字朱文印〈劍銘〉（《篆叢》29-113-1），從起落筆開始就以書入印了，見「劍」字「僉」的第一筆、「銘」字的「金」和「名」的第一筆，對照篆書冊中「繹」字「糸」部的第一筆、「寵」字和「宜」字「宀」部的點、「庶」字「广」部的點，筆法皆相同，又從「劍」字的「丿」部和篆書冊中「仕」和「依」二字的「丿」部來看，形質相類，以上皆可看出其宗尚鄧石如「以書入印，印從書出」的觀點，並將其充分發揮。

　　辛穀中晚期的朱文印，很多皆以書入印，將原本力求筆畫精整、形式規律的小篆，加入了個人的審美意念和思維，盡情地隨意所適，挑戰小篆的彈性極限，運用篆刻文字和書法同源的觀念，使書法和篆刻相互輝映，終於創發出屬於「徐三庚」的篆書體勢。如〈延陵季子之後〉（《篆叢》29-129-2）即又是一例，全印體勢飄逸生動，風神綽約，篆法跌宕起伏，不僅一字之中有疏密變化，六字組合在同一印面上，因垂筆舒展，印文之間參差錯落，更具有疏密交替、韻律變化之美，是印亦爲與其書法筆意互資合用的佳作。

〈延陵季子之後〉
《篆叢》29-129-2

（三）隸書五言對聯
釋文：「點翰詠新賞，解帶臨清風。」
款文：「筱夆仁六兄大人之屬，襃海徐三庚。」

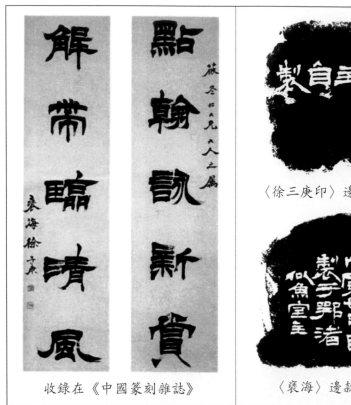

收錄在《中國篆刻雜誌》

〈徐三庚印〉邊款《篆叢》29-047-1

〈襃海〉邊款《篆叢》29-049-1

　　辛穀此件隸書五言聯，寫得如刀砍斧劈，有如篆刻「切刀」一般亦復有魏碑筆意，整體觀之，行筆從容穩建，點畫豐厚，線條蒼渾而變化豐富，結體緊湊但不壅塞，反而有寬容大度之感。

　　上述例舉辛穀將個人的篆書風格體現在篆刻上，此處更將自我的隸書呈現於篆刻邊款之中，從〈徐三庚印〉邊款斗大的「似魚室主自製」六個字來看，彷彿用墨寫上去一樣，富有「筆酣墨飽，神完氣足」之氣勢。其以刀代筆，每一筆皆無懈怠，刻來毫不彆扭，讓人忘卻此為刀痕所構成的隸書，若不深諳書法筆勢要諦，恐怕無法成就如此具書寫筆意美感的邊款文字。

　　另一方〈襃海〉邊款「戊寅七月，自製于鄂渚，似魚室主」，同樣也是以隸書刻製，此作無論是結體或是筆法都和所寫隸書貌合神合，如起始切筆至率意的收筆（「戊」字、「似」字收筆末梢挑起）、「捺」畫的抑筆體勢（「製」字、「似」字）、長撇尾段的渾厚線質（「于」字、「鄂」字），還有「自」字的「目」和隸書中「賞」字「目」的佈白之法皆相同，可見辛穀奏刀如運筆，有時運筆又如奏刀，書印互用相生，渾然天成。

第五章　徐三庚的成就和影響——結論

第一節　徐三庚篆刻與書法藝術特質之總結

　　對於徐三庚在書篆藝術上的評價，歷來學界有著褒貶相參的意見，尤以針對辛穀晚期的篆刻風格，往往先給予褒獎，再加以苛責，常見的褒辭如：「吳帶當風，姍姍盡致」爲其最大的優點和特色，但之後總不忘再補上一句「惜晚年印風牽強做作，缺乏渾厚之氣」來作爲總結，除了不免過分責難以及過於片面性之外，這其中亦反映了人們的審美標準，還是較傾向於傳統儒家思想的中庸之道和渾樸之美；而辛穀的銳意變法、表現個性，其不蹈故常的求異行爲，則被視爲旁門左道，不合時尚的主流。

　　據王北岳先生所言：

> 「徐氏治印，雖然有習氣，但功力甚深，加之刻製量豐，佳作亦復
> 不少。且印款布字得宜，刀法生辣挺勁，又喜左右開宕，直與北魏
> 及黃山谷之書法並美。〔註1〕」

王北岳先生認爲學習辛穀的人，往往只學其習氣之作，故後世繼起無人，實因其路徑稍偏所致，但仍對辛穀的篆刻創藝表現給予相當的肯定。

　　楊中良於所著《中國篆刻創作解讀・流派印卷》中對於辛穀的評述甚爲中肯：

> 「徐三庚的篆刻作品自成一家，在當時一段時間頗爲風行，時人亦

〔註1〕王北岳：〈近代印人印舉（六）　徐三庚〉，收錄在《藝林》第一卷　一～六期，
　　　　1976～1977年。

> 紛紛效仿。應當說徐三庚盛年時期的篆刻還是具有相當高的藝術含
> 量的，起碼讓世人知道了篆刻還可以這樣刻，並極大豐富了篆刻的
> 表現力。〔註2〕」

楊中良認爲，世人可以不認可辛穀晚年的矯揉造作，但不能不論其盛年時期
的瀟灑俊逸和勁秀灑脫。

　　儘管世人對於辛穀的藝術評價持正反面的態度，但可以確定的是，大家
皆不否認辛穀在篆刻與書法上所付出的努力和創意表現的成就，而其提供給
後人「解放思想，勇於創造」的啓示值得提出來和大家分享。以下分別就辛
穀篆刻和書法藝術風格的養成過程與其特質，作一統整和歸納。

一、篆刻

　　本論文於第三章第一節中將辛穀目前傳世有紀年和無紀年的篆刻作品，
藉由邊款的探索和印面的創作表現，輔以對照圖例進行分析比對，經考察與
研究發現，辛穀從早期二十八歲開始（含以前）即已投入傳統璽印的學習和
創作，從戰國時代三晉系古璽的摹刻、秦系璽印十字形界格和日字形界格的
應用、以漢印爲基底的演變和創作、宋元名家圓朱文與連邊朱文的合參，以
至取法明清時期的浙派與鄧派；第二節則將辛穀擬自於非璽印、篆刻形式等
其它金石碑版文字以印外求印的創作一一分析了其取資的元素；雖然藝術風
格的演進轉化是漸進的，有其過渡性、連續性，以年代將藝術風格作出絕對
的分期是難有確切的客觀，然爲求對辛穀篆刻風格的演變情形能有較具系統
性的了解，而於第三節綜觀以上的學習歷程與發展將辛穀自我風格的形成與
鍛造粗略地分爲三個時期：以古爲師博採期（四十二歲以前）、與古爲新轉化
期（四十三歲至五十歲）、別開生面自我成熟期（五十一歲至六十歲以上）。

　　透過以上的考察分析，可以了解辛穀在整個篆刻的研習過程中，是全面、
多元而廣泛的。另一方面，當時的印壇狀況，辛穀處在丁敬和鄧石如等大家
之後，要凌駕於他們之上，必須從各方面進行學習，另找出路；又因爲當時
浙派的發展已日趨公式化處於下坡的情勢，幾近窮途末路，遂辛穀不得不大
膽變法，以掙脫前人的束縛。於是擷取浙派刀法線條上「曲中寓剛」、「屈強
傳神」等優點特質；師法鄧石如「以書入印，印從書出」的創作觀，以及將

〔註2〕楊中良：《中國篆刻創作解讀・流派印卷》，第108頁，2001年8月，河南美
　　　術出版社。

吳讓之剛柔並濟、婉暢多姿的風神再進行演化並發揮到極致，而「印外求印」的實踐中，尤以〈天發神讖碑〉爲師，讓他在篆刻和書法上創造了許多富有發展空間的新形式。

茲將辛榖篆刻作品特質的分期，歸納總結如下：

（一）早期（四十二歲以前）——廣收博取不主一家

1. 先秦古璽的「奇險古樸」與「變化多端」

此時期的辛榖面目多元，在於其轉益多師，廣泛地向傳統古典學習，先秦古璽文字的加減特性，讓他從中學到「奇險古樸」與「變化多端」的變法思維，並善用三晉系朱文小鉨「闊邊欄」、「細朱文」的特色進行改造和創作。

2. 秦系璽印「田字格」與「日字格」形式的應用

辛榖四十二歲以前的篆刻作品，其邊欄和界格形式琳瑯滿目〔註3〕，除了闊邊、細邊、橢圓之外，還有田字格、日字格參以闊邊欄和細邊欄的應用，搭配隨形制而走的印文篆法和結體，使印式風格多元、樣貌豐富。

3. 宋連邊朱文與元（圓）朱文的合參

宋連邊朱文和元（圓）朱文圓勁流暢的線條特徵，給予辛榖在細朱文印裡開發自我印風的靈感，盡情發揮文字婀娜多姿的體態。

4. 浙派「切刀徐進」、「尖起方收」、「三角點」等的擬仿

早期的辛榖受浙派薰習甚深，從朱白文印中「切刀徐進」所營造出來的「屋漏痕」筆畫，還有相當特殊的「尖起方收」、「方起方收」的筆法，以及三角點的造形參用等，皆可看出其師承浙派的軌跡。

5. 鄧石如「以書入印，印從書出」觀念的實踐

辛榖於三十八歲那一年，因緣際會得以觀賞了鄧完白的印冊，從此白文印漸從浙派中脫出，進而追崇完白「以自我書風入我印」的理念，轉爲富有書法筆意的印風。而在這期間，辛榖仍不斷思考「自我存在」的可能，秉持著「以我書入我印」的創作思維，持續創作至終老。

6. 追仿吳讓之圓朱文印的風神並發揚光大

二十九歲所作的朱文印〈風流不數杜分司〉從篆法、線質、還有章法，皆可窺見辛榖追隨吳讓之圓朱文印「剛柔並濟」、「婉暢多姿」的痕跡，值得

〔註3〕參考本論文「第三章　徐三庚的篆刻」第125～128頁。

注意的是，此時辛穀對於文字結體「中宮緊束，上密下疏」的展現已可看出端倪，並循序漸進地將此轉化為自我的審美信念。

7.〈天發神讖碑〉的啟發

辛穀對〈天發神讖碑〉情有獨鍾，不僅反映在篆刻上，更體現在書法作品中。其二十九歲所刻的朱文印〈心在山林〉就已取法〈天發神讖碑〉「方筆尖收」、「切筆篆勢」的筆意入印，之後更是持續不斷地再深入研究與臨習此碑，影響甚遠。

（二）中期（四十三歲至五十歲）──與古為新和轉化

此時期的辛穀持續學習古典傳統之外，同時也在思考著創變的可能，印作亦愈刻愈大，在印面上盡情發揮所學的知能與技能，並進行取捨，除了保有傳統內涵之外，漸漸地也在突顯自我的審美取向。如持續地秉持「以我書入我印」的信念，細朱文「圓轉流暢」的風格大致底定，另外，眼光還不忘向外眺望，如朱文印〈禹寸陶分〉即取資於〈尹宙碑額〉、〈西嶽華山碑額〉、〈韓仁銘碑額〉等諸碑，中期的辛穀，正在過渡與轉化所要保留的元素，以及確立自我發展的目標。

（三）晚期（五十一歲至六十歲以上）──別開生面自我成熟期

辛穀此時期的篆刻已清楚可見鮮明的自我面貌，如文字的結體「中宮緊束，上密下疏」，其豎畫有如長腿伸展，而有時又呈弧線擺盪生姿；另外極具設計裝飾意味如「火」（火）字形的結體，以及每遇「二橫以上」即「併筆」的慣性安排，還有多印文時，行與行間穿插、挪讓的布局，都可視為屬於辨識辛穀個人風格的標誌。

總結辛穀篆刻藝術的特色，乃來自於融貫古今，再加上自身的努力和領悟，並勇於嘗試、大膽創新，自然而然地幻化為自身特有的風格。其創藝歷程中所投注的心力和學習態度，是值得參考借鑑的。

二、書法

本論文第四章將辛穀傳世的較可靠的作品收集歸納後，發現目前有紀年最早的作品為臨鄧石如〈張子西銘〉篆書冊，由於辛穀前期的書法作品闕如，尚未能建構出完整而有系統的書學脈絡，遂將當前流傳下來的經典作品，打破時序，分為兩節來探討。第一節為「師法學習初探」，以「取法漢魏碑版」

和「向時賢學習」兩類進行探討；第二節則針對辛穀「自我書風」的作品與「書印互用相生」的實例以析賞的角度切入，將辛穀特有的書風和書印合參的例子作一初步分析。

（一）篆書

推崇、取法鄧石如遒勁、剛健婀娜的筆法，亦顯示出辛穀對於篆書筆法的審美觀；在自我書風方面，因深入專研與臨摹〈天發神讖碑〉的神采風韻，受其影響極深切，自然地體現在篆刻上和書法中，觀辛穀流傳於世的經典書法作品，從「切筆篆勢」和「飛白虛筆」的線質、「上部方整，下部舒展」和「橫畫粗而緊密」的結體，皆是經過反覆地消化、吸收再造後化成全然屬於辛穀自身獨一無二的書風，揭示了其變幻豐富的創造力；另外如〈出師表冊〉的篆書風格，則與其篆刻合參為用，展現了「疏密分明」、「婀娜多姿」的獨特風格。

（二）隸書

因早年收藏〈郭有道碑〉之舊搨，從考察中推知辛穀早期應多次臨習此碑，並深得此碑「波磔起伏」、「形方神圓」的真髓；另外對金農的漆書亦頗有研究，從其以漆書自運〈衛恆字勢帖〉中極可想見，絕非一朝一日所為；常見的辛穀隸書風格線條蒼勁渾厚，偶用切筆篆法，故仍能看到〈天發神讖碑〉亦篆亦隸的遺意。

辛穀從早期即已宗鄧完白「以書入印，印從書出」之法，書印互用相生亦自然形成他獨特印風與書風的最大原因，而支撐他可以「率意變法」、「勇敢創新」能力的，實要歸功於他從早期開始的廣泛學習和持續不輟的融會吸收，為他奠定了穩固的基礎，造就了他獨樹一幟的藝術風貌，而他的書篆藝術也受到日本書篆家的青睞，為中日篆刻交流史上寫下精采的一頁。

第二節　書篆藝術遠播東瀛

一、日籍學子遠渡中國拜師學藝

（一）圓山大迂

明治十一年（即光緒四年，戊寅，1878 年），日本印學宗師圓山大迂渡海來中國，師事徐三庚、楊峴、張子祥等諸位著名篆刻、書法家。為日人遠涉

重洋至中國研習金石書畫的第一人，亦是將清朝印學東傳的首位代表人物。

　　圓山大迂（1838～1916），名眞逸，號大迂、尋常百姓家主人，齋堂爲學步庵。大迂至中國那一年，徐三庚當時五十三歲，正值中晚時期，印風已進入自我成熟的面貌。大迂在朱白文印上亦承襲了辛穀獨具個人特色的諸多符號，如在其五十五歲時（壬辰，1892 年）所刻的朱文印〈丙子探花〉〔註 4〕和白文印〈馮文蔚印〉〔註 5〕中的文字結體即以「中宮緊束，上密下疏」布局，以及白文印〈馮文蔚印〉中「印」字局部的「多折轉」表現，還有朱文印〈丙子探花〉中「探」字「𤓰」（火）字形符號的應用，另外就是遇二橫（或二弧線）的「併筆」安排，如〈丙子探花〉中的「花」字，其朱文印的婉通、圓轉，白文印的流動、渾潤，皆得徐三庚的眞髓。

〈丙子探花〉
圓山大迂 刻
《印迷》68・2

〈馮文蔚印〉
圓山大迂 刻
《印迷》68・1

　　辛穀和大迂之間的師生情誼，在邊款中亦可想見，如在〈尋常百姓家主人〉（《篆叢》29-107-1）款記：「日本大迂子貽予印泥，作是印報之。辛巳褒海記。」辛巳年（1881 年）爲大迂至中國的第三年，是年奉贈印泥予恩師辛穀，於是辛穀即刻此印作爲回報，足見師生之間的眞情流露。

　　辛穀所刻一方未紀年亦未署款的朱文印〈如夢鶯華過六朝〉（《篆叢》28-149-1），於歸道一年後，此印輾轉爲大迂購得並補刻邊款並記，如款記所云：「此印係先師褒海徐先生之作也。明治念四季五月，再遊清國，適購得于坊間。刀法、章法整然相備，所謂點石成金者，雖未下款，可知一見非凡人之作矣。弟大迂圓山眞志于上洋客館之燈下。」此印爲大迂於明治二十四年

〔註 4〕　款記：「日東大迂生。」
〔註 5〕　款記：「壬辰季秋篆，日東圓大迂生。」「圓」字，按其結構應作「圓」，或釋作「國」，存質。

（邊款念四季，即二十四年，辛卯，1891 年）再遊中國時於坊間購得，隨後補上邊款，從款文中的字句可以感受到其對恩師辛穀的追思與仰慕之情。

　　圓山大迂歸國後，率先將辛穀的印藝帶回日本並傳授，此前的日本篆刻慣常以單面刃的刻刀治印，隨著大迂傳入雙刃刻刀後，日本篆刻界的面貌亦爲之一新。

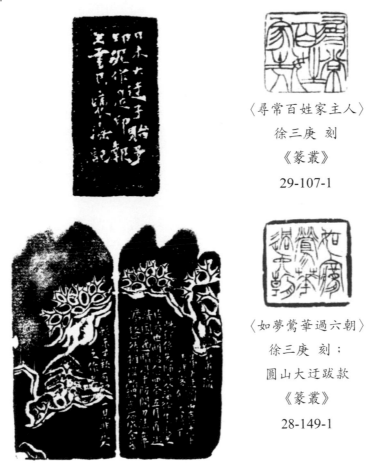

〈尋常百姓家主人〉

徐三庚 刻

《篆叢》

29-107-1

〈如夢鶯華過六朝〉

徐三庚 刻：

圓山大迂跋款

《篆叢》

28-149-1

（二）秋山白巖

　　繼圓山大迂之後赴上海的是秋山白巖，秋山白巖（1864～1954）名純，字儉爲，號探淵，亦號白岩、白巖、碧城，晚年多以「白巖」稱之。秋山儉爲是於明治十九年（光緒十二年，丙戌，1886 年）與原駐日公使何如璋同行赴中國的，經當時在上海經營「樂善堂」的岸田吟香之介紹，入徐三庚門下爲生徒，成爲辛穀正式的入室弟子。另外，儉爲的行草書亦曾受教於蒲華。

儉爲赴滬的那一年，辛穀已屆齡六十一歲，體力雖已大不如前，但仍書與儉爲諸多篆隸作品讓其臨習，如篆書〈出師表冊〉〔註6〕、〈臨天發神讖碑〉〔註7〕、〈臨郭林宗神道碑帖〉〔註8〕、〈漆書衛恆字勢帖〉〔註9〕、〈楷書蘭亭敍冊〉〔註10〕等，其中篆書〈出師表冊〉爲《出師表》全文，通篇幅爲長達五十四頁的巨製，以上作品在儉爲歸國之際亦一併帶回日本，從其回國時所攜的諸多書法作品中，便能察知儉爲曾是徐三庚所鍾愛的弟子。儉爲回國之際，已染恙臥榻的辛穀於病中援筆，鄭重地書文憑一卷交付予他，深厚的師生情誼不言而喻。

徐三庚 肖像（左爲秋山儉爲）
取自《徐三庚と日中の書法交流展圖錄》

明治二十三年（光緒十六年，庚寅，1890）一月，儉爲攜徐三庚和蒲華的諸多書作和碑版法帖等回到了日本，即在當地將中國蓬勃興起的書法藝術新思潮進行廣泛的傳播。他首先在東京京橋區創立了東京弘學院，繼而因深感在京書人結社的必要性，在岸田吟香的協助下，與圓山大迂一起爲書道團體「淡泊會」的結成而奔走努力。在東京生活六年之後，又致力於書法藝術在全國範圍內的普及，遂遊歷於關東周遭乃至中部、關西、中國（指日本的中國地區）等地區，爲普及活動費盡苦心；最後則在長野縣松本市度過晚年〔註11〕。

明治時期的日本書壇和印壇，也因爲秋山白巖和圓山大迂帶回的徐三庚書篆作品，在當時可說是風靡一時，因此而深受影響的還有西川春洞和初世

〔註 6〕 參考本論文「第四章 徐三庚的書法」第 183 頁。
〔註 7〕 參考本論文「第四章 徐三庚的書法」第 158 頁。
〔註 8〕 參考本論文「第四章 徐三庚的書法」第 155 頁。
〔註 9〕 參考本論文「第四章 徐三庚的書法」第 174 頁。
〔註 10〕 參考本論文「第四章 徐三庚的書法」第 164 頁。
〔註 11〕 參考自（日）魚住和晃：〈關於首代中村蘭臺篆刻中的徐三庚的影響〉，收錄在西泠印社九十週年論文集《印學論談》，1993 年 10 月，西泠印社出版社。

中村蘭臺。（參見本節第209～213頁）

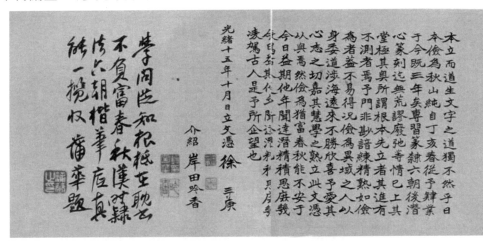

徐三庚書與秋山儉爲文憑卷

釋文：「本立而道生，文字之道獨不然乎，日本儉爲秋山純，自丁亥春從予肄業，于今既三年矣，專習篆隸六朝，後潛心篆刻，迄無荒謬廢弛等情，已上其堂，極其奧，所謂根本先立者，其進有不測者焉，予門非尠，諳練精熟如儉爲者蓋不易得，況儉爲異域之人，以身委道，涉海遠來，不勝欣喜，予愛其心志之切，嘉其慧學之熟，立此文憑以與焉，然儉爲猶富春秋，能不安于今日，益期他年聞達潛精，積思庶幾，凌駕古人，是予所企望也。光緒十五年十月日立文憑，徐三庚。」
「介紹：岸田吟香。」
「學問從知根砥在，耽書不負富春秋，漢時隸法六朝楷，筆底眞能一攬收。蒲華題。」
圖片來源：《徐三庚と日中の書法交流展圖錄》，56、57頁，2011年1月11日，謙愼書道會發行。

二、徐三庚的影響

（一）西川春洞

　　西川春洞（1847～1915），名元讓，字子謙，別署如瓶人、大夢道人、茹古山民，世居江戶，爲西川寧之父。其篤嗜金石，書承家學，相傳幼年曾書隸楷二體千字文呈幕府，當時已目爲神童，星使李文忠極贊許之。

　　歸國後的秋山白巖首先是在東京展開他的傳播活動，對於西川春洞而言，是甚爲幸運的事，主要是因爲儉爲將從中國帶回的法書對於同道者開放無私，使得春洞很快就從儉爲那取得徐三庚的篆書〈出師表冊〉及〈臨郭林宗神道碑帖〉的雙鉤摹本。據日人魚住和晃所撰〈關於首代中村蘭臺篆刻中的徐三庚的影響〉一文中所述，明治二十三年（光緒十六年，庚寅，1890年）十月，春洞刊行其書作《五體千字文》全五冊，其中以《漢篆千字文》爲題

的一冊最引人注目，其在於書體與徐三庚篆書〈出師表冊〉極爲近似，如「興德之言」四字係從辛穀篆書〈出師表冊〉中抽出參考書寫而成的，但徐書的〈出師表冊〉於明治二十三年一月方傳來日本，得以借讀此作的春洞何以能在同年十月即出版《漢篆千字文》，依此，春洞之第三子西川寧於〈秋山白巖先生——明治書道史的一個片段〉一文中作了明確說明，據文所述，西川寧在整理家中倉庫時，發現了其父親手筆的另一種篆體千字文的試印件，出自錢泳風格（春洞習篆，由錢泳風格入手）；由此可知，其創作的《五體千字文》中「篆書」一體的部分最初是以錢泳書風寫成的，但隨後得以從秋山白巖那取得徐三庚所書的〈出師表冊〉，初見十分著迷，於是轉而悉心專研辛穀之篆法，以徐書爲參照，重新再創作另一件篆書千字文，如此果敢的決斷，以及對於徐三庚書藝的癡迷，由此可以想見。

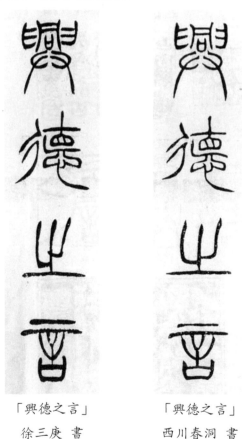

「興德之言」　　　　　「興德之言」

徐三庚　書　　　　　西川春洞　書

徐三庚〈臨郭林宗神道碑冊〉（局部）

西川春洞　雙鉤徐三庚〈臨郭林宗神道碑冊〉（局部）

圖片來源：《徐三庚と日中の書法交流展圖錄》，36頁，2011年1月11日，謙慎書道
會發行。

徐三庚〈臨郭林宗神道碑冊〉（局部）

西川春洞臨徐三庚〈臨郭林宗神道碑冊〉（局部）

圖片來源：《徐三庚と日中の書法交流展圖錄》，78、79頁，2011年1月11日，謙愼書道會發行。

　　上圖爲西川春洞臨徐三庚〈臨郭林宗神道碑冊〉書作（局部），春洞不僅潛心專研，另還雙鈎此書以探其筆法，筆畫雖然較辛穀纖細（例如橫豎畫粗

細較爲一致，辛穀則有意識地將橫畫加重），但其心摹手追之決心和毅力，實令人動容。

（二）初世中村蘭臺

初世中村蘭臺（1856～1915），名稻吉，號蘭臺、蘇香、香草居主人、天芳逸士，齋堂爲醉漢堂、香草居。對於金石古印有深入研究，其獨特的以木質印材治印，特別是於紐式和邊款上那華麗多彩的風格〔註12〕，爲他樹立個人新面貌。

蘭臺出身市井，酷愛金石古玩，囊中有錢便往古董店去，終身貧困潦倒，但此布衣情操與西川春洞甚爲相投，故深爲春洞所惜護。也因彼此交情匪淺，蘭臺借得春洞所摹徐三庚〈臨郭林宗神道碑冊〉雙鈎本，除了深受辛穀書藝感化之外；在篆刻創作中以非凡的速度吸收辛穀的印藝，當時的蘭臺僅三十多歲，綜觀蘭臺中年時期的篆刻作品，可見當時深受徐三庚印風的影響。

蘭臺最早期的篆刻作品呈現的是如「大和印」日本自古以來的傳統風格，其於三十多歲爲西川春洞所刻的白文印〈西川元讓字子謙〉（《徐と日》98・1），則以近乎手寫的小篆入印，而章法布局的穿插、挪讓都是取法辛穀的經營手法來創作的；另一方朱文印〈西川元讓字子謙〉，線條上以直線與弧線交相使用，能夠伸展之處則盡情伸展，如「春」字右邊的長畫、「洞」字的水部、「居」的「尸」、「詩」字的「寸」旁、「書」、「畫」、「印」等字，而以「印」字上端「爪」的緊密安排，還有最後一畫的「弧轉」，皆能看出其承襲辛穀的痕跡。

〈西川元讓字子謙〉
初世中村蘭臺 刻
《徐と日》98・1

〈春洞居士詩書畫之印〉
初世中村蘭臺 刻
《徐と日》98・2

〔註12〕中村蘭臺擅長以木質印材治印，除了印面的處理之外，還於印側及印頂加工，如於印頂刻以花鳥或神獸；於印側除文字外，還刻以各種常見於金石的紋樣，其後又在印材施塗生漆，並於所刻文字內填以胡粉、白綠、綠青等顏彩予以強調；印頂雕刻處部分施以金、綠青等色，使整件作品極盡豐富華麗。

　　另外兩方朱文印〈春洞居士詩書印〉(《徐と日》98‧3)和〈子謙〉(《徐と日》98‧4)同樣也是爲西山春洞所刻,〈春洞居士詩書印〉中「洞」字「水」部從焦點發散出去的結體,還有「印」字的多「折轉」,以及打破行列概念的布局等都是跟從徐式風格而來,惟有部分參入自我想法,如「印」字上端「爪」旁的誇張弧度,呈現更爲裝飾效果的視覺符號;另一方朱文印〈子謙〉則取法三晉系「闊邊」、「細朱文」的特點,並以辛穀「中宮緊束,上密下疏」的風格去布字,再將「子」字縮得更小,使印面章法趣味十足。

　　蘭臺在中年時期對徐三庚的藝術用心揣摩多時,使自己的篆刻藝術花繁葉茂,但並沒有因此沉溺在辛穀的風格世界裡,反而是藉由辛穀帶來「新」藝術的刺激,引導他開拓自己獨有的一片天。

〈春洞居士詩書印〉　　　　　　　　　　〈子謙〉

初世中村蘭臺 刻　　　　　　　　　初世中村蘭臺 刻

《徐と日》98‧3　　　　　　　　　《徐と日》98‧4

第三節　徐三庚書篆藝術的啓示

　　經由本研究發現,徐三庚的書篆藝術有著濃厚鮮明的風格與表現性,堪稱爲清末書篆家中極具現代設計感的代表藝術家,然而其未能與趙之謙,亦或是稍後的吳昌碩一樣卓然成爲大師者,究其原因或如前文提及的時代背景思維,以及大眾的審美觀念仍屬於儒家思想體系的中庸之美。辛穀的入古出「新」或許是個性太鮮明,自我意識過於強烈而往小眾裡去,故未能成爲當時的主流。儘管有兩極的評價聲浪,但辛穀終究在書篆藝術史上佔有一席之地。

　　所謂藝術的創造與創新，從來就不是百分之百純屬一個人的創造，透過本研究，將辛穀的學習創藝歷程作一考察分析後發現，在他強烈的自我風格背後，承載著極其富足的創作資產和養料，他的學習經歷既豐富又多彩，學習態度非常用功且踏實，可說是穿越時空橫亙古今，如從戰國、秦漢魏晉、宋元、以至明清流派等經典傳統中廣收博取，他都盡可能地消化、吸收，不斷地從中自我培養與修煉，並融合變通進而鍛造以求出新。值得借鑑的是，他並沒有被傳統框架給束縛，反而從中發掘了自我，而其「銳意變法，勇於創新」的創藝精神與態度，可供給學習者參考的榜樣。

　　但辛穀的境遇亦留給今日的書篆藝術家一個省思的空間，即如何在「自我」與「潮流」中取得一個平衡點？其給予的啓示應不在於他盡情地展現自我、特立獨行這個層面上，而在於學習他為尋求自我之前所投入的心力和工夫，以及學習他如何充實自己的創作資源和靈感，還有「綜合匯通」的能力。

　　且先拋開學界對於徐三庚的兩極評價，事實上他的作品呈現即已貢獻了他的經驗和想法，整個學習過程與所經歷的種種已成為後世參照的對象。並以此期許自己，在未來創作時，能有全方位的思維以及認真為學的精神和態度。

參考書目

（一）印譜類

1. 松丸東魚：《徐三庚印譜》，1958 年，東京，白紅社。
2. 小林斗盦：《徐三庚一　中國篆刻叢刊　第二八卷　清 22》，1984 年 4 月 30 日，東京，二玄社。
3. 小林斗盦：《徐三庚二　中國篆刻叢刊　第二九卷　清 23》，1984 年 5 月 30 日，東京，二玄社。
4. 小林斗盦：《篆刻全集 7　中國（清）趙之謙・徐三庚》，126～189 頁，2001 年 5 月，東京，二玄社。
5. 張郁明：《中國歷代印風系列　清代徽宗印風（下）》，147～196 頁，1999 年 12 月，重慶，重慶出版社。
6. 童辰翊・孫慰祖：《徐三庚印譜》，1993 年 3 月，上海，上海書店。
7. 劉永明：《增補徐三庚印譜》，1990 年 11 月，揚州，揚州古籍書店。
8. 余正：《西泠印社藏徐三庚印選》上下冊，1990 年，杭州，西泠印社。
9. 朱艷萍・張姣：《中國歷代篆刻集粹⑧趙之謙・徐三庚》，頁 124-193，2007 年 6 月，杭州，浙江古籍出版社。
10. 未著撰人：《徐三庚印存》，1978 年 12 月，香港，廣雅社。
11. 未著撰人：《徐三庚印譜》，1988 年，台北，東方文化複印。
12. 章群・陳茗屋：《四知堂珍藏吳讓之印存孤本》2010 年 12 月，杭州，西泠印社。

（二）一般書籍類

1. 劉文潭：《現代美學》，1967 年，台北，臺灣商務。
2. 朱劍心：《金石學》，1995 年 7 月，台北，臺灣商務印書館。
3. 蕭高洪：《方寸之間——中國篆刻藝術史》，2002 年 9 月，高雄，汶采有限公司。
4. 方去疾：《明清篆刻流派印譜》，1980 年 10 月，上海，上海書畫出版社。
5. 劉正成：《中國書法鑑賞大辭典⑨》，1989 年，台北，旺文出版社。
6. 劉正成：《中國書法鑑賞大辭典⑰》，1989 年，台北，旺文出版社。
7. 徐律哲・徐蓉蓉：《清代書法藝術鑑賞》，2001 年 2 月，新竹，清蔚文化。
8. 沙孟海：《沙孟海論書叢稿》，1988 年，台北，華正書局。

9. 沙孟海：〈清代書法概說〉，收錄在《中國美術全集 書法篆刻編 6・清代書法》，1989 年，台北，錦繡出版事業股份有限公司。

10. 楊逸等人所著：《海上墨林》，1989 年 5 月，上海，上海古籍出版。

11. 北川博邦：《徐三庚臨天發神讖碑》，1998 年，東京，雄山閣出版株式會社出版。

12. 陳其鋒：《徐三庚篆刻及其刀法》，2000 年 6 月，杭州，西泠印社出版。

13. 韓天衡：《歷代印學論文選》上，1999 年 8 月，杭州，西泠印社出版。

14. 許禮平：《清末民初名家收藏展專集》，1998 年 12 月 28 日，香港，翰墨軒出版有限公司。

15. 陳永源：《海峽兩岸春秋鄭公大墓青銅器學術研討會論文集》，2001 年 8 月，台北，國立歷史博物館。

16. 韓天衡：《歷代印學論文選》下，1999 年 8 月，杭州，西泠印社出版。

17. 羅福頤：《故宮博物院藏古璽印選》，1981 年序，北京，文物出版社。

18. 馬承源主編・上海博物館商周青銅器銘文選編寫組：《商周青銅器銘文選》四冊，1986 年 8 月～1990 年 4 月，北京，文物出版社。

19. 陸心源：《千甓亭古磚圖釋》，1991 年 4 月，北京，中國書店。

20. 劉體智：《小校經閣金文拓本》18 卷，1935 年，台北，臺灣大通書局印行。

21. 鄧散木：《篆刻學》上、下編，1979 年 5 月，北京，人民美術出版社。

22. 李剛田主編・尹海龍著：《古璽技法解析》，2006 年 5 月，重慶，重慶出版社。

23. 方小壯：《歷代印風系列 漢印》，2003 年 8 月，上海，上海書畫出版社。

24. 大眾書局編輯部：《中國的印章》，1988 年 3 月 15 日，高雄，大眾書局。

25. 張雙棣・陳濤主編：《文言文字典》，2005 年 6 月，台北，五南圖書出版股份有限公司。

26. 林文彥：《認識書法藝術⑥ 篆刻》，1997 年 4 月，台北，國立臺灣藝術教育館。

27. 王北岳：《印林見聞錄〈一〉》，2003 年 8 月，台北，麋研筆墨有限公司。

28. 孫慰祖：《可齋論印新稿》，2003 年 3 月，上海，上海辭書出版社。

29. 孫慰祖：《古封泥集成》，1994 年 11 月，上海，上海書店。

30. 沙孟海：《印學史》，1987 年 6 月，杭州，西泠印社出版。

31. 韓天衡：《篆刻三百品》，2009 年 8 月，上海，上海書畫出版社。

32. 康有爲：《廣藝舟雙楫》，1956 年 4 月，台北，臺灣商務印書館。

33. 沈沉主編：《中國篆刻全集》（一～五卷），2000 年 7 月，哈爾濱，黑龍

江美術出版社。

34. 黃惇：《中國古代印論史》，1997 年 4 月，上海，上海書畫出版社。

35. 趙明：《古印陶、封泥代表作品技法解析》，2006 年 5 月，重慶，重慶出版社。

36. 林進忠：《認識書法藝術① 篆書》，1997 年 4 月，台北，國立臺灣藝術教育館。

37. 符驥良：《篆刻技法入門》，第 136、137 頁，2008 年 1 月，上海，上海書畫出版社。

38. 袁枚：《隨園詩話》卷二，1982 年第二版，北京，中華書局。

39. 巴東 主編：《欣得印彙藏印》，2010 年 5 月，台北，國立歷史博物館。

40. 華正人：《歷代書法論文選（上冊）》，1997 年 4 月，台北，華正書局。

41. 華正人：《歷代書法論文選（下冊）》，1997 年 4 月，台北，華正書局。

42. 孫慰祖・俞豐：《印裡印外──明清名家篆刻叢談（下）》，2000 年 8 月，高雄，汶采有限公司。

43. 何寶善：《漢郭有道碑考》，1995 年 5 月，出版地不詳，後守拙軒出版（再版）。

44. 梁披雲：《中國書法大辭典》下，1984 年 10 月，香港，書譜出版社。

45. 仲威：《中國碑拓鑒別圖典》，2010 年 5 月，北京，文物出版社。

46. 《徐三庚と日中の書法交流展圖錄》，2011 年 1 月 11 日，謙慎書道會發行。

47. 穆孝天・許佳瓊：《鄧石如研究資料》，1988 年 1 月，北京，人民美術出版社。

48. 楊中良：《中國篆刻創作解讀・流派印卷》，2001 年 8 月，河南美術出版社。

49. 王廷洽：《中國古代印章史》，2006 年 6 月，上海，上海人民出版社。

50. 朱關田：《篆刻藝術賞析》，1999 年 4 月，重慶，重慶出版社。

51. 辛塵：《歷代篆刻風格賞評》，1999 年 4 月，杭州，中國美術學院出版社。

52. 吳清輝：《中國篆刻學》，1990 年 8 月，杭州，西泠印社。

53. 祝遂之：《中國篆刻通議》，2003 年，上海，上海書店出版社。

54. 章用秀：《篆刻藝術與刻印技法》，1997 年 4 月，天津，天津人民美術出版社。

55. 童衍方：《藝苑清賞──晏方品珍》，2006 年 5 月，上海，上海書店出版社。

56. 楊中良：《中國篆刻創作解讀・流派印卷》，2001 年 8 月，鄭州，河南美

術出版社。

57. 葉一葦：《篆刻叢談》，1985 年 1 月，杭州，西泠印社。

58. 董惠寧：《中國歷代篆刻精品 100 案賞析》，1995 年 10 月，濟南，山東科學技術出版社。

59. 趙海明：《篆刻蒙求：篆刻知識與技法》，2001 年 6 月，北京，文物出版社。

60. 劉一聞：《中國印章鑑賞》，1993 年 12 月，台北，南天書局有限公司。

61. 劉江：《玉石乾坤：篆刻藝術賞析》，1995 年，台北，書泉出版。

62. 錢君匋‧葉潞淵：《璽印源流》，1998 年 4 月，北京，北京出版社。

63. 韓天衡‧陳道義：《點擊中國篆刻》，2006 年 8 月，上海，上海人民美術出版社。

64. 蕭高洪：《中國歷代璽印精品博覽》，1995 年，南昌，江西人民出版社。

65. 羅福頤：《古璽文編》，1981 年 10 月，北京，文物出版社。

66. 容庚：《金文編》（正編、續編），1925 年初刊，1971 年 12 月刊印，台北，大通書局。1985 年 7 月，北京，中華書局（增修版）。

67. 張頷：《古幣文編》，1986 年 5 月，北京，中華書局。

68. 孫慰祖‧徐谷甫：《秦漢金文彙編》，1997 年 4 月，上海，上海書店出版社。

69. 韓天衡：《中國印學年表》，1987 年 1 月第 1 版，上海，上海書畫出版社。

70. 劉江：《中國印章藝術史》上，2005 年 10 月第 1 版，杭州，西泠印社。

71. 劉江：《中國印章藝術史》下，2005 年 10 月第 1 版，杭州，西泠印社。

72. 林乾良：《印迷叢書》上，1999 年 11 月第 1 版，杭州，西泠印社。

73. 林乾良：《印迷叢書》下，1999 年 11 月第 1 版，杭州，西泠印社。

74. 章群：《四和堂珍藏吳讓之印存孤本》，2010 年 12 月第 1 版，杭州，西泠印社。

75. 徐敦德：《西泠後四家印譜》，1998 年 2 月第 2 版，杭州，西泠印社。

76. 古迪吉：《篆書入門》，2005 年 6 月再版，台北，藝術圖書出版。

77. 趙海明：《印章邊款藝術》，1993 年 6 月第 1 版，北京，書目文獻出版社。

78. 孟瀅‧許振軒：《鄧石如書法篆刻全集》卷一，1993 年 5 月初版，合肥市，安徽美術出版社。

79. 張謇會輯：《金石大字典》，2006 年 10 月再版，台北，宏業圖書出版。

80. 黃惇：《元代印風》，1999 年 12 月第 1 版，重慶，重慶出版社。

81. 黃惇‧庄新興：《漢晉南北朝印風》上，1999 年 12 月，重慶，重慶出版社。

82. 黃惇‧庄新興:《漢晉南北朝印風》中,1999 年 12 月,重慶,重慶出版社。

83. 黃惇‧庄新興:《漢晉南北朝印風》下,1999 年 12 月,重慶,重慶出版社。

84. 黃惇‧徐暢:《先秦印風》,1999 年 12 月,重慶,重慶出版社。

85. 黃惇‧許雄志:《秦代印風》,1999 年 12 月,重慶,重慶出版社。

86. 黃惇‧張郁明:《清代徽宗印風》上,1999 年 12 月,重慶,重慶出版社。

87. 馮作民:《中國印譜》,1993 年,台北,藝術圖書出版。

88. 鞠稚儒:《元朱文印技法解析》,2006 年 5 月,重慶,重慶出版社。

89. 祝竹:《漢印技法解析》,2006 年 5 月,重慶,重慶出版社。

90. 尹海龍:《古璽技法解析》,2006 年 5 月,重慶,重慶出版社。

91. 唐吟方:《浙派經典印作技法解析》,2006 年 5 月,重慶,重慶出版社。

92. 袁日省‧謝景卿‧孟昭鴻:《新編漢印分韻》,2009 年 3 月,杭州,浙江古籍出版社。

93. 上海博物館:《中國書畫家印鑑款識》(全二冊),1987 年 12 月,北京,文物出版社。

94. 庄新興:《戰國璽印》,2003 年 8 月,上海,上海書畫出版社。

95. 余正:《浙派篆刻》,2003 年 8 月,上海,上海書畫出版社。

96. 蘇士澍:《中國書法藝術 秦漢》,2000 年 2 月,北京,文物出版社。

97. 崔陟:《天津市藝術博物館藏古璽印選》,1997 年 8 月,北京,文物出版社。

98. 謝東山:《藝術概論》,2008 年 3 月,台北,華都文化事業出版。

99. 施安昌:《名碑十品 故宮博物院藏文物珍品全集》,2006 年 12 月,香港,香港商務印書館。

100. 高明一:《中國書法簡明史》,2009 年 5 月,台北,雄獅圖書出版。

101. 胡泊:《清代碑學的興起與發展──一個「範式」轉換的研究》,2009 年 6 月,海南省,南方出版社。

102. 陳振濂:《歷代書法欣賞》,1991 年 7 月,台北,蕙風堂筆墨有限公司出版。

103. 廖新田:《清代碑學書法研究》,1993 年 6 月初版,台北,台北市立美術館出版。

104. 小林斗盦:《篆隸名品選──胡澍‧徐三庚》,2000 年 1 月,東京,二玄社出版。

105. 松村一德:《第二回 初世中村蘭臺展──木印の原風景》,2005 年,日

本茨城縣古河市，篆刻美術館。

106. 眞田但馬、宇野雪村：《中國書法史》，1998 年 9 月初版，北京，人民美術出版社。

107. 金建輝：《中國古代瓦當紋飾圖典》，2009 年 1 月，杭州，浙江古籍出版社。

108. 陳方既‧雷志雄：《書法美學思想史》，1994 年 3 月，鄭州市，河南美術出版社。

109. 錢君匋‧葉潞淵：《璽印源流》，1998 年 4 月，北京，北京出版社。

110. 趙明：《中國篆刻創作解讀——古璽、秦印卷》，2001 年 8 月，鄭州市，河南美術出版社。

111. 王本興：《中國歷代印章邊欄演變簡史》，2002 年 11 月，瀋陽，遼寧美術出版社。

112. 谷松章：《中國篆刻創作解讀——漢印卷》，2001 年 8 月，鄭州市，河南美術出版社。

113. 譚興萍：《中國書法用筆與篆隸研究》，1991 年 8 月，台北，文史哲出版社。

114. 孫慰祖：《可齋論印三集》，2007 年 8 月第 1 版，上海，上海辭書出版社。

115. 林鵬程：《孤山証印——西泠印社國際印學峰會論文集》，2005 年 10 月，杭州，西泠印社。

116. 蔡靜芬：《國立歷史博物館藏歷代銅鏡》，1996 年 11 月出版，台北，國立歷史博物館。

117. 陳介祺：《十鐘山房印舉》上，1985 年 3 月第 1 版，北京市中國書店。

118. 陳介祺：《十鐘山房印舉》下，1985 年 3 月第 1 版，北京市中國書店。

119. 王人聰‧葉其峯：《秦漢魏晉南北朝官印研究》，1990 年 1 月初版，香港中文大學文物館。

120. 孫慰祖‧徐谷甫：《秦漢金文匯編》，1997 年 4 月，上海，上海書店出版社。

121. 黃嘗銘：《篆刻年歷》，2001 年 4 月，台北，眞微書屋出版社。

122. 莊新興：《戰國鈢印分域編》，2001 年 10 月，上海，上海書店出版。

123. 菅原石廬：《中國古璽印精選》，2004 年 8 月，大阪，大阪書籍株式會社。

124. 赤井清美：《篆隸字典》，1985 年 2 月第 1 版，東京，小高製本株式會社。

125. 丁載臣：《歷代書法字源》，1985 年 6 月初版，台中，藍燈文化事業公司。

126. 秦孝儀：《中華五千年文物集刊 璽印篇》，1985 年 5 月初版，台北，中華五千年文物集刊編輯委員會。

127. 郁重今：《歷代印譜序跋彙編》，2008 年 10 月，杭州，西泠印社出版社。

128. 湯餘惠：《戰國文字編》，2001 年 12 月，福建，福建人民出版社。

129. 雷志雄：《徐三庚篆書冊》，1999 年 7 月，武漢，湖北美術出版社。

130. 青山杉雨：《明清書道圖說》，1986 年 2 月 10 日，東京，二玄社。

131. 株式會社同朋舍出版社・文物出版社：《中國真蹟大觀 清十二》，1995 年 12 月 30 日，東京，日本同朋舍出版。

132. 《明清名家書法大成 第六卷 清代書法四》，1994 年，上海，上海書畫出版社。

133. 高野侯・丁鶴廬：《金石家書畫（第一、二）集》，1976 年，東京，二玄社。

134. 下中邦彥：《書道全集》，1973 年 9 月 15 日，東京，株式會社平凡社。

135. 《楹聯墨跡大觀》影印本，1928 年，上海，中華書局。

136. 汪文娟：《歷代名人楹聯墨跡》，1992 年，上海，上海人民美術出版社。

137. 竹中誠子解說：《清 徐三庚出師表》，1970 年，東京，二玄社。

138. 上海博物館・大阪市立美術館・財團法人日本書藝院：《中國明清書法名品圖冊》上海博物館所藏，1986 年，大阪市，財團法人日本書藝院。

139. 李蕭錕：《中國書法之旅》，2001 年，台北，雄師美術。

140. 葉秀山：《書法美學引論》，1987 年 6 月，北京，寶文堂書店出版。

141. 殷蓀：《中國書法史圖錄》，1989 年，上海，上海書畫出版社。

142. 馮振凱：《中國書法欣賞》，2001 年，台北，藝術圖書。

143. 吳清輝：《中國篆刻學》，1990 年，杭州，西泠印社出版社。

144. 《朵雲軒藏書畫精品集》，1994 年 12 月，上海，上海書畫出版社。

145. 王王孫：《近代名聯一百種》，1962 年，百聯齋藏。

146. 國立歷史博物館展覽組：《扇的藝術》，1996 年，台北，國立歷史博物館。

147. 林進忠・蔡崇名・吳梅嵩：《書法之美 人與書寫藝術——館藏書法名家作品陳列特展》，1995 年，5 月 13 日，高雄，高雄市立美術館。

148. 蔡辰男：《國泰美術館選集第一輯 中國近代名家書畫集》，1979 年，國泰美術館。

149. 陳烈：《小莽蒼蒼齋藏清代學者法書選集（續）》，1999 年 7 月，北京，文物出版社。

150. 上條信山：《現代臨書大系》，1997～1998 年，東京，小學館。

151. 富華・蔡耕：《虛谷畫冊》，1986 年 7 月，北京，人民美術出版社。

152. 《墨》雜誌（1992），《圖說中國書道史》，東京，藝術新聞社。

153. 楊再春：《墨跡章法通覽》，2000 年 4 月 1 日，北京，北京體育大學出版社。

154. 中村伸夫：《中国近代の書人たち》，2000 年 10 月 27 日，東京，二玄社。

155. 酒井明：《中国清朝の書》，1992 年，東京，芸術新聞社。

156. 明清名家書法大成編纂委員會：《明清名家書法大成》，1994 年 9 月，上海，上海書畫出版社。

157. 高野侯：《楹聯墨蹟大觀》影印本，1928 年，上海，中華書局。

158. 余毅：《鄧石如篆書五種》，2004 年 3 月，台北，中華書畫出版社。

159. 徐邦達著‧故宮博物院編：《徐邦達集二 古書畫過眼要錄 晉隋唐五代宋書法 壹》，2005 年 10 月，北京，紫禁城出版社出版。

（三）期刊論文類

1. 魚住和晃：〈關於首代中村蘭臺篆刻中的徐三庚的影響〉，收錄在西泠印社九十週年論文集《印學論談》，1993 年 10 月，西泠印社出版社。

2. 楊高鈺：〈徐三庚及其印藝〉，收錄在《元龔璏書跡考評》，2007 年 11 月，上海，上海書畫出版社。

3. 陳信良：〈徐三庚自用印的篆刻考察〉，收錄在《國立臺灣藝術大學造形藝術學刊》，395～414 頁，2002 年 12 月，國立臺灣藝術大學。

4. 角田勝久：〈徐三庚の刻印に関すること——「印外に印を求める精神」に着眼して〉，1996 年 4 月 27 日，《書叢》第十號，新潟大學書道研究會。

5. 角田勝久：〈徐三庚と趙之謙の刻印における鄧派の受容形態〉，1997 年 6 月 17 日，《書叢》第十一號，新潟大學書道研究會。

6. 林進忠：〈趙之謙篆刻作品研創賞析（上）〉，刊於《印林》雜誌，第十六卷五期，總第九十五期，第 2～16 頁，1995 年 10 月，台北。

7. 林進忠：〈趙之謙篆刻作品研創賞析（下）〉，刊於《印林》雜誌，第十六卷六期，總第九十六期，第 33～49 頁，1995 年 10 月，台北。

8. 林進忠：〈戰國楚璽藝術賞析〉，刊於《印林》雜誌，第十七卷一期，總第十七期，第 25～38 頁，1996 年 3 月，台北。

9. 廖新田：《清代碑學書法研究》，第 57 頁，1992 年，臺灣師範大學美術研究所碩士論文。

10. 陳信良：《印外求印——近現代篆刻創作發展考察研究》，2005 年 6 月，國立臺灣藝術大學造形藝術研究所中國書畫組碩士論文。

11. 郭芳忠：《乾嘉學術對晚清書學思想及書風影響之研究》，第 600、601 頁，2005 年 6 月，國立高雄師範大學國文學系博士論文。

12. 葉瑜蓀：〈晚清浙江文人竹刻〉，2001 年 9 月 18 日，第 007 版，收錄在 人民日報海外版，文藝副刊。

13. 丁義元：〈盧谷研究與鑒賞——紀念盧谷逝世一百周年〉，收錄在《故宮文物月刊》165 第十四卷第九期，第 4～37 頁，1996 年 12 月，國立故宮博物院。

14. 陳重亨：〈明清篆刻家的秦印風格創作辨正〉，《蘇峰男教授服務公職四十年退休紀念 書畫藝術論文集》，2005 年 7 月，蕙風堂筆墨有限公司出版。

15. 陳重亨：《戰國秦系璽印研究》，第 30 頁，2008 年 1 月，國立臺灣藝術大學書畫藝術學系碩士班碩士論文。

16. 黃惇：〈印外求印與當代篆刻〉，收錄在《現代書畫藝術風格發展 國際學術研討會論文集》，第 304 頁，2009 年 7 月，國立臺灣藝術大學發行。

17. 杜三鑫：〈晚清「印外求印」用字小考——以趙之謙、吳昌碩、黃牧甫為例〉，《書畫藝術學刊》第二期，175～210 頁，2007 年 6 月，國立臺灣藝術大學書畫藝術學系。

18. 蔡宗憲：《元代印人吾衍研究》，第 50 頁，2006 年 6 月，中國文化大學藝術研究所美術組碩士論文。

19. 葉一葦：〈論浙派〉，摘自《書譜》第八十四、八十五期·《中國印學年鑑》。

20. 林文彥：〈璽印源起及其流派之概述〉，第 43～56，刊於《美育月刊》第 85 期，1997 年 7 月，國立臺灣藝術教育館。

21. 林文彥輯：《印林雜誌社印論會討論專集之③宋元明清篆刻發展研究資料》。

22. 劉香蘭：《蔡邕及其碑傳文研究》，1990 年 6 月，國立政治大學中文研究所碩士論文。

23. 蔡麗芬：《金農書法藝術研究》，2003 年 1 月，國立屏東師範學院視覺藝術教育研究所碩士論文。

24. 王北岳：〈近代印人印舉（六）徐三庚〉，收錄在《藝林》第一卷 一～六期，1976～1977 年。

25. 謝紅：〈淺談篆刻作品中的「印眼」〉，2005 年，收錄在《青少年書法》11 期。

26. 李剛田：〈元朱文印的篆法〉，2005 年，收錄在《青少年書法》第 22 期。

27. 李剛田：〈選篆與用篆之一〉，2006 年，收錄在《青少年書法》第 10 期。

附錄一：徐三庚篆刻作品邊款姓名字號齋名署款使用期表

（表格中的「用期」數字為徐氏年紀，例如：「41.4～52.1」的意思為該署款於四十一歲四月起至五十二歲一月期間的使用印例；「用例」則為使用次數）

署款	用期	用例
徐三庚、三庚、庚	29～61	132
辛穀	28～44.2	55
褎海、老褎、褎	52.1～64	53
上虞	30～61	40
金罍、金罍野逸、金罍道士、罍	41.4～52.1	38
井罍、井罍	48.9～49	18
似魚室主、似魚	53.7～57	12
詵郭	38.7～40.11	8
客虎林、虎林客	40.11～45.4	6
似魚室	52.1～56	4
薦未道士	33.7	1
復古齋	41.4	1
罍漚寄室	47.5	1
大橫		1
餘糧生		
老辛庚	晚期	1
翯嗽老人、翯嗽散人	晚期	1

附錄二：徐三庚篆刻作品列表

（表中「刊載處」的代號爲該圖檔之獨立編號，如：代號「28-003-1」中的「28」爲小林斗盦 編：《徐三庚一 中國篆刻叢刊 第二八卷 清22》第「二八」卷之意，「003」爲該書第 3 頁，最後的數字「1」則表示爲該頁第一方印；「譜 11・1」爲童辰翊・孫慰祖 編：《徐三庚印譜》中第 11 頁第一方印；「《晏方》161・2」爲童衍方 編：《藝苑清賞——晏方品珍》中第 161 頁第二方印，依此類推。）

（註：表中之篆刻圖片非原尺寸大小，僅供作品清單列表用，特此說明。）

印作	印文	邊款釋文	署款	西元	年齡	刊載處
	潘川	是印仿漢最得意作也。癸丑春，辛穀甫。	辛穀	1853	28	28-003-1（譜 11・1）
	藍尗詩畫	癸丑中秋，辛穀作於渭長之不舍。	辛穀	1853	28	28-003-2（譜 11・3）
	懷護草堂	宋元人喜作邊連朱文，辛穀學之，時癸丑十一月二日。連邊誤作邊連。	辛穀	1853	28	（譜 11・2）

	王引孫印	上虞徐三庚，爲小竹先生製，即希審定，同治紀元春王月。	上虞徐三庚	1862	37	28-031-1（譜18‧1）
	上元孫文川伯澂甫珍藏金石書畫記	謬篆川文作「川」，漢〈史川私印〉是也。伯澂仁兄屬刻是印，特附及之。壬戌秋日子卍誌。	無	1862	37	（譜20‧2）
	治安	癸亥春王月二十日，觀完白印冊，適治安仁兄來訪，屬爲檢此，率爾應命，三庚。	三庚	1863	38.1	28-033-2（譜22‧2）
	譙國	同治二年三月廿五日，袁椒孫以此石持贈用伯仁兄，屬徐三庚仿漢人鑄銅印。	徐三庚	1863	38.3.25	28-035-1（譜19‧1）
	張子祥六十以後之作	子祥仁丈鑒之，徐三庚製。同治二年六月四日，記于滬上。	徐三庚	1863	38.6.4	28-035-2（譜19‧3）
	子安	癸亥六月，子安道兄爲余作便面，刻此奉謝，辛穀。	辛穀	1863	38.6	28-037-1（譜22‧1）
	甘谿	同治二年七月之吉，詵郭製于滬濱。	詵郭	1863	38.7	28-037-2（譜19‧2）

	四餘讀書室	董遇三餘讀書，朱高安相國益以公餘為四，今調翁易以老耆生之餘，亦見其耄而好學矣。同治二年七月廿八日，上虞徐三庚客春申浦城記。	上虞徐三庚	1863	38.7.28	28-039-1（譜20·1）
	馨	椒孫仁兄鑒之，上虞徐三庚擬古。癸亥中秋。	上虞徐三庚	1863	38.8	28-041-1（譜74·6）
	竹君畫記	同治二年八月廿五日，與竹君任丈同客滬上，製此。詵郭三庚記。	詵郭三庚	1863	38.8.25	28-041-2（譜20·3）
	二十餘年成一夢此身雖在堪驚	癸亥十一月廿又五日，擬六朝朱文于春申浦寓齋，為歡伯老棣鑒，徐三庚記。	徐三庚	1863	38.11.25	28-043-1（譜21·2）
	陸長林印	甲子嘉平月，丹翁有幕溪之行，作此誌別，並博一哂。徐三庚記。	徐三庚	1864	39	28-045-1（譜22·3）
	吳江葉鏞印信	笙甫仁兄鑒之，徐三庚製于甬上，乙丑春二月。	徐三庚	1865	40.2	28-051-1（譜26·1）
	季眉	乙丑春二月，辛穀製。	辛穀	1865	40.2	28-053-2（譜23·2）

	劉維墉印	乙丑春日，三庚。	三庚	1865	40	28-055-1 （譜25‧3）
	白門史致道仲庸父章	辛穀仿王象字，乙丑二月。	辛穀	1865	40.2	28-055-2 （譜24‧1）
	志不在溫飽	身外之物，最足累人，節取其句，非自誇抱負也。乙丑餞春，褧盦識，辛穀刻。	辛穀	1865	40	28-057-2 （譜24‧2）
	烏程費以群	鵠侍仁棣指謬，徐三庚製。同治乙丑閏月上澣九日。	徐三庚	1865	40	28-059-1 （譜24‧3）
	不足爲外人道	徐三庚爲李唐刻是印，以佐作札之需。乙丑春暮，客句餘記。	徐三庚	1865	40	28-061-1 （譜27‧1）
	謹誠	此作神似黃秋盦司馬，李唐以爲如何？乙丑四月朔，徐三庚詥郭。	徐三庚詥郭	1865	40.4	28-061-2 （譜27‧2）
	三碑鄉民	穀士仁棣將歸岢谿，索刻是印，以爲它日之券云。乙丑夏六月十有四日，徐三庚。時同客滬上。	徐三庚	1865	40	28-063-1 （譜28‧4）
	蕈鑪秋思	乙丑夏六月，詥郭製于春申浦上。	詥郭	1865	40.6	28-063-2 （譜28‧2）

	清河	傅氏蓋自周代封建於清河，製是印，以誌傅氏之郡名云。乙丑夏，辛穀作。	辛穀	1865	40.6	28-063-3（譜28‧1）
	胡钁印信長壽	乙丑秋七月杪，辛穀篆，鞠鄰自刻。	辛穀	1865	40.7	28-065-1（譜26‧2）
	菊鄰日利	三庚爲掬泠仿秦人小印，時乙丑八月朔。	三庚	1865	40	28-065-2（譜26‧4）
	李唐啓事	乙丑九秋，歸自滬，購數石以貽李唐，並爲製印，此其一也。徐三庚記。	徐三庚	1865	40	28-065-4（譜28‧3）
	無事小神僊	人得一日閒，即是一日福。李唐以無事小神僊五字屬刻諸印，其平生恬淡寡慾，信可想見。余適爲二豎所染，力疾奏刀。乙丑重九，辛穀記。	辛穀	1865	40	28-067-1（譜27‧3）
	徐嗣元印	乙丑孟冬，庸北篆，三庚刻。	三庚	1865	40.10	（譜29‧1）
	麗卿	詵郭客虎林，爲麗卿仁兄製。時乙丑十一月十有二日也。	詵郭客虎林	1865	40.11.12	28-069-1（譜25‧1）
	日有一泉惟買書	乙丑冬月，麗卿仁兄屬製，徐三庚。	徐三庚	1865	40	28-069-2（譜25‧2）

	傅尓鏢印	客歲寓甬，爲李唐作數十印，頗不稱意。今春道出句餘，復出石屬刻，亦藉作數日盤桓也。丙寅三月，辛穀。	辛穀	1866	41.3	28-071-1（譜 30・2）
	新安西巖	月印盟兄，自新安來浙，余適富春歸，評較畫，殆無虛日，作此以貽，並希教我。丙寅四月朔，金罍道士徐三庚記于復古齋。	金罍道士徐三庚	1866	41.4	28-071-2（譜 30・1）
	聲亭生	汲庵居士築此亭□其鄉竹秋書院，庚申爲兵毀，屬刻此印以志舊巢，蓋以元子自況耶。丙寅七月廿日，徐三庚記。	徐三庚	1866	41.7.20	28-073-1（譜 33・2）
	日愛評書兼讀畫	丙寅六月廿有五日，客鹽官作，辛穀。	辛穀	1866	41.6.25	28-075-1（譜 32・1）
	劫灰餘物	澹如先生大人經亂以後，耆古之興不衰，名宦文苑，殆將兼之。同治五季八月朔，上虞徐三庚客虎林記。	上虞徐三庚客虎林	1866	41	28-077-1（譜 21・1）

印面	印文	邊款	署款	年代	年齡	編號
	易奄軒	利叔年丈之高祖竹坡先生，與張文漁徵士交，贈以二奄，徵士不欲，其來之易也。乞沈歸愚尙書撰募奄疏，并屬梁山舟學士書券，先生因作易奄軒。同治丙寅秋，三庚客虎林，利丈屬刻此印，以志先世逸事。	三庚客虎林	1866	41	28-077-2（譜34‧1）
	半日閒人	此石姨于閩粉，如千里馬馳數絮上不逞意氣，丁硯林爲汪上湖作名字二印，跋語云然。丙寅六月徐三庚客鹽官記。	徐三庚	1866	41.6	（譜31‧2）
	炳海	丙寅八月朔，遇炳海仁兄於愛廬，相談甚快，刻此奉正，並誌翰緣，上虞徐三庚。	上虞徐三庚	1866	41.8	28-079-1（譜33‧1）
	如華美眷	如華美眷，三庚爲李唐製，時丙寅十一月。	三庚	1866	41.11	28-079-2（譜29‧2）
	歸安包氏雙佩閣珍藏記	丙寅嘉平月，上虞徐三庚。	上虞徐三庚	1866	41.12	28-085-1（譜31‧1）

印面	印文	邊款	署款	西元	年歲	出處
	曾經滄海	丹徒王夢樓太守曾有此印，章法、筆意純乎漢人，此作略小變，終未出範圍耳。丁卯長至，客句餘之鳳皇山麓記，三庚。	三庚	1867	42	28-095-1（譜35‧4）
	心之所好	丁卯夏四月，徐三庚。	徐三庚	1867	42.4	28-087-2（譜35‧2）
	祥伯所得書畫	丁卯夏五月，三庚。	三庚	1867	42.5	28-091-1（譜36‧3）
	錢青之印‧云門（兩面印）	丁卯夏六月望日，辛穀作面面印。	辛穀	1867	42.6	28-087-3（譜35‧3）
	常欠讀書債	仿漢切玉法於鹽官旅邸，丁卯夏六月望，上虞徐三庚記。	上虞徐三庚	1867	42.6	28-089-1（譜35‧1）
	安且吉兮	嘉壽仁兄出示六朝竟拓本，屬提此四字製印，亦善頌之意也。時丁卯九夏，上虞徐三庚記。	上虞徐三庚	1867	42.9	28-089-2（譜34‧2）
	上虞周泰	丁卯秋九月，敖遊西泠，適柏盦仁兄屬刻是印，余時整鞭倚裝作此，三庚記。	三庚	1867	42.9	28-095-2（譜36‧2）
	孟蓮父	戊辰二月，假榻任阜長寓齋，作此以遣。金罍道士徐三庚記。	金罍道士徐三庚	1868	43.2	28-101-1（譜37‧3）

	阮靜山印・古香（兩面印）	戊辰四月，辛穀作。	辛穀	1868	43.4	28-103-1（譜38・1、2）
	青愛廬	金罍道士擬六朝印。	金罍道士	1868	43.11	28-107-2（譜38・3）
	成達章印・若泉（兩面印）	戊辰長至，坐雨青愛廬，仿完白山人面面印，為若泉弟，徐三庚。	徐三庚	1868	43	28-109-1（譜37・1、2）
	臣尔鎮印	己巳花朝，辛穀作。	辛穀	1869	44	28-113-1（譜39・3）
	慕堂	辛穀為慕堂仁兄製此，己巳二月。	辛穀	1869	44.2	28-113-2（譜39・1）
	邵友濂印	上虞徐三庚客句餘，為小邨先生製，己巳夏六月。	上虞徐三庚	1869	44.6	（譜39・2）

	周氏伯安	是作神似漢人，伯安善鑒別，是然爲否。庚午二月，徐三庚記。爲然倒製。	徐三庚	1870	45.2	28-115-1（譜43‧1）
	費以群印	鵠侍仁棣指疵，庚午四月抄，同客虎林，製此。上虞徐三庚記。	上虞徐三庚客虎林	1870	45.4	28-115-2（譜43‧2）
	程良驥印	上虞徐三庚刻贈，子瀛仁兄大人審之。庚午長夏，于撫院署齋記。	上虞徐三庚	1870	45	28-121-1（譜40‧1）
	原名際昌一字醒吾	庚午秋八月，金罍作。	金罍	1870	45.8	28-123-2（譜41‧2）
	桃華書屋	庚午十月，爲壽仙弟。三庚。	三庚	1870	45.10	28-125-1（譜42‧1）
	劉鏞印信	嘉壽仁兄屬仿漢人印，辛未三月，上虞徐三庚。	上虞徐三庚	1871	46.3	（譜44‧2）
	胡湘之印	辛未五月，徐三庚。	徐三庚	1871	46.5	28-127-1（譜44‧1）
	顧壽藏印	子嘉仁兄屬仿漢人印，辛未秋，上虞徐三庚。	上虞徐三庚	1871	46	28-151-1（譜45‧1）

	曾在上海蔣幼節處	辛未秋日，上虞徐三庚。	上虞徐三庚	1871	46	（譜48．1）
	煙雲供養	上虞徐三庚，爲子祥老伯作山水鈐角之印，時辛未秋八月上澣四日。	上虞徐三庚	1871	46.8	28-133-2（譜13．3）
	禹寸陶分	上虞徐三庚仿漢碑額。爲梓楣老仁兄作于森寶書樓，時辛未秋九月戊子朔。	上虞徐三庚	1871	46.9	28-135-1（譜46．1）
	頭陀再世將軍後身	金罍擬漢碑額篆于滬罍漚寄室，壬申五月。	金罍	1872	47.5	28-137-1（譜48．2）
	以罍臨本	鵠侍屬，徐三庚製。壬申荷華誕，同客滬上。	徐三庚	1872	47	28-137-2（譜50．1）
	費氏鵠侍	鵠侍屬，三庚擬古。壬申五月，同客滬罍。	三庚罍	1872	47	28-139-1（譜49．2）
	桐溪范慶雲印	翥霄屬，徐三庚客五羊城作。壬申八月。	徐三庚	1872	47.8	28-141-1（譜48．3）

	弢園藏	紫洤老友審之，壬申中秋，將之五羊城，道經香港製此。上虞徐三庚記。	上虞徐三庚	1872	47.8	28-143-1（譜49・1）
	雪漁	癸酉九月，井罍。	井罍	1873	48.9	28-145-2（譜50・4）
	褚成博印	井罍仿漢，甲戌。	井罍	1874	49	28-155-1（譜151・2）
	褚孝通	徐三庚刻充孝通棣文房，甲戌四月。	徐三庚	1874	49.4	28-155-5（譜51・1）
	梁伯清甗	甲戌長至，井罍仿古。	井罍	1874	49	28-173-4（譜51・2）
	徐三庚印・上于父（兩面印）	歸築室西莊，山下匠石麻列，雅道中輟，來甬上索書者坌至，檢匧中印不得，與褚叔寅過陳香畦裹米室，亂石磈礧攜此石回，時冰日射窗，心手交適，蔡劍白・唐勛伯慫慂奏刀。石聲犖犖，晡時畢，眎諸君，僉謂突入漢人堂室，此石得坿不朽，山中奇石，不可勝計，吾與諸君獨賞是石，可咲也。同治甲戌至日，金罍自識。	金罍	1874	49	29-003-1（譜3・3、4）

	臣陳炳文	徐三庚爲綽園仁兄製，乙亥七夕。	徐三庚	1875	50.7	29-027-1（譜55・2）
	膽欲大而心欲小知欲圓而行欲方	光緒紀元乙亥中秋，上虞徐三庚。	上虞徐三庚	1875	50.8	29-031-1（譜52・1）
	臣鍾毓印・雪塍（兩面印）	雪塍仁兄鑒，乙亥嘉平月，徐三庚作面面印于春申浦。	徐三庚	1875	50.12	29-035-1（譜54・1、2）
	子寬	光緒丁丑春王月，坐似魚室，對梅作此，時將之都門，疊記。	疊 似魚室	1877	52.1	29-037-2（譜56・2）
	梅生	丁丑春王月，作于似魚室，時將之都門，褎海。	褎海 似魚室	1877	52.1	29-039-2（譜58・2）
	黃建笁印	上虞徐三庚，爲華蓑先生方家仿漢私印，丁丑浴佛日。	上虞徐三庚	1877	52.4.8	29-041-1（譜57・1）

	印文	款識	作者	年代	年齡	編號
	楊文瑩印	雪漁仁兄指謬，丁丑夏五，客都門仿漢，徐三庚。	徐三庚	1877	52	29-043-1（譜59‧1）
	登庸印信	迂翁鑒之，徐三庚仿漢印范于都門，丁丑八月。	徐三庚	1877	52	（譜60‧2）
	觚觚	簣渼屬徐三庚作，丁丑九月望。	徐三庚	1877	52	（譜60‧1）
	長州謝榛日利	的龍契友索，仿漢，上虞徐三庚客鄂渚記之，戊寅午月。	上虞徐三庚	1878	53.5	29-045-1（譜61‧1）
	徐三庚印	似魚室主自製。	似魚室主		53.7	29-047-1（譜2‧1）
	褧海	戊寅七月，自製于鄂渚，似魚室主。	似魚室主	1878	53.7	29-049-1（譜1‧1）
	栖湄	戊寅八月朔，客鄂垣將歸，里門倚裝，匆匆作此，以博栖湄五兄鑒，三庚記之。	三庚	1878	53.8	29-091-1（譜62‧1）

	蒲華印	作英索篆，褎海改作。己卯上巳。	褎海	1879	54	29-095-1（譜62・2）
	光煜長樂	光緒辛巳花朝，坐似魚室，適素蘭初放，紅梅大開，對周觶秦權作此，盛稱得意，願子罣弟保藏之，勿爲它人所攫也。褎兄時年五十有六。	褎似魚室	1881	56	29-097-1（譜63・1）
	庚辰翰林	辛巳秋七月，褎海作於春申浦上。	褎海	1881	56.7	29-099-2（譜64・2）
	秀水蒲華作英	辛巳葭月，褎海客滬上，將之里門，倚裝作此。	褎海	1881	56.11	29-103-1（譜66・1）
	褚成博印	徐三庚爲伯約仿漢，辛巳冬至。	徐三庚	1881	56.12	29-101-1（譜65・1）
	尋常百姓家主人	日本大迁子貽予印泥，作是印報之，辛巳，褎海記。	褎海	1881	56	29-107-1（譜67・2）
	金祉卿書畫記	祉卿仁兄文房，褎海，辛巳冬。	褎海	1881	56	《晏方》161・1

印	印文	款文	署款	年代	年齡	出處
	震澤徐氏藜光閣所藏書画	樂民主人儲藏卷軸甚富，自顏其經廔日藜光閣，壬午冬，雨徠頤塘，出石索刻，眡其架，如入郟嬽，爰爲製記，似魚室主。	似魚室主	1882	57	29-125-1（譜66・2）
	不繫舟	癸未三月廿日庚子，作此以遣，襃海。	襃海	1883	58.3.20	29-133-1（譜67・1）
	臣郭傳璞	上虞徐三庚弟刻貽晚香老道長先生，時癸未四月八日也。	上虞徐三庚	1883	58.4.8	29-149-1（譜68・1）
	磨兜鞬	岳生老棣正，癸未乍秋，徐三庚襃海，岳生老兄爲是印有戒心焉，自謂印於外，未能印於心，索爲之銘，曰：鑷女內，鑷女外，多言爲敗。戊己之閒，寸二分一點，丹砂無賈買，壽章。	襃海徐三庚	1883	58	29-151-1（譜69・1）
	海秋	甲申四月爲海秋仁兄篆，三庚。	三庚	1884	59	（譜70・1）
	下官賣字自給	乙酉四月，買櫂皖江，道經虎林，重遇德卿老友于吳山，索作是印，遂爲奏刀，以報，即稀指疵。上虞徐三庚記。	上虞徐三庚	1885	60.4	29-153-1（譜71・1）

	印文	款識	署款	西元	年齡	著錄
	蓮葉硯齋	蓮齋仁兄審之，乙酉四月廿八日，假榻戴氏飽禮堂作，襃海徐三庚。	襃海徐三庚	1885	60.4.28	29-159-1（譜70・2）
	千泉一尺室	穗知馮君，輯古泉千計，其名不勝枚舉，復得西漢銅尺，以是名其室，屬刻此印，以記之。時乙酉嘉平月十又四日，襃海三庚。	襃海三庚	1885	60.12.14	29-181-1
	兆秊長壽	丙戌長至，刻寄穗知仁兄教之，上虞徐三庚弟。	上虞徐三庚	1886	61	29-183-1（譜72・1）
	秋山純印	上虞小兄徐三庚刻充儉爲學弟鈐之。	上虞徐三庚	1887	62	29-189-1（譜104・1）
	儉爲	丁亥脩褉日，襃海擬古。	襃海	1887	62	29-189-2（譜104・3）
	二十四番花信庵	戊子長至，襃海。	襃海	1888	63	（譜73・1）
	懷熙	徐三庚作於戊子年銘記。	徐三庚	1888	63	《晏方》161・2

	龔心釗印	褒海先生爲懷西太史作星洲。	褒海	1888	63	《晏方》161・3
	仲勉選藏津品	泗水瀕盦主作界格朱文。	褒海	1889	64	《晏方》160・1、3
	泉爲龔釗所得	己丑花朝,褒海作于春申浦時年六十有四。				

未紀年署款爲「辛穀」者:

	悔公心畫	辛穀仿宋人朱文法于石門。	辛穀		28-009-3（譜78・1）
	玉屏山人	上虞辛穀甫。	上虞辛穀		28-009-4（譜79・1）
	瀛臺爪雪	吾子行有是法,辛穀儗之。	辛穀		28-013-3（譜78・4）
	小圃	辛穀刻。	辛穀		28-027-3（譜74・1）
	芝亭・嵐友	辛穀。	辛穀		28-029-2（譜80・5）

	芝‧亭	辛穀製。	辛穀		28-029-3 （譜80‧1）
	家在洞庭 衡岳閒	辛穀刻。	辛穀		28-041-4 （譜83‧3）
	汪守安印	完白晚年，蒼渾 神理，近代惟儀 徵吳讓之能得 其妙。辛穀并 記。	辛穀		28-047-1 （譜92‧4）
	不好詣人 貪客過慣 遲作答愛 書來	辛穀。	辛穀		28-057-1 （譜75‧1）
	華萼柏煇	辛穀。	辛穀		28-067-2 （譜87‧1）
	札璞	札璞。辛穀製。	辛穀		28-081-1 （譜102‧4）
	靜觀	靜觀。辛穀刻。	辛穀		28-081-2 （譜87‧3）

	壽仙	閏月辛穀仿秦人印。	辛穀			（譜 76・3）
	頌庚	辛穀仿漢於滬。	辛穀			28-081-3（譜 76・4）
	少亭	辛穀仿宋人印。	辛穀			（譜 77・2）
	羊（肖形印）	辛穀。	辛穀			28-083-3（譜 161・2）
	天機清曠	辛穀。	辛穀			28-093-1（譜 154・4）
	吉祥長壽	辛穀仿晉專文字。	辛穀			28-093-2（譜 75・2）
	六郎	辛穀作。	辛穀			28-093-4（譜 98・2）
	伯安	辛穀。	辛穀			28-097-2（譜 94・1）
	伯安	辛穀。	辛穀			28-099-1（譜 93・2）
	蕭蠻	辛穀。	辛穀			28-099-2（譜 92・1）

	西溪布衣	辛穀。	辛穀		28-099-3 （譜 91・4）
	恆矢	仿秦人印。辛穀。	辛穀		28-099-4 （譜 158・4）
	復丁	辛穀。	辛穀		28-105-2 （譜 87・4）
	穀士	辛穀。	辛穀		28-117-3 （譜 97・2）
	費以羣印	辛穀仿漢。	辛穀		28-119-1 （譜 97・3）
	以羣	辛穀製于春申浦上。	辛穀		28-119-3 （譜 97・4）
	月中行者	辛穀篆。	辛穀		28-131-2 （譜 100・1）
	達夫詩孫竹屋辭裔	辛穀客西泠製。	辛穀		28-131-4 （譜 96・4）
	以恬養知	辛穀。	辛穀		28-133-1 （譜 96・5）
	伯敏所作	完白荒率，由漢鑒印中得來，此儗其意，辛穀。	辛穀		29-093-1 （譜 126・4）

	芙蓉盦	辛穀。	辛穀		29-103-2（譜166・1）
	歡伯	辛穀作。	辛穀		29-109-3（譜126・2）
	退娛堂	辛穀。	辛穀		29-157-1（譜165・5）
	興酣落筆	辛穀仿小松黃司馬。	辛穀		（譜79・3）
	靳育慶印	此印神似黃秋盦辛穀記。	辛穀		（譜79・4）
	一園水竹權爲主	辛穀。	辛穀		（譜82・2）

未紀年署款爲「上虞、徐三庚、三庚、庚」：

	惟庚寅吾以降	擬皇象書，爲春疇仁兄鑒，上虞徐三庚記。	上虞徐三庚		28-007-2（譜78・3）
	梓華菴主	徐三庚。	徐三庚		28-013-2（譜96・2）
	嘉興徐榮宙近泉	近泉宗兄審定，上虞小弟三庚，客春申浦。姚氏之彛華安擬此。	上虞三庚		28-015-1（譜15・1）

	倦游詞翰	擬吾家髯仙法於滬上，徐三庚。	徐三庚			28-023-1（譜 74．2）
	金烺私印	松泉仁兄屬刻即正，徐三庚記。	徐三庚記			28-025-1（譜 73．2）
	高烺之印	次愚仁兄審之，徐三庚儗漢人私印。	徐三庚			28-027-1（譜 74．4）
	芷淥詩畫	芷麓仁兄教之，徐三庚製。	徐三庚			28-027-4（譜 74．5）
	靳芝亭	三庚。	三庚			28-029-4（譜 80．2）
	學英	學英仁兄得趙松雪刻印，甚瘦逸之致，屬仿其意，徐三庚。	徐三庚			28-043-2（譜 83．2）
	長林	長林仁兄法家正，上虞徐三庚。	上虞徐三庚			28-045-2（譜 81．1）
	貴馨	完白早年白文，以荒率為旨，因儗其意，三庚。	三庚			28-047-2（譜 98．4）
	華振	上虞徐三庚作於滬上。	上虞徐三庚			28-049-1（譜 76．1）

印	印文	邊款			編號
	保彝	保彝仁兄，精究金石，以手拓古器物銘見貽，乃作是印奉報。三庚。	三庚		28-049-4（譜82・3）
	臣光宇印	季眉公祖大人清賞，上虞徐三庚仿漢。	上虞徐三庚		28-053-1（譜23・1）
	沈樹鏞印	均初先生屬仿漢，徐三庚。	徐三庚		28-063-4（譜83・4）
	胡钁	左龍右虎，漢印中之創見，鞠鄰仁兄屬仿是法。	三庚		28-065-3（譜159・7）
	泉唐陳彭壽印信	上虞徐三庚仿漢印，為震叔仁兄。	上虞徐三庚		28-069-3（譜93・1）
	金眞子	三庚為瓜行仁棣仿漢。	三庚		28-083-1（譜75・4）
	陳政鋆金石詩書畫印	今年桂開三度，自中秋香至重九，小聰幽靜，政鋆仁兄為余作圖，頗古逸，遂刻此印報之，三庚。	三庚		28-085-2（譜92・2）
	維坤	棨溪仁兄屬，徐三庚作。	徐三庚		28-087-4（譜94・3）

	嘉興張吉熊珍藏印	徐三庚爲祥伯仁兄作藏印。	徐三庚		28-091-2（譜36・1）
	大碧山館	上虞徐三庚。	上虞徐三庚		28-093-3（譜80・3）
	周泰	伯安仁兄正之，徐三庚作。	徐三庚		28-097-1（譜93・5）
	泰	伯安仁兄屬篆，徐三庚。	徐三庚		28-097-3（譜94・2）
	簫譜	徐三庚爲小坡老道兄。	徐三庚		28-105-3（譜76・2）
	少娛	少娛仁兄大雅正之，徐三庚作于春申浦上。	徐三庚		28-105-4（譜88・3）
	陸廷黻印	漁笙先生正謁，上虞徐三庚製。	上虞徐三庚		28-107-1（譜85・2）
	陸召南印・子鴻（兩面印）	徐三庚爲滌峯仁棣刻，以貽子鴻尊丈鑒。	徐三庚		28-109-2（譜85・3、4）

	臣銳私印	徐三庚。	徐三庚			28-111-1 （譜 154・2）
	无煦私印	徐三庚爲理齋 仁兄製。	徐三庚			28-111-3 （譜 103・2）
	宗麟私印	可久長室主人 鄧正，徐三庚仿 漢銅印。	徐三庚			28-113-3 （譜 99・1）
	吳氏橋孫	擬趙松雪于春 申江之牧龍道 院，徐三庚。	徐三庚			28-113-4 （譜 99・4）
	保謙私印	上虞徐三庚，爲 醒吾仁兄大人 仿漢。	上虞 徐三庚			28-123-1 （譜 41・1）
	金鑑私印	上虞徐三庚，爲 明齋仁兄老方 家治印。	上虞 徐三庚			28-127-2 （譜 100・2）
	堯俞	徐三庚爲瑞簵 擬古。	徐三庚			28-127-3 （譜 86・3）
	蘭生白牋	是印仿宋人連 邊朱文，三庚。	三庚			28-127-4 （譜 78・2）
	滋畬	是印余最愜意 之作，紫瑜吳兄 珍之，上虞徐三 庚記。	上虞 徐三庚			28-129-2 （譜 155・4）
	長生	曉山仁兄鑒 之，上虞徐三庚 客甬上仿漢。	上虞 徐三庚			28-131-1 （譜 87・2）

	烏江	一齋仁兄正是，徐三庚製。	徐三庚		28-133-4（譜 151・1）
	鵠侍	穀士仁弟正譌，三庚製。	三庚		28-139-2（譜 98・1）
	楊文瑩印	雪漁仁兄正之，徐三庚仿漢。	徐三庚		28-145-1（譜 50・2）
	江澂印信	上虞徐三庚，刻充梅生先生文房。	上虞徐三庚		29-039-1（譜 58・1）
	晉康樂族裔	儗漢官印于鄂垣，爲伯龍鑒，徐三庚。	徐三庚		29-045-2（譜 160・1）
	貴芳	貴芳仁兄見貽漢少室石闕脫木，作此奉答，三庚。	三庚		29-091-2（譜 140・4）
	生于戊午	貴芳仁兄屬，三庚作，時客滬上。	三庚		29-093-2（譜 162・5）
	常秉云	宋人白文以六朝人爲宗，稍淡逸而已，三庚。	三庚		29-093-3（譜 123・7）

	蒲華印信	作英棣鑒，上虞徐三庚同客西泠製。	上虞徐三庚		29-095-2（譜141・1）
	褚成博印	孝通老棣正之，徐三庚仿漢印。	徐三庚		29-099-1（譜64・1）
	瑞芬私印	蘭士叔正，三庚仿漢。	三庚		29-105-3（譜158・3）
	十端友齋主人	春澥仁兄正，徐三庚製。	徐三庚		29-107-2（譜90・5）
	看盡名山行萬里	歡伯屬刻，徐三庚記於甬上。	徐三庚		29-109-4（譜172・1）
	前身應畫師	勛伯屬刻，三庚記于四明蔡氏賓館。	三庚		29-129-1（譜171・4）
	臣祖翼印	菘耘方伯鑒，徐三庚篆。	徐三庚		29-143-1（譜134・2）
	周昌富印	徐三庚爲芸齋仁兄仿漢龍虎印。	徐三庚		29-145-1（譜106・3）

	鄑兆年穗知父所得金石	穗知馮君，蒐藏金石富甚，索刻是印，以結一重文字緣。弟庚。	庚		29-181-2（譜 139・3）
	穗知	徐三庚刻貽穗知仁棣鑒。	徐三庚		29-185-3（譜 140・1）
	翠琅玕館	瑞芝仁兄審之，三庚製。	三庚		29-185-4
	老潛	徐三庚。	徐三庚		29-187-3（譜 142・1）
	秋山純印	上虞小兄徐三庚，刻充儉爲學弟鈐之。	上虞徐三庚		29-189-1（譜 104）
	生于甲戌	友蘭仁兄屬正，三庚。	三庚		（譜 77・4）
	任氏宏之	徐三庚。	徐三庚		（譜 79・2）

印面	印文	邊款	署款		出處
	周泰	伯安仁兄正之，徐三庚作。	徐三庚		（譜93・4）
	長白清瑞之印	仿漢碑○篆，徐三庚。	徐三庚		（譜102・6）
	黃福枡印	徐三庚爲松泉仁兄仿漢鑄。	徐三庚		（譜142・2）
	瑞笏謹狀	中○○大人屬刻書札鈐記，三庚。	三庚		（譜154・3）
	生于乙酉	瑞芝仁兄屬之，三庚製。	三庚		29-077-6（譜162・3）
	耐寒廬主	起盦○叔鑒，三庚製。	三庚		（譜164・2）

未紀年署款爲「金罍、金罍野逸、金罍道士」者：

印面	印文	邊款	署款		出處
	摩兜堅	金罍野逸。	金罍野逸		28-019-1（譜84・4）
	十如老人	擬吾家髯仙法，金罍野逸記。	金罍野逸		28-019-2（譜81・4）
	浦西寓隱	調老避兵滬浦時以此自號，屬作印。上虞金罍野逸徐三庚記。	上虞金罍野逸徐三庚		28-019-3（譜80・4）

	一笑	金罍擬宋人朱文。	金罍		28-021-2 （譜 84・2）
	松泉	金罍野逸。	金罍 野逸		28-025-2 （譜 73・3）
	次愚	金罍野逸。	金罍 野逸		28-027-2 （譜 84・3）
	芷麓	金罍野逸。	金罍 野逸		28-029-1 （譜 74・3）
	跛道人	金罍野逸作於 滬上寓齋。	金罍 野逸		28-031-2 （譜 18・2）
	林中佛子	金罍。	金罍		28-049-2 （譜 82・1）
	望溪小詞	金罍道士製印。	金罍 道士		28-049-3 （譜 109・1）
	笙父	金罍道士。	金罍 道士		28-051-2 （譜 26・3）

	雲・卿・氏	金罍。	金罍			28-069-4 （譜 86・1）
	寫心	金罍。	金罍			28-083-2 （譜 86・2）
	事冗書須 零碎讀	金罍道士。	金罍 道士			28-083-4 （譜 103・1）
	伯安	金罍。	金罍			28-097-4 （譜 93・3）
	云門父	金罍道士擬宋 人連邊法。	金罍 道士			28-101-2 （譜 103・4）
	阮靜印 信・古香作 畫（兩面 印）	金罍爲古香作。	金罍			28-103-2 （譜 101・1、 2）
	退齋	金罍製。	金罍			28-111-2 （譜 154・1）
	理齋	金罍。	金罍			28-111-4 （譜 103・3）

	以羣	金罍。	金罍		28-117-1 （譜 97．6）
	鵲侍	金罍製于滬上。	金罍		28-117-2 （譜 97．5）
	穀士	金罍道士。	金罍 道士		28-119-2 （譜 97．1）
	鵲侍	金罍仿漢印。	金罍		28-119-4 （譜 50．3）
	子�	擬漢款識，篆稍 變其法。金罍。	金罍		28-121-2 （譜 40．2）
	鳳池書畫	金罍道士。	金罍 道士		28-133-3 （譜 88．4）
	子嘉	擬周王子申殘 皿葢篆法，遂用 曼老運刀。金罍 記。	金罍		28-151-2 （譜 45．2）
	放懷楚水 吳山外得 意唐詩晉 帖閒	金罍仿漢碑額 篆於甬東。	金罍		29-033-1 （譜 53．1）
	章綬口印	金罍為子寬叝 阮仿漢。須鄭重 鈐之。	金罍		29-037-1 （譜 56．1）

	丁丑翰林	擬宋人黏邊朱文。金罍。	金罍			29-043-2 （譜 59・2）
	劉村凌印	金罍道士徐三庚。	金罍 道士 徐三庚			（譜 77・3）

未紀年署款爲「詵郭」者：

	吟香啓事	吟香仁兄正，詵郭製。	詵郭			28-041-3 （譜 81・5）

未紀年署款爲「褒、褒海、老褒、似魚室混用」者：

	和齊眼福	意在小松曼生之間。	褒			（譜 147・2）
	頌侯	宋侯先生屬仿古斗檢封，褒海。	褒海			28-081-4 （譜 76・5）
	松左梅右	褒海擬黃小松司馬法。	褒海			28-153-1 （譜 91・2）
	袖海書畫	褒海作于似魚室。	褒海 似魚室			29-005-7 （譜 8・2）

	酋宋廔	褒海。	褒海		29-029-4 （譜174・3）
	華晨	褒海客雲津製。	褒海		29-041-2 （譜57・2）
	純保	褒海仿宋人白 文法。	褒海		29-093-4 （譜148・4）
	孝通父	褒海製于滬上。	褒海		29-101-2 （譜65・2）
	教程賞監	褒海仿漢。	褒海		29-105-2 （譜131・3）
	華長好月 長員人長 壽	褒海。	褒海		29-125-2 （譜172・4）
	李銘私印	褒海作於滬上。	褒海		29-131-1 （譜131・2）
	過海神僊	褒海作於五羊 城。	褒海		29-135-1 （譜173・4）

	吳寶森印	褎海仿漢。	褎海			29-137-1（譜 130・2）
	子權	褎海製。	褎海			29-137-2（譜 130・4）
	蘭貽	褎海製於滬瀆。	褎海			29-141-1（譜 136・2）
	蘭貽之印	褎海。	褎海			29-141-2（譜 136・4）
	菘耘	褎海。	褎海			29-143-2（譜 134・4）
	芸齋	褎海擬古。	褎海			29-145-2（譜 163・3）
	員鑑齋	擬水晶宮道人法，褎海。	褎海			29-147-1（譜 163・2）
	仲豫	褎海作于春申浦上。	褎海			29-147-2（譜 135・1）

	怡士	褏海客春申浦擬秦朱文。	褏海		29-149-2 （譜 68・2）
	海鷗	褏海。	褏海		29-155-1 （譜 6・1）
	媚于庶人	褏海。	褏海		29-157-2 （譜 174・4）
	胡純輔印	褏海製。	褏海		29-159-2 （譜 148・3）
	鄈子印氏	瑞芝仁兄屬，褏海。	褏海		29-185-1 （譜 139・2）
	穗知所藏	擬水精宮道人廬，褏海。	褏海		29-185-2 （譜 140・2）
	瑞芝	瑞芝仁兄屬，褏海。	褏海		29-187-1
	蔡龢霽校書讀畫印	褏海。	褏海		（譜 142・4）

	四明蔡穌霽校書讀畫印	襄海儗漢印。	襄海			（譜 144・1）
	四明蔡穌霽印	滌峰 ○ 仁兄正，襄海仿漢。	襄海			（譜 143・3）
	滌峰一字月笙	襄海。	襄海			（譜 146・1）
	和霽私印	襄海仿漢。	襄海			（譜 147・1）
	月笙	襄海○。	襄海			（譜 148・1）
	滌峰書畫	襄海製。	襄海			（譜 148・2）
	潛園鑑賞	老襄。	老襄			29-187-4（譜 140・3）

印	印文	邊款	署款			出處
	蔡穌霽印	老襃。	老襃			（譜 144・3）
	滌道人	仿秦印式，老襃。	老襃			（譜 147・4）
	跌蕩文史	老襃。	老襃			（譜 180・1）

未紀年署款爲「井罍、井畾」者：

印	印文	邊款	署款			出處
	古香	井罍。	井罍			28-105-1（譜 94・4）
	鵠侍	井罍製。	井罍			28-117-4（譜 98・3）
	劫餘生少欽五十歲後書	井罍。	井罍			28-125-2（譜 170・1）
	霽印	井罍仿漢。	井罍			28-131-3（譜 100・4）
	松泉	井罍作鄧東蔡氏賓館。	井罍			28-141-2（譜 95・4）

	彭翰孫	井畾。	井畾			28-147-1 （譜 156‧1）
	南屏父	井畾。	井畾			28-147-2 （譜 156‧2）
	孝通	井畾製。	井畾			28-155-4 （譜 151‧3）
	陳梁敀	井畾仿漢私印模。	井畾			28-173-1 （譜 149‧1）
	綽園	井畾作于甬江寓樓。	井畾			29-027-2 （譜 55‧1）
	陳炳文印	井畾仿漢鑄印式。	井畾			29-029-1 （譜 137‧6）
	綽園	井畾。	井畾			29-029-2
	孫懽敀	井畾仿漢。	井畾			29-029-3 （譜 118‧7）
	延陵季子之後	延陵季子之后，井畾刻于甬東。	井畾			29-129-2 （譜 175‧1）
	詒蘭草堂	井畾。	井畾			《晏方》160‧2

未紀年署款爲「老辛庚」者：

樞盦	法六朝人，老辛庚。	老辛庚			28-153-2（譜 86・4）

未紀年署款爲「似魚室主、似魚」者：

徐三庚印	似魚室主自製。	似魚室主			29-047-1
雲岱	似魚室主。	似魚室主			29-131-2（譜 131・4）
蘭巢父	似魚室主。	似魚室主			29-139-2（譜 133・2）
滌峰	似魚。	似魚			（譜 143・1）
滌峰手拓	似魚。	似魚			（譜 143・2）
私淑梅花	似魚製。	似魚			（譜 144・2）
蔡穌霽印	似魚。	似魚			（譜 145・1）

	滌峰父	似魚。	似魚		（譜 147・3）
	明月前身	似魚作。	似魚		（譜 171・1）

未紀年署款爲「鵞嚇散人」者：

	穗知父	鵞嚇散人製。	鵞嚇散人		29-183-2（譜 72・2）

未紀年署款爲「大橫」者：

	周泰	大橫治漢印。	大橫		（譜 93・4）

未紀年署款爲「上虞、徐三庚、辛穀混用」者：

	政鏊	上虞徐三庚辛穀甫製。	上虞徐三庚辛穀		28-087-1（譜 91・3）

未紀年署款爲「金罍、金罍道士、徐三庚混用」者：

	松泉書畫	歸文休有是法，日效之，金罍道士徐三庚。	金罍道士徐三庚		28-023-2（譜 73・4）
	甲辰生	穀士仁弟索刻，金罍徐三庚。	金罍徐三庚		28-059-2（譜 88・1）

未紀年署款爲「上虞、徐三庚、詵郭、客虎林混用」者：

	錫瑗長壽	蓬盦先生文房，徐三庚詵郭製。	徐三庚詵郭			28-033-1（譜 94・6）
	臣汪鳴皋	蘭生老兄審定，上虞徐三庚弟詵郭，客虎林復古齋擬古。	上虞徐三庚詵郭客虎林			28-129-1（譜 95・1）

未紀年署款爲「徐三庚、褒海混用」者：

	謝榛印信	啟龍道兄索，徐三庚褒海。	徐三庚褒海			29-139-1（譜 133・1）

未紀年以及未署款者：

	慤士					28-139-3（譜 81・2）
	慤士					28-139-4（譜 81・3）
	良樓風雨感斯文					28-139-5（譜 75・3）

	如夢鶯華過六朝	茉孫。 此印係先師襄海徐先生之作者也，明治念四季五月，再遊清國，適購得于坊間。刀法章法，整然相備，所謂點石成金者，雖未下款，可知一見非凡人之作矣。 弟大迂圓山眞志于上洋客館之燈下。				28-149-1 （譜 153・1）
	茮疾過目					28-155-2 （譜 151・4）
	褚成博印					28-155-3 （譜 151・5）
	長白瑞璋之印					28-157-1 （譜 101・3）
	黼疾一字福卿					28-157-2 （譜 101・4）

	孟達之印					28-157-3 （譜 91・1）
	沈迪謙印					28-157-4 （譜 158・6）
	有所不爲					28-159-1 （譜 169・3）
	世人那得 知其故					28-159-2 （譜 169・5）
	赤泉駐季					28-159-3 （譜 158・5）
	願天下有 情人都成 眷屬					28-159-4 （譜 96・3）

	江山爲助筆縱橫					28-159-5 （譜 100・6）
	兩游鴈濠 四入天台					28-159-6 （譜 95・3）
	穎川					28-161-1 （譜 96・1）
	邠野父					28-161-2 （譜 169・2）
	邠野					28-161-3 （譜 169・1）
	長樂					28-161-4 （譜 92・3）
	樂					28-161-5 （譜 89・4）
	延季					28-161-6 （譜 90・4）

	頌慈					28-163-1 （譜 98・5）
	益壽					28-163-3 （譜 100・5）
	厚父白牋					28-163-4 （譜 94・5）
	正梅子弄 黃時節					28-163-5 （譜 85・1）
	特健藥					28-163-6 （譜 95・2）
	徐					28-165-1 （譜 157・1）
	子聲					28-165-2 （譜 157・4）
	子聲					28-165-3 （譜 158・1）

	徐鄂印信					28-165-4 （譜 157・6）
	子聲金石書畫					28-165-5 （譜 157・7）
	會稽徐鄂大富昌					28-165-6 （譜 157・5）
	子聲					28-167-1 （譜 157・2）
	子聲					28-167-2 （譜 157・3）
	陳祺沅印					28-167-3 （譜 155・2）
	祺沅長壽					28-167-4 （譜 155・3）
	陳祺沅印					28-167-5 （譜 155・1）

	陳氏行五十三					28-167-6 （譜 155・5）
	陳梁伯藏					28-169-1 （譜 149・2）
	陳卅墨戲					28-169-2 （譜 150・6）
	陳氏行廿七					28-169-3 （譜 150・5）
	梁伯書畫					28-169-4 （譜 149・4）
	守灝長壽					28-169-5 （譜 150・4）
	梁伯白賤					28-169-6 （譜 149・3）
	原名守湜					28-171-1 （譜 102・3）

	陳					28-171-2 （譜 102・1）
	陳清瑞印					28-171-3 （譜 102・2）
	清瑞私印					28-171-4 （譜 102・5）
	守灝長壽					28-171-5 （譜 150・3）
	陳梁伯					28-171-6 （譜 149・5）
	守灝					28-173-2 （譜 150・2）
	梁伯擬古					28-173-3 （譜 150・1）

	曾在泚瀾處					28-173-5 （譜169・4）
	陳壽祺印					28-175-1 （譜181・4）
	別號小坪					28-175-2 （譜181・5）
	小坪手拜					28-175-3 （譜181・7）
	小坪所作					28-175-4 （譜181・6）
	小坪白牋					28-175-5 （譜182・3）
	小坪手織					28-175-6 （譜182・2）
	秋喦					28-177-1 （譜182・6）

	別號秋畾					28-177-2 （譜 182・4）
	頌叔					28-177-3 （譜 99・6）
	秋畾					28-177-4 （譜 182・5）
	秋厓小坪					28-177-5 （譜 83・1）
	又號小坪					28-177-6 （譜 182・1）
	陳壽祺書畫之印					28-179-1 （譜 181・1）
	壽祺之印					28-179-2 （譜 181・2）

	陳壽祺珍藏					28-179-3 （譜 181・3）
	上元周氏					28-179-4 （譜 99・5）
	周在文					28-179-5 （譜 99・3）
	上元周在文日利					28-179-6 （譜 99・2）
	周慶雲印					28-181-1 （譜 152・1）
	夢坡易世後所得金石書画記					28-181-2 （譜 100・3）

印	釋文					編號
	周慶雲印					28-181-3 （譜 152・3）
	逢吉					28-181-4 （譜 152・2）
	徐三庚					29-005-1 （譜 4・4）
	上于					29-005-2 （譜 4・5）
	三庚私印					29-005-3 （譜 3・1）
	袖海父					29-005-4 （譜 3・2）
	徐三庚					29-005-5 （譜 7・4）
	上于父					29-005-6 （譜 7・5）
	徐三庚					29-007-1 （譜 9・1）

	井罍					29-007-2 （譜 10・4）
	郗三庚唯印					29-007-3 （譜 9・4）
	似魚室主					29-007-4 （譜 10・3）
	徐三庚之印信					29-009-1 （譜 9・6）
	褧海					29-009-2 （譜 9・3）
	徐三庚印					29-009-3 （譜 10・5）
	褧海					29-009-4 （譜 10・6）
	徐三庚忠諫賢良之後					29-011-1 （譜 4・2）

	褧海					29-011-2 （譜7·1）
	上虞徐三庚字褧海父					29-011-3 （譜7·2）
	上虞徐三庚褧海					29-011-4
	徐三庚					29-013-1 （譜5·2）
	丙戌（肖形印）					29-013-2 （譜161·4）
	徐褧海					29-013-3 （譜7·6）
	徐三庚私印					29-013-4 （譜5·5）
	上虞徐三庚唯印					29-013-5 （譜8·1）

	袖海詩書畫印					29-013-6（譜4・3）
	徐三庚字褎海					29-015-1（譜4・6）
	徐三庚唯愼思之					29-015-2（譜4・1）
	袖中有東海					29-015-3（譜8・5）
	似魚穌甘古衡					29-015-4（譜7・3）
	徐三庚					29-017-1（譜9・2）
	褎海					29-017-2（譜9・5）
	褎海					29-017-3（譜10・1）

	裦海					29-017-4 （譜 10・2）
	徐押					29-017-5 （譜 5・3）
	金疊					29-017-6 （譜 5・6）
	上虞徐子					29-019-1 （譜 5・4）
	上虞徐氏					29-019-2 （譜 8・3）
	裦海書畫 之印					29-019-3 （譜 5・1）
	子韶					29-019-4 （譜 106・1）
	惟心造					29-019-5 （譜 180・3）
	謹靜以終 秊					29-019-6 （譜 177・4）

	于魚得計					29-021-1 （譜 175・4）
	歲華如箭 堪驚					29-021-2 （譜 179・1）
	窮季弄聿 衫褻烏					29-021-3 （譜 180・4）
	閭巷之俠					29-021-4 （譜 179・3）
	褒裏煙椴					29-021-5 （譜 90・2）
	頗知書八 分					29-021-6 （譜 180・2）
	騎省一脈					29-023-1 （譜 179・5）
	引商刻羽 雜以流徵					29-023-2 （譜 176・1）

	靈壽實華					29-023-3 （譜 177・5）
	山水有靈 亦驚知己					29-023-4 （譜 89・3）
	謙退是保 身第一法					29-025-1 （譜 90・3）
	謙退是保 身第一法					29-025-2 （譜 177・2）
	鶺書不厭 百回讀					29-025-3 （譜 180・5）
	萬里江山 鴻爪偏一 天風月馬 蹄寬					29-025-4 （譜 177・3）
	楊					29-051-1 （譜 106・4）

	楊恩藻印					29-051-2 （譜 106・6）
	受華					29-051-3 （譜 107・5）
	受華臨撫					29-051-4 （譜 107・3）
	恩藻長樂					29-051-5 （譜 107・2）
	清白傳家					29-051-6 （譜 106・2）
	受華					29-053-1 （譜 107・4）
	受華					29-053-2
	恩藻					29-053-3 （譜 106・5）

	受華画印					29-053-4 （譜 107・6）
	臣恩藻印					29-053-5 （譜 107・1）
	恩藻私印					29-053-6 （譜 106・7）
	虞樵					29-055-1 （譜 108・2）
	虞樵畫印					29-055-2 （譜 108・3）
	虞樵外史					29-055-3 （譜 108・1）
	虞樵山人 画印					29-055-4 （譜 108・4）
	歡石軒印					29-055-5 （譜 108・6）

	嘯石軒画印					29-055-6 （譜 108・5）
	媿閒					29-057-1 （譜 90・1）
	汪清晃					29-057-2 （譜 110・5）
	清晃					29-057-3 （譜 110・1）
	清晃					29-057-4 （譜 110・4）
	泉唐汪子 韵集宋元 詞					29-057-5 （譜 167・4）
	錢唐汪子 韵燹於寶 藏					29-057-6 （譜 167・5）

	画緣盦					29-059-1 （譜 111・2）
	画緣盦					29-059-2 （譜 111・1）
	與倪高士 同邑					29-059-3 （譜 110・3）
	私淑西廬					29-059-4 （譜 110・2）
	清冕印信					29-059-5 （譜 109・2）
	汪氏子周					29-059-6 （譜 109・3）
	勞謙君子 有終吉					29-061-1 （譜 178・2）

	振緒堂印					29-061-2 （譜88・2）
	筆補艁化 天無功					29-061-3 （譜176・3）
	華嶼讀書 堂印					29-061-4 （譜143・4）
	画中佳趣 似神僊					29-063-1 （譜178・4）
	晴窗一日 幾回看					29-063-2 （譜177・1）
	華好月圓 人壽					29-063-3 （譜178・1）
	閒來寫幅 丹青賣不 使人閒造 孽泉					29-063-4 （譜89・2）

	神妙欲到秋豪顛					29-063-5（譜 178・5）
	畫中寄樂消去愁多少					29-063-6（譜 178・3）
	華潭					29-065-1（譜 167・3）
	緣箋華裏新詞					29-065-2（譜 172・3）
	酒邊人倚紅樓					29-065-3（譜 171・2）
	家在江南第二泉					29-065-4（譜 167・6）
	周公不師孔子孔子亦不師周公					29-065-5（譜 179・4）

	試問西湖楊柳東風外幾絲碧					29-065-6 （譜176・2）
	秦・祖永					29-067-1 （譜113・1）
	秦					29-067-2 （譜113・7）
	祖永					29-067-3 （譜113・5）
	祖永印信					29-067-4 （譜113・4）
	祖永私印					29-067-5 （譜113・3）
	逸芬					29-067-6 （譜120・1）
	秦祖永印					29-069-1 （譜112・8）
	鄰煙					29-069-2 （譜117・8）

	鄰煙					29-069-3 （譜 117・7）
	鄰煙					29-069-4 （譜 118・1）
	秦祖永印					29-069-5 （譜 113・6）
	桐陰小隱					29-069-6 （譜 118・6）
	祖永之印					29-071-1 （譜 113・8）
	逸芬					29-071-2 （譜 120・7）
	逸芬					29-071-3 （譜 119・7）
	祖永					29-071-4 （譜 112・6）
	祖永印					29-071-5 （譜 112・4）

	逸芬					29-071-6 （譜 120・5）
	祖永					29-073-1 （譜 112・5）
	祖永私印					29-073-2 （譜 114・2）
	鄰煙					29-073-3 （譜 117・5）
	祖永之印					29-073-4 （譜 113・2）
	鄰煙					29-073-5 （譜 116・4）
	聲白					29-073-6 （譜 158・2）
	秦祖永印信					29-075-1 （譜 112・7）
	祖永					29-075-2 （譜 112・3）

	鄰煙畫室					29-075-3 （譜116・6）
	逸翁					29-075-4 （譜119・3）
	鄰煙臨古 之作					29-075-5 （譜116・3）
	鄰煙臨古 之作					29-075-6 （譜117・6）
	祖永私印					29-077-1 （譜112・2）
	鄰煙					29-077-2 （譜117・2）
	桐陰館印					29-077-3 （譜119・1）
	棱煙外史					29-077-4 （譜117・3）
	棱煙外史					29-077-5 （譜115・7）

	逸芬					29-079-1 （譜 120・2）
	逸芬					29-079-2 （譜 119・6）
	鄰煙					29-079-3 （譜 117・4）
	祖永私印					29-079-4 （譜 112・1）
	桐陰生					29-079-5 （譜 118・2）
	逸道人					29-079-6 （譜 120・3）
	梁谿秦氏					29-081-1 （譜 115・3）
	祖永私印					29-081-2 （譜 114・7）

	稜煙外史					29-081-3 （譜 117・1）
	秦祖永印					29-081-4 （譜 114・4）
	秦氏鄰煙					29-081-5 （譜 116・2）
	祖永日利					29-081-6 （譜 114・6）
	祖永之印					29-083-1 （譜 115・1）
	逸道人					29-083-2 （譜 120・6）
	祖永所作					29-083-3 （譜 114・1）
	逸芬書畫					29-083-4 （譜 120・4）

	鄰煙清玩					29-083-5 （譜 116・1）
	逸芬心賞					29-083-6 （譜 119・5）
	祖永					29-085-1 （譜 114・3）
	祖永印					29-085-2 （譜 114・5）
	逸芬					29-085-3 （譜 120・8）
	老逸					29-085-4 （譜 119・4）
	桐陰					29-085-5 （譜 118・3）
	桐陰館印					29-085-6 （譜 119・2）

	鄰煙藏物					29-087-1 （譜 116・5）
	家在桃谿 深處					29-087-2 （譜 175・2）
	家在梁谿 深處					29-087-3 （譜 175・3）
	秦祖永寶 藏印					29-087-4 （譜 115・2）
	擁書樓					29-087-5 （譜 163・4）
	梁谿秦氏 擁書樓收 藏書畫印					29-087-6 （譜 168・5）

印	釋文					編號
	秦子儀					29-089-1 （譜 167・2）
	鳳璪					29-089-2 （譜 125・5）
	生于辛亥					29-089-3 （譜 162・2）
	鳳璪					29-089-4 （譜 125・2）
	鳳璪私印					29-089-5 （譜 125・3）
	秦鳳璪印					29-089-6 （譜 125・6）
	作英詩畫					29-105-1 （譜 141・2）
	大迂					29-105-4 （譜 167・1）
	孫熹之印					29-109-1 （譜 126・1）

	歡伯					29-109-2 （譜 126・3）
	鄒					29-111-1 （譜 128・3）
	葛桐					29-111-2 （譜 128・6）
	鄒起同唯					29-111-3 （譜 128・1）
	青皋過眼					29-111-4 （譜 128・5）
	鄒氏青皋					29-111-5 （譜 128・2）
	鄒桐長富					29-111-6 （譜 128・4）
	劍銘					29-113-1 （譜 127・1）

印	釋文					出處
	邨乃謙字 諫民一字 劍銘					29-113-2 （譜 127・2）
	徐望之印					29-113-3 （譜 122・1）
	仲觚					29-113-4 （譜 122・2）
	徐望之					29-115-1 （譜 121・6）
	中笢					29-115-2 （譜 123・4）
	望之					29-115-3 （譜 121・2）
	望之私印					29-115-4 （譜 121・1）
	鹿民					29-115-5 （譜 124・1）

	樂民之樂					29-115-6 （譜 123）
	徐氏仲子					29-117-1 （譜 123・2）
	樂民					29-117-2 （譜 123・5）
	望之					29-117-3 （譜 121・5）
	徐					29-117-4 （譜 121・4）
	徐望之唯					29-117-5 （譜 121・7）
	徐望之					29-117-6 （譜 121・3）
	仲篪審定					29-119-1 （譜 124・4）

	仲篯讀過					29-119-2 （譜 124・5）
	曾藏震澤 徐仲篯家					29-119-3 （譜 125・1）
	鹿民珍翫					29-119-4 （譜 123・6）
	藏于藜光 閣					29-119-5 （譜 168・1）
	藜光閣					29-119-6 （譜 164・5）
	東海					29-121-1 （譜 159・6）
	東海					29-121-2 （譜 159・4）

	家逗五湖 七十二峯 之南					29-121-3 （譜 174・2）
	我生之初 歲在壬戌					29-121-4 （譜 162・4）
	蓬廬					29-121-5 （譜 124・2）
	偃王苗裔 望之長壽					29-121-6 （譜 123・1）
	徐氏世守 之寶					29-123-1 （譜 124・6）
	震澤徐氏 收藏經籍 之印					29-123-2 （譜 125・4）
	徐仲篯所 得書画金 石文字之 記					29-123-3 （譜 124・3）

印	印文					編號
	賞奇					29-123-4 （譜 174・5）
	平生金石 結良朋					29-123-5 （譜 179・2）
	恭則必謙					29-123-6 （譜 174・1）
	徐樹銘印					29-127-1 （譜 132・1）
	光祿大夫 之印					29-127-2 （譜 132・2）
	黃山壽印					29-131-3 （譜 130・1）
	山壽					29-131-4 （譜 130・3）
	黃山壽印					29-131-5 （譜 129・3）

	勛初父					29-131-6 （譜 129・1）
	勛初					29-133-2 （譜 129・2）
	久盦					29-133-3 （譜 129・5）
	黃氏久盦					29-133-4 （譜 129・4）
	久盦					29-133-5 （譜 129・6）
	僧蒙之印					29-135-2 （譜 131・1）
	心泉					29-135-3 （譜 171・3）
	聽松閣					29-135-4 （譜 165・3）

	唐銘印信					29-145-3 （譜 159・3）
	勳伯					29-145-4 （譜 159・2）
	唐銘勳伯					29-145-5 （譜 159・5）
	唐銘					29-145-6 （譜 159・1）
	萬雍騏印					29-161-1 （譜 135・4）
	萬謀中					29-161-2 （譜 135・2）
	謀中					29-161-3 （譜 135・3）
	英白					29-161-4 （譜 136・1）

	英白					29-161-5 （譜 135・5）
	英白篆分					29-161-6 （譜 136・3）
	緘					29-163-1 （譜 105・5）
	金緘長壽					29-163-2 （譜 105・6）
	波香赤牘					29-163-3 （譜 105・3）
	曹登庸印					29-163-4 （譜 105・4）
	槤盦					29-163-5 （譜 165・2）
	葉金緘波香父印信					29-163-6 （譜 104・2）

	槑盦					29-165-1 （譜 165・1）
	梓泉					29-165-2 （譜 105・1）
	隱湖居士					29-165-3 （譜 105・2）
	詒蘭艸堂					29-165-4 （譜 138・3）
	學癡					29-165-5 （譜 104・4）
	繼益					29-165-6 （譜 105・8）

	靜觀自得					29-167-1 （譜 173・1）
	筱廔手織					29-167-2 （譜 134・1）
	古達徒紅					29-167-3 （譜 172・2）
	鰀山月下 笙					29-167-4 （譜 173・2）
	補蘿盦					29-167-5 （譜 164・1）
	昌蒲壽石 齋					29-167-6 （譜 164・3）
	靖博					29-169-1 （譜 138・1）

	歊傲					29-169-2 （譜 105・7）
	滄趜唫客					29-169-3 （譜 134・3）
	靜悟道人					29-169-4 （譜 138・5）
	師亮					29-169-5 （譜 137・1）
	師亮長壽					29-169-6 （譜 137・3）
	張熊印信					29-171-1 （譜 137・4）
	吳滔印信					29-171-2 （譜 138・4）
	姚漢印信					29-171-3 （譜 138・6）

	沈慶齡印					29-171-4（譜 138・2）
	金兆祺印					29-171-5（譜 137・2）
	妙吉羊菴					29-171-6（譜 163・1）
	淩師儉					29-173-1（譜 137・5）
	一味閒					29-173-2（譜 89・1）
	子實					29-173-3（譜 111・4）
	子實讀過					29-173-4（譜 111・3）
	子實收藏					29-173-5（譜 111・5）

	子實鑑賞					29-173-6 （譜 111・6）
	孫謙					29-175-1 （譜 115・4）
	孫郎					29-175-2 （譜 115・5）
	孫謙私印					29-175-3 （譜 115・6）
	蔡鴻鑑印					29-175-4 （譜 142・3）
	曼因隸古					29-175-5 （譜 118・4）
	楊昌濬印					29-175-6 （譜 118・5）
	玉壺生書畫					29-177-1 （譜 168・4）

	伴梅詩舍					29-177-2 （譜 161・1）
	妙樓					29-177-3 （譜 164・4）
	小龍威閣					29-177-4 （譜 161・3）
	石泉翰墨					29-177-5 （譜 168・3）
	咸豐戊午 後脩禊二 日生					29-177-6 （譜 162・1）
	肖形印					29-179-1 （譜 161・5）
	大倉行印					29-179-2 （譜 110・6）

	雨邨					29-179-3 （譜168・2）
	古今龡榭					29-179-4 （譜169・6）
	九鬼隆一					29-179-5 （譜107・7）
	成海					29-179-6 （譜108・7）
	名同伯陽 官同季父					29-187-2 （譜173・3）
	字子嘉號 允叔行七					（譜84・1）
	翠琅玕館					（譜165・4）

附錄三：徐三庚書法作品列表

◎ 徐三庚有紀年書法作品列表

代號	作品圖示	形式	作品內容	款文錄要	刊載處	創作年代	備註
A1	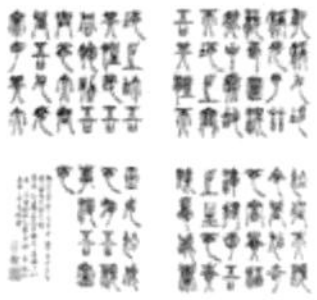	篆書冊頁八開	篆書釋文從略	鄧完白書張子西銘筆澧遒勁，直超漢人，余見而愛之，適蓉亭仁兄署書是冊，偶臨一過，愧未似其一二，丙寅秋杪，上虞弟徐三庚記於吳趨之吟蓮仙館。	上海敬華2001春拍-262	41歲（1866年）	
A2		篆書七言對聯	風期高潔爭梅幹，門弟清華比鶴巢。	星南仁六兄大人大雅鑒定，庚午秋仲，上虞小弟徐三庚書於西泠。	翰海1998Aug春拍-524	45歲（1870年）	
A3		篆書橫幅	一飲三百杯圖	伯還仁棣屬題，辛未秋徐三庚。	《虛谷畫冊》人民美術出版社出版	46歲（1871年）	虛谷〈一飲三百杯圖〉（徐三庚題署）

A4		篆書七言對聯	供石略存稽古意，養花都是愛才心。	子祥老伯大人指謁，壬申夏六月，上虞徐三庚書。	國泰美術館選集第一輯	47歲（1871年）
A5		篆書八言對聯	多一事不如省一事，退一步即是進一步。	圖版不清（從略）	《中國篆刻學》	47歲（1871年）
A6		隸書七言對聯	唐碑漢碣文皆古，雲葉風光致自嘉。	魯濱仁大兄大人教□，癸酉五月徐三庚。	翰海2002dec秋拍-834	48歲（1873年）
A7		隸書七言對聯	愛書護似連城璧，藏硯多於負郭田。	鏡波仁丈大人鑑定，時癸酉午月，上虞井晶徐三庚書於穗城。	《小莽蒼蒼齋藏清代學者法書選集（續）》148頁	48歲（1873年）

A8		篆書 八言 對聯	履責思沖居盈念損，則明分爽觀象動天。	瑤尊仁丈大人教之，甲戌夏五上虞徐三庚客甬東蔡氏墨海樓。	朵雲軒 1997 春拍-979	49 歲 （1874 年）
A9		冊頁	趙宋遺墨	四明碧玉壺珍藏，甲戌仲冬之月越徐三庚署。	朵雲軒 1997 秋拍-777	49 歲 （1874 年）
A10		雙屏	滄海……軍書。	劍白仁兄大人審定時甲戌嘉平月，上虞徐三庚弟倚裝書於墨海樓。	薛志揚先生收藏	49 歲 （1874 年）
A11		篆書 六言 對聯	媸文藝如耆欲，與古人為朋曹。	塵遺老道長先生宋之，乙亥冬上虞弟徐三庚上于。	《近代日本之書》-13	50 歲 （1875 年）

A12		對聯	關西上將咸歸李，典午才人多在吳。	丙子麥秋，袖海徐三庚。	《明清名家書法大成22》	51歲（1876年）	朵雲軒1998秋jun-717（所錄疑偽）
A13		篆書七言對聯	署錦囊珍□□硯，□銅鑪試鷗鴣香。	作英仁兄大名立□□、丙子夏□，上虞弟徐三庚書。	《中國書法欣賞》195頁	51歲（1876年）	
A14		篆書五言對聯	永言綿月宇，廣步上蘭皋。	集吳皇象書奉，魯孫仁兄大人大教，時己卯乍秋，上虞弟徐三庚記於滬瀕寓齋。	標竿藝術1995春拍-134	54歲（1879年）	集〈天發神讖碑〉書之
A15		隸書八言對聯	其德在人定有興者，不營於世焉用文之。	斌卿仁兄與余同客羊城，昕夕晤言一室，索書因循不果，適言有餘藩，作此以貽，大雅一粲，庚辰脩禊日上虞徐三庚記	上海敬華2001秋拍-667	55歲（1880年）	上海敬華2001秋拍-667（卒年誤寫成1953）

A16	隸書 七言 對聯	竹裡靜消無事福，花間補讀未完書。	子寬閒倩補壁，庚辰午月書於五羊城寓齋徐三庚記。	上海國際商品 2000 春拍-C171	55 歲（1880 年）	
A17	隸書 八言 對聯	十字長存延陵碑石，千年刻紀武梁祠堂。	鐵耕敦弟補壁，時庚辰重九後日，褧海徐三庚記於春申浦上。	《中國書法史圖錄》下冊 922 頁	55 歲（1880 年）	
A18	隸書 七言 對聯	胸無畛域心長坦，腹有詩書氣自華。	梅谿仁兄大人大雅鑒之時庚辰冬仲，上虞徐三庚褧海甫記於春申浦。	《中國眞蹟大觀》清 12-13	55 歲（1880 年）	
A19	隸書 八言 對聯	謝□應□顏歐抱樸，于瘦種□王喬比年。	庚辰十月朔，褧海徐三庚書。	近代名聯100 種-78	55 歲（1880 年）	

A20		篆書七言對聯	爲學深知書有味，觀心澄覺寶之光。	光緒辛巳上虞徐三庚	Sotheby-new york 1994may-88	56歲（1881年）	
A21		隸書八言對聯	道識虛遠表裡融通，風標秀舉清暉映世。	位西尊兄大人正是時辛巳花朝，褒海弟徐三庚集文選句。	《歷代名人楹聯墨蹟》	56歲（1881年）	
A22		隸書四條屏	魏武帝……評。	潤齋仁兄大人雅屬辛巳長至、三庚。	朵雲軒1999春拍-722	56歲（1881年）	署款怪異疑僞
A23		篆書五言對聯	雲氣生虛壑，江聲走白沙。	言章仁兄大人雅鑒，壬午重九徐三庚。	《明清書道圖說》-281	57歲（1882年）	
A24		篆書冊頁二十九開	平津斤斤，晚躋金門，既登爵位，祿賜頤賢，布衾疏食，用儉飭身。卜式耕牧，以求其志，忠痛明君，乃爵乃試。兒生寘寘，束發修學，偕列名臣，從政輔治。張湯遂達，用事任職，媚茲一人，日旰忘食，既寵祿，亦羅咎，懸安溫良，塞淵其德，子孫遵業，全祚保國。	公孫宏（弘）卜式兒寬傳；張湯傳癸未長至，褒海戲書。	《中國眞蹟大觀》清12-21	58歲（1883年）	

A25		四條屏之一	邠郎精舍如佛巢白頭，與硯爲石……兔豪。	乙酉重九後日錄百二研齋富翁詔于春申甫上，襃海徐三庚。	蘇州東方拍1997-132	60歲（1885年）	黃山壽、徐三庚、張祖翼、清道人之四條屏
A26		篆書八言對聯	應變知微探讀賞要，遠心曠度贍智宏材。	煥之仁兄觀詧大人五羊名士也，天懷挺特、舉止安詳，季布重于然諾，平仲善于締交，與予游十餘稔，樹色雲姿晤時多樂。茲屬書楹帖，爰集文選句，儗皇象書法于春申浦上之海天頻寄廬，即稀指謬，幸甚、幸甚！丙戌團圞節，上虞小弟徐三庚襃海甫記。	《中國清朝の書》141頁、《墨1992十月》141頁	61歲（1886年）	
A27		隸書四言對聯	不因人熱，聊以自娛。	煙之老兄教書，弟徐三庚書。	華辰2002北京拍-338、《清代書法藝術鑑賞》103頁		
A28	（局部）	篆書冊頁	臣……不知所云。	褘字說文所無，因後漢人名……光緒丁亥乍秋，汗下如雨，以記，上虞罨噘散人徐三庚襃海甫時同客春申浦上。	《清-徐三庚出師表》	62歲（1887年）	

代號	作品圖示	形式	作品內容	款文錄要	刊載處	備註
A29		篆書四連屏	以…永歸大吳。	節吳天璽紀功碑百十字，丁亥六月二十五日客春申甫摹似儉爲學弟清鑒上虞翯嚜老人徐三庚襞海甫搞汗記之。	《篆隸名品選》50頁	62歲（1887年）	臨天發神讖碑四連屏
A30		篆書十一言對聯	乍明裏有餘閑登山臨水觴詠，身外無常務布衣疏食琴畫。	光緒丁亥七月，上虞徐三庚。	榮寶齋1995oct-183	62歲（1887年）	疑僞

◎ 徐三庚未紀年書法作品列表

代號	作品圖示	形式	作品內容	款文錄要	刊載處	備註
B1	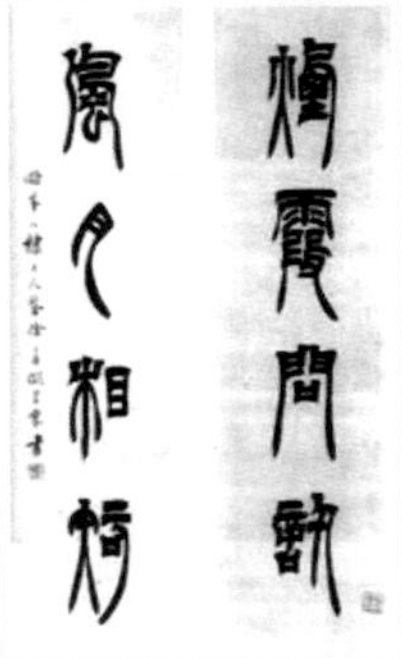	篆書四言對聯	煙霞問訊，風月相知。	潊峯人棣大人鑒，徐三庚擬皇象書。	楹聯墨蹟大觀》第十冊-20頁	
B2	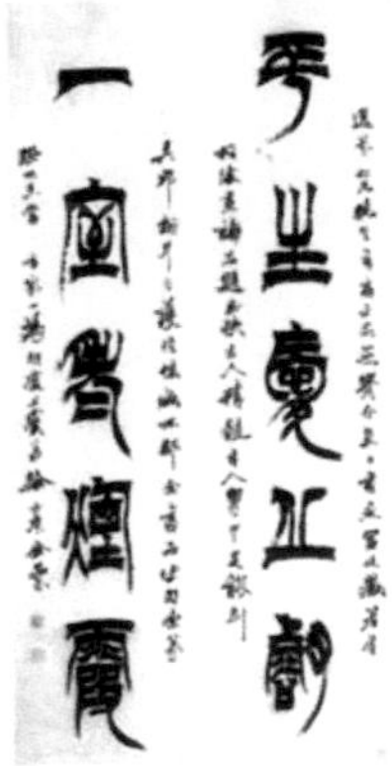	篆書五言對聯	平生愛丘壑，一室老煙霞。	逸芬仁兄先生有高士品無貴介氣工書畫富收藏著有相陰畫論品題□抉古人精髓寸人□中是能別，具邱谿耳□□□□城不鄙余畫而□句索篆，恐不足當，方家一爲胡盧上虞弟徐三庚金罍。	藝術家雜誌140頁	

B3		隸書五言對聯	點翰詠新賞，解帶臨清風。	筱多仁六兄大人之屬，襃海徐三庚。	榮寶齋1996may春拍-105	
B4		篆書六言對聯	廣平有梅華賦，少陵無海常詩。	槐卿仁兄大人屬書即□正教，襃海徐三庚記於滬瀆	《中國書法鑑賞字典》1288 頁	
B5		篆書六言對聯	典校蘭臺書史，敷陳丹棻文章。	徐三庚輯吳天璽碑字	《中國明清書法名品圖冊》98 頁	
B6		隸書六言對聯	直道見此君節，清心聞王者香。	雪驪尊兄大人清賞，襃海弟徐三庚書。	翰海2000jan-308	
B7		篆書七言對聯	情裹澹以湘中水，安雅人如□聖詩。	金罍弟徐三庚記。	《楹聯墨跡大觀》（第十冊）21 頁	翰海2002dec秋拍-834（所錄疑偽）

B8		隸書七言對聯	行不得反求諸己，躬自厚薄責於人。	柳江仁大兄大人雅鑒，褻海徐三庚書於滬上。	瀚海 1996 秋拍-161
B9		篆書七言對聯	山水清氣得天地，翰墨隨緣結古歡。	上虞褻海徐三庚同客五羊城書。	朵雲軒 1998 秋 jun-716
					朵雲軒 1998 秋 jun-716 （所錄疑偽）
B10		篆書七言對聯	山蘭下□多絡石，江梅共發巧□關。	□賓大人仁六兄大人鑒之，褻海弟徐三庚。	《現代臨書大系 七卷》22 頁
B11		隸書七言對聯	與其過縱何如謹，到得能誠自會明。	卣卿仁兄世大人督書，褻海徐三庚記。	上海拍賣行 2000 秋拍-74
B12		隸書七言對聯	晉磚五鹿宜純子，漢洗雙魚大吉（祥）。	金罍徐三庚	朵雲軒 1999 春 jun-750

B13		篆書 八言 對聯	綠陰無數紅蕖無言，翠葉歔（吹）～玉笙歔夜。	慎生仁二兄大人屬並正，大橫弟徐三庚書於西泠。	朵雲軒 1997秋 nov-957
B14		篆書 八言 對聯	滄勝如歸聆善若始，乘德而處虛己以游。	春畋仁二兄大人正之，井畾弟徐三庚。	匡時 2010Jun-740
B15		篆書 八言 對聯	嶽華定鎮雲雨逎會，文武舉職神人以和。	金罍徐三庚書	中國嘉德1998秋 oct-853
B16		隸書 十言 對聯	汲水浣花亦思于物有濟，掃膇設几要在予心以安。	蓮盦老棣讀書之餘，蒔花種竹，終日不輟，聊自娛樂，屬書此聯以記事，兄徐三庚，褧海。	西泠印社2007 Janu-235

B17		篆書四屏	山不在高，有仙則名。水不再深，有龍則靈…何陋之有。	宣統二年庚戌書，子貞尊兄大人大雅正，褱海徐三庚。	朵雲軒 1999 春 jun-809	
B18		楷書四屏	丹陽徐瀬江門…在作者鮑景熙□。	錄白二孳（硯）田富翁題竹跋，子貞尊兄大人雅正，褱海徐三庚。	上海拍賣 2000 春 june-94	錄金農題竹跋
B19		篆書中堂	天璽元年…中郎將解十三字。	乾初仁兄大人正，徐三庚臨。	christie-hong kong-1999apr-261	節臨天發神讖碑
B20		篆書橫幅	傍及萬品動植皆文龍…以藻繪呈…有心之器其無文	范湖居士屬書，上虞徐三庚。	朵雲軒 2001 春 jun-585	
B21		隸書橫幅	昌蒲壽石齋	梁伯仁三十兄雅屬即正，弟三庚。	翰海 1998 春 aug-763	
B22		隸書行草小楷冊頁	氣濃。……	褱海徐三庚。	北京榮寶 2009 dec-1186	
B23		扇面	詔譴中書…章咸。	秋厓仁大兄正褱海徐三庚	《扇的藝術》 95 頁	
B24		扇面	小茲五…蕩定。	節□元卿老氏碑頌似，仲和仁兄大人雅屬即正、徐三庚書	中國嘉德 1994 秋 oct-99	
B25		扇面	古先哲王類帝禮宗望於山川…指日刻期，應時有驗。	節漢白石神君碑，近仁大兄大人鑒，三庚。	上海敬華 2001 秋 dec-987	
B26		扇面	從略	從略	書法 1982-第四期 36 頁扇面隸書	
B27		團扇	象肖葵分文模…廣容波澂□浴。天下上計孝…以間奇異語。	樂民仁兄大人正訛、褱海徐三庚	sotheby-hong kong 1999oct-190	